南 京兒著

地方分権の取引費用政治学

大統領制の政治と行政

木鐸社

はしがき

　なぜ中央政府は自らの権力を弱めるような改革，すなわち，政治的分権を行い権限と財源を地方政府に移譲するのか。どのような条件下で地方分権を推進するのか。分権のタイミングとスピードは何によって決まるのか。地方分権の条件と因果関係を解明することが本書の目的である。これらの問いに対して，地方分権政策のタイミングやスピードおよびその程度は，政権与党が取引費用を計算して行った合理的な戦略であったことを解答として提示する。すなわち，各政権がおかれていた統一政府と分割政府という議会内の勢力配置の状況，および，統占政府と分占政府という中央地方間の政治的状況が取引費用の高低に影響し，これによって地方分権のタイミング・スピード・程度が決まるというロジックこそが本書の主張の核心をなす。

　統一政府と分割政府という用語から分かるように，本書は大統領制を採用している国を分析対象としている。とりわけ，1987年民主化以降誕生した韓国の盧泰愚政権（1988-1992），金泳三政権（1993-1997），金大中政権（1998-2002），盧武鉉政権（2003-2007）の20年間の4つの政権について実証分析を行った。分析のための理論枠組みとして構築したのが「地方分権の取引費用モデル」である。

　取引費用とは，もともと新制度派経済学の中で発展してきた概念であるが，拙著『民営化の取引費用政治学：日本・英国・ドイツ・韓国4カ国における鉄道民営化の比較研究』では，取引費用を立法コスト・エージェンシーコスト・コミットメントコスト・参入コストの4つに分け，民営化形態の違いを説明した。このうち，本書では，立法コストとエージェンシーコストのみを用いる。なぜなら，統一政府と分割政府という政府形態は立法コストの高低を左右し，統占政府と分占政府という政治的状況はエージェンシーコストの高低に影響するためである。両者を横軸と縦軸にクロスさせたのが「地方分権の取引費用モデル」である。このモデルにより地方分権の推進・行財政的支援，地方分権の準備・行財政的支援，現状維持・行財政的統制，逆コース

・行財政的統制という4つの仮説を立て，韓国を対象にその検証を行ったのが本書の前半である。

後半では，タバコ消費税と総合土地税との税目交換という事例，および，不動産取引税の引き下げという事例を採り上げ，その政治過程を丹念に追跡することで，モデルの妥当性を立証する。さらにここからもう一歩踏み込み，韓国との対比を前提に，韓国と類似の政治制度を採用している諸国，すなわち，単一集権国家で大統領制を採用しながら，類似した人口規模のチリ・ボリビア・ペルー・コロンビア・フィリピンの5カ国を比較分析していき，地方分権政策が中央政府の権力を弱めるように見られるが，実は大統領と政権与党が取引費用を計算して行った結果であったと論じる。

このように，本書は，政治学と行政学の研究として理論的貢献をなすことを唯一の目的としている。

本書はこれまで公表してきた論考をベースにしており，該当章に注記している。ただし，本研究をはじめた2007年度頃から一冊の研究書としてまとめたいと考え，韓国だけではなく諸外国との比較研究も一貫して分析できるよう企画していたので，結果的に初出への加筆・修正箇所はそれほど多くない。本書の第1章と第3章は，「政府間ガバナンスの取引費用政治学―韓国における金大中・盧武鉉政権の地方分権政策の検証―（一）・（二）完」（『法学論叢』，第167巻，第4号・第5号，2010年）と「取引費用の数理モデル（三）」（『法学論叢』，第168巻，第3号，2010年）を，第2章および第4章は，「韓国地方分権の政治分析」（『季刊行政管理研究』，第117号，2007年）と「地方税目交換の政治分析―ソウル特別市と自治区間のタバコ消費税と総合土地税をめぐる党派的争い―」（『年報行政研究』，第43号，2008年）および「韓国における不動産取引税の引き下げの政治分析―地方分権の政治合理モデル」による事例分析―」（『年報政治学2008－Ⅱ』，2008年）をもととしている。また，第5章は，「地方分権の国際比較―チリ・ボリビア・ペルー・コロンビア・フィリピンの比較分析―」（『法学論叢』，第172，第4・5・6号，2013年）をほぼ同一の形で収録した。なお，本書の研究は，主として文部科学省科学研究費補助金（基盤研究B，平成22年度－24年度）による研究成果の一部である。

前著『民営化の取引費用政治学：日本・英国・ドイツ・韓国4カ国における鉄道民営化の比較研究』の理論枠組みを用いて，地方分権政策の国際比較を体系的に，理論的に分析するという狙いがどこまで成功したのか，極めて心許ない。読者諸賢の忌憚ないご批判やご要望を心より期待している。数年間の研究成果をまとめ上げたものの，肩の荷が下りた気はしない。進行中の日本官僚制研究や日本の地方自治研究などの成果が出ると，少し肩の荷を下ろせるだろう。

「知之為知之，不知為不知，是知也」（論語為政篇17）。自分の知っていることと，知らないことをはっきり区別するのが真の知である。未知の世界に憧れ，「なぜ」という問いを発し，解答を探し求めていく過程こそが，筆者にとってのアカデミズムの世界である。「不知」の世界から「知」の世界に筆者を導いてくださった多数の方々のご尽力がなかったら本書は完成に至らなかった。特に，行政学という学問を私に授けてくださった真渕勝先生の師恩にいくばくかでも報いたく，本書を先生に捧げる。

東京に行った折に，村松岐夫先生にお会いすることがある。先生とご一緒する時間は緊張が緩まる。私のわがままを巧みにさばきつつ，助言してくださる。先生のご期待に応えたい。故的場敏博先生を思い出す。2007年先生の大学院授業で本書のもとになる論文を発表した時，久しぶりにいい論文を読ませてもらったとおっしゃって下さった。その温かい励ましを忘れられない。おしゃべり好きな先生の姿が目に浮かぶ。

数本の論文を共同執筆した李敏撰氏（韓国忠北大学）に感謝したい。本書は李氏との共同作業に基づく考え方を取引費用論に適用したものであり，彼の協力なくして本書は成立しえなかった。また，原稿の全体をご覧いただき，詳細なコメントと丁寧なご教示をくださったのは，永戸力氏である。まことに頼りになる存在である。

一人一人のお名前をあげることはできないが，完成までには大勢の方々のお世話になっている。京都大学法学研究科，とりわけ政治学講座の先生方に日頃のご迷惑をお詫びし，深く感謝の意を表したい。関西行政学研究会をはじめとする様々な研究会のメンバーにもこの場を借りて厚くお礼を申し上げたい。

本書を書き上げたのは2012年11月末である。その時点でほとんどの出版助成金の応募締め切りはすでに過ぎていたので，刊行時期を延ばさざるをえ

なかった。その後，幸いに，平成25年度京都大学総長裁量経費として採択され，法学研究科若手研究者出版助成事業による出版費用の補助を受けるようになった。その過程で村中孝史前研究科長ならびに山本克己研究科長にご高配いただき，無事に出版できたことに感謝を申し上げる。

刊行に当たっては，木鐸社の坂口節子氏に行き届いたご配慮をいただいた。出版事情が厳しい中にもかかわらず本書の出版を引き受けてくださった上，完成に導いてくださった。感謝する次第である。

日本での生活も13年が経った。最近は政策づくりや公務員教育など韓国からの仕事がかなり舞い込んできている。そのせいなのか。疲れた顔をして，子どもたちに「パパ疲れた」と叫ぶと，長女から「おこりんぼう」といわれる。反省はその時だけ。妻・賢貞と恵仁・恵元・恵嬪3人の子どもたちにはいつもながら多大な迷惑をかけている。まことに申し訳なく，同時に感謝の気持ちも一杯である。もう少し一緒にいる時間を増やしたい。

「自見者不明，自是者不彰，自伐者無効，自矜者不長」(老子，24)。初心を忘れず，自らを見せびらかすことなく，驕り高ぶりなく日々新又日新・切磋琢磨していきたい。

2013年11月

南　京兒

目 次

はしがき……………………………………………………………………3

序　章　地方分権の時代……………………………………………13

第1節　地方分権の世界的潮流…………………………………………13

第2節　本書の課題と構成………………………………………………22

第1章　理論的検討と本書の分析枠組み………………………25

第1節　地方分権の先行研究……………………………………………25

 1　分権の定義と韓国の地方自治研究　（25）

 2　南米諸国における地方分権研究：ライバル・セオリー　（27）

第2節　取引費用政治学の先行研究……………………………………31

 1　公共政策　（33）

 2　議会研究　（40）

  1）委員会研究　（40）

  2）委任研究　（43）

 3　行政組織研究　（46）

 4　国際レジーム分析　（51）

 5　その他　（57）

 6　小括　（60）

第3節　地方分権の取引費用モデル……………………………………62

第2章　政治的分権の時代（1988年－1997年）………………71

第1節　盧泰愚政権………………………………………………………73

 1　盧泰愚政権（1988.4－1990.1：Ⅱ象限，分割政府・統占政府）　（73）

 2　盧泰愚政権（1990.1－1993.2：Ⅰ象限，統一政府・統占政府）　（75）

第2節　金泳三政権………………………………………………………78

 3　金泳三政権（1993.2－1995.6：Ⅰ象限，統一政府・統占政府）　（78）

 4　金泳三政権（1995.6－1998.2：Ⅳ象限，統一政府・分占政府）　（79）

第3章　行財政的分権の時代（1998年－2007年）……………85

第1節　金大中政権…………………………………………………85
　5　金大中政権（1998.2－1998.6：Ⅲ象限，分割政府・分占政府）　（85）
　6　金大中政権（1998.6－1998.9：Ⅱ象限，分割政府・統占政府）　（87）
　7　金大中政権（1998.9－2000.4：Ⅰ象限，統一政府・統占政府）　（90）
　8　金大中政権（2000.4－2001.2：Ⅱ象限，分割政府・統占政府）　（91）
　9　金大中政権（2001.2－2001.8：Ⅰ象限，統一政府・統占政府）　（93）
　10　金大中政権（2001.9－2003.2：Ⅲ象限，分割政府・分占政府）　（93）

第2節　盧武鉉政権…………………………………………………97
　11　盧武鉉政権（2003.2－2004.4：Ⅲ象限，分割政府・分占政府）　（97）
　12　盧武鉉政権（2004.5－2005.3：Ⅳ象限，統一政府・分占政府）　（102）
　13　盧武鉉政権（2005.4－2008.2：Ⅲ象限，分割政府・分占政府）　（105）

第3節　小括………………………………………………………109

第4章　事例研究……………………………………………………113

第1節　ソウル特別市と自治区間のタバコ消費税と
　　　　　総合土地税をめぐる党派的争い………………………113
　1　問題の所在　（113）
　2　先行研究の検討　（114）
　3　地方分権の取引費用モデルの応用　（116）
　4　実証分析　（120）
　　1）第1回同時地方選挙による時期（1995.7.1－1998.6.30）　（121）
　　2）第2回同時地方選挙による時期（1998.7.1－2002.6.30）　（125）
　　3）第3回同時地方選挙による時期（2002.7.1－2006.6.30）　（128）
　　4）第4回同時地方選挙による時期（2006.7.1－2007.7）　（133）
　5　小括　（136）

第2節　不動産取引税引き下げの政治過程……………………139
　1　問題の所在　（139）
　2　不動産政策の流れと「不動産取引税」　（140）

    3　「地方分権の取引費用モデル」による「不動産取引税」引き下げの
      政治過程の分析　(145)
      1) 事例分析のための「地方分権の取引費用モデル」の検討　(145)
      2) 不動産取引税をめぐる各アクターの選好　(146)
      3)「不動産取引税」の引き下げをめぐる2006年8月の攻防と政治過程の
         分析　(150)
    4　小括　(155)

第5章　地方分権の国際比較：
   チリ・ボリビア・ペルー・コロンビア・フィリピン …157

  第1節　5カ国選択の理由 …………………………………………………157
  第2節　事例分析 …………………………………………………………162
    1　チリ　(162)
      1) はじめに　(162)
      2) 権威主義体制と民主化　(162)
      3) 地方分権の政治過程　(166)
      4) 取引費用モデルによる仮説検証　(170)
    2　ボリビア　(171)
      1) はじめに　(171)
      2) 権威主義体制と民主化　(172)
      3) 地方分権の政治過程　(173)
      4) 取引費用モデルによる仮説検証　(179)
    3　ペルー　(180)
      1) はじめに　(180)
      2) 権威主義体制と民主化　(180)
      3) 地方分権の政治過程　(183)
      4) 取引費用モデルによる仮説検証　(187)
    4　コロンビア　(188)
      1) はじめに　(188)
      2) 国民協定と二大政党制　(189)
      3) 地方分権の政治過程　(191)

　　　　4）取引費用モデルによる仮説検証　（193）
　　5　フィリピン　（194）
　　　　1）はじめに　（194）
　　　　2）権威主義体制と民主化　（195）
　　　　3）地方分権の政治過程　（198）
　　　　4）取引費用モデルによる仮説検証　（202）

　第3節　小括 …………………………………………………203

終　章　「地方分権の取引費用モデル」の射程と可能性 …………207

参考文献…………………………………………………………211

索引………………………………………………………………225

地方分権の取引費用政治学

大統領制の政治と行政

序章　地方分権の時代

第1節　地方分権の世界的潮流

　1980年代以降，日本・韓国・タイ・インドネシア・フィリピンなどの多くのアジア諸国，コロンビア・チリ・ボリビア・ペルー・ブラジル・アルゼンチン・メキシコといった南米諸国，ウガンダ・ベナン・ブルキナファソ・マリなどのアフリカの国々，そして，フランス・英国などヨーロッパにおいても分権改革が進められ，世界的な潮流となってきた。

　世界的な潮流といえども，分権化の背景は複雑である。社会が成熟するにともない，人々の欲求が多様化すると中央集権的な体制による公共サービスはそれに対応できなくなる。多様な住民選好の反映は地方分権を正当化する最も普遍的な原理である。しかもアジア・南米・アフリカ諸国においては，非民主的な政治体制をとってきたことからその正統性は，社会的亀裂が大きいために国民統合を上から進める必要があったことと，工業化の担い手を欠いていたために国家主導の経済開発を必要としたことにある点などが指摘されている。しかし輸入代替政策やトリックル・ダウン方式による開発の行き詰まりは後者の意味での強権的政府の正統性を掘り崩した。それは地域の実状にあった開発計画の制度的環境として分権化を要請した。加えて，東西冷戦の終結は一党独裁の正統性を揺るがし，前者の意味での正統性をも揺るがした。これは従来，政治的権利が制限されていた人々の政治的民主化要求の高まりに直結する。このような強権的政治体制の終焉と「民主化」の高まりが，1980年代後半から1990年代にかけてのアジア・南米・アフリカ諸国にお

ける中央から地方への権限や財源の移譲，および政治的分権化の原動力になっている。すなわち，アジア・南米・アフリカ諸国の分権化の過程は，権威主義的な体制から民主化運動を経験して，民主主義に移行した国が多い。これに対し，政治的に安定しているヨーロッパ諸国や日本における分権化は，必ずしも民主化と連動するわけではない。

以下では，世界各国の地方分権の事例をもう少し具体的に取り上げることで，地方分権改革の一連の流れと全体的な構図を見据えながら，包括的に把握しておきたい[1]。

1990年代に進められたタイの地方分権は，タイ政治の民主化とともに始まった。直接には，1992年5月流血事件の結果，軍が政治の表舞台から撤退を余儀なくされ，政党政治への復帰という形で民主化が進められたことに端を発する。1992年9月に実施された総選挙において「地方分権」が大きな争点となり，官選県知事の公選化や農村末端の行政区画であるタムボンに附設されていた開発計画の諮問機関である「タムボン評議会」を法人化・自治体化する案が諸政党によって喧伝された。県知事職は内務官僚にとっていわば「上がり」のポストであり，それゆえ内務省の強い反対に直面したため，チュワン第1期連立政権（1992年10月－1995年7月）は県知事公選問題を取り上げなかった。しかし，タムボン自治体（Tambon Administrative Organization）設置は連立与党と内務省，農村末端の地方行政を担うカムナン・村長との妥協の結果，「1994年タムボン評議会およびタムボン自治体法」として成立し，1995年から1997年にかけて全国のほとんどのタムボンに自治体が設置されたのである。

しかし，タムボン自治体の設置自体は，既存の地方行政の仕組み全体を超えるものではなかった。地方自治制度全般にわたる改革と地方分権の大きな転換点となったのは，1997年10月に発布された「1997年タイ王国憲法」である。これにより，地方議会議員と首長は住民の直接選挙あるいは地方議会の同意によって選出されることとなった。憲法発布から1999年終わりにかけて，この1997年憲法の趣旨に基づき，既存の地方自治組織法が改定され，自治体

---

[1] アジア諸国に関しては，森田と作本・今泉が参考になる（森田編 1998；作本・今泉編 2003）。また，南米諸国の分権化過程に関しては，第1章第1節および第5章を参照されたい。

職員人事法・住民イニシアティブやリコールに関する法律といった新しい法律が規定された。

地方自治体組織改革が一段落着いた後でタイ政府が次に着手したのが，地方分権計画の策定である。1999年に制定された「地方分権計画および手順規定法」によって，権限移譲だけではなく業務に付随する予算と人員の移譲も合わせて実施された。

インドネシア（松井編 2003）は1998年，アジア通貨危機に端を発する経済崩壊の中でスハルト（Haji Muhammad Soeharto）政権が崩壊した。スハルト大統領の後を継いだユスフ・ハビビ（Bacharuddin Jusuf Habibie）大統領は，民主化を要求する急進派の機先を制する形で，1998年の国民協議会（Majelis Permusyawaratan Rakyat）において，地方分権化政策を民主化実現のための中心課題として取り上げた。国民協議会の決定15号が地方分権に関して政策的な方向付けを行い，憲法改正や1999年の地方分権化に関する主要2法の制定——中央政府と地方政府間の政治的な権限の分権化に関する法律（法律1999年第22号）および中央政府と地方政府間の財政均衡に関する法律（法律1999年第25号）——，2001年に独立運動が激しかったアチェとパプアに関する特別自治法が制定された。地方分権化2法案の特色は次の4点である。第1に，中央政府の代理機能は州政府のみに限定された。第2に，中央政府と地方政府という垂直関係よりも地方首長と地方議会という水平関係へ責任関係が変化した。第3に，中央政府から地方政府の政府間資金移転の規定が明確になった。第4に，村落行政が各地域の特性に合わせて改編できるようになった。

スハルト政権崩壊後のインドネシアは「レフォルマシ」（reformasi：改革）の名のもとに総選挙法の改正などの政治面での制度改革が進められたが，地方分権化はそうした民主化過程と共鳴することで，単なるスハルト色の中央集権との決別を超えて民主化の文脈で捉えられた。民主化以降，スハルト時代に政権を支えたゴルカル（Golkar），スハルト体制下で存続を許された2つの野党（インドネシア民主党，開発統一党）以外の政党の結成も自由化された。

フィリピンの地方分権はアキノ政権の政党綱領である「ピープル・パワー」において最も重要な項目の1つであり，1987年憲法では分権化が明記された。1991年には，この憲法の改正を受け，大統領令第7160号によって，新地方自治法（The 1991 Local Government Code）が制定され，翌年1月1日から施

行されるようになった。この新地方自治法は，旧地方自治法（The Old Local Government Code），地方税法（The Local Tax Code），不動産法（The Real Property Code），バランガイ訴訟法（The Barangay Justice Law）を統一したものであり，地方自治体への権限の移譲を強く推し進めた内容となっている。このようにアジアの途上国ではナショナルなレベルでの民主化の波に連動して分権化が加速しているといってよい。

世界的な潮流の中でアフリカ諸国においても分権化の実現が声高に唱えられるようになった。アフリカ諸国では，1990年代前半に開始された政治体制改革である民主化の後を追うように行政改革としての分権化が求められた。民主化と分権化はアフリカにおける政治行政改革の両輪として相互発展が不可欠であるという発想が支配的であった。そこには，分権化は民主化のために必要であり，一方で分権化を実現するために民主化が必要であるという一種の循環論法があった（岩田 2010：8）[2]。

アフリカ全体を見渡して分権化の先進例と評価されているのがウガンダである。ウガンダの地方分権の特徴は，1980年代の内戦時からの抵抗組織が地方行政組織の起源となっている点を挙げることができる。1962年の独立時のウガンダでは，憲法によって中央から地方への権限の移譲が定められたが，1966年と1971年のクーデターで中央集権的なシステムへと変更され，地方自治体の長や行政官は政治的任命となった。しかし1986年以降，ヨウェリ・ムセベニ（Yoweri Kaguta Museveni）大統領主導の国民抵抗運動（National Resistance Movement）が実権を握った際に，当時の政権転覆を図りゲリラ戦を展開していた頃の抵抗のための地方制度（Resistance Council: RC）を導入したのが，ウガンダの地方分権の転換点となった。その後，1993年の地方自治令（Local Government Statute）では，過去の中央集権体制から地方分権型への変革が明確に打ち出され，13のディストリクトでの分権化が進められた。RCに法的な根拠が付与され，地方組織の間で複雑になっていた権限が合理化された。また，公務員はそれぞれ属する地方のカウンシラー（Councilor）に対し責任があるということが明確化されており，予算の地方分権化，特に経常予算の分権化も実施されることになった。1995年に制定された憲法は，

---

2) アフリカ3カ国に関する記述は，Saitoと岩田によるところが大きい（Saito 2003；岩田 2010）。

地方自治令で導入された地方分権の思想をさらに強化したもので，第11条には地方自治体の原則・構造，地方自治体の財政，住民サービスなどに関する枠組みが示された。憲法制定と同時に，RC が Local Council（LC）に名称変更された。これは，ビレッジレベルの LC1 からディストリクトレベルの LC5 までの階層構造を持つ立法機関でもあり，行政機関でもあった。1997年に制定された地方自治法は憲法の内容を反映したもので，地方自治体の権限・役割などがより明確になった（Saito 2003）。

1990年代以降，ベナン（République du Bénin）はアフリカの民主化モデルとして高く評価されてきたが，民主化の幕開けまでのベナンは軍事クーデターと権威主義的な抑圧体制の出現が繰り返されるアフリカ諸国の典型的な歴史を辿ってきた。1960年にダホメ共和国として独立した後，5度の軍事クーデターによる政権転覆を経験した。1972年のケレク少佐のクーデター以降成立した「ベナン人民革命党」による一党制は17年間続いた。1980年代から強まった民主化運動の結果，1990年2月にはアフリカ諸国初となる国家主権の暫定的移譲をともなう国民対話フォーラムである「国民会議」（Conférence nationale des forces vives de la nation）の開催によって民主化の幕が上がった。民主化の決定的な転換点となった国民会議は，分権化論議が生まれる契機ともなった。国民投票を経て制定された第7共和国憲法（1990年12月）では，国家との調和の中での自治体の発展が明記された。これにより77の郡（Sous-Préfecture）と7の都市行政区（Circonscription Urbaine）によって構成される84の行政区（District）は再編され，日本の基礎自治体に相当する77の「コミューン」が設置された。コミューンの議員である評議員（Conseiller）は，選挙によって直接住民から選出されるようになった。コミューンの政策実施責任者である市長（Maire）は，評議員の間で互選によって選出された。しかしながら，分権化関連法には権限移譲の期限が明記されておらず，足踏み状態が続いた。

これに対しブルキナファソ（Burkina Faso）は，20年に及ぶコンパオレ政権の下で民主化の急激な進展を抑制しながら，ドナー諸国の要請に応える形で行政分野における分権化を強力に推進し，西アフリカフランス語圏諸国における分権化，ならびに自治体間の国際協力である分権型協力の先進モデルとして注目を集めてきた。民主化と分権化の状況に関しては，隣国ベナンと好対照の状況にある。

ブルキナファソの分権化の歩みは，地方制度改革の第一歩として1995年に実施された33のコミューン設置から始まった。2004年の地方自治体法により分権化の法的整備が進み，基礎自治体として49の「都市コミューン」(Commune urbaine）と302の「農村コミューン」(Commune rurale）を併せて351のコミューンが設置された。さらに，広域を管轄する自治体として13の州（Région）が設置された。そして，2006年には分権化の本格的な施行後初となる地方選挙が実施され，コミューン評議員が選出された。

　ベナンやブルキナファソの2カ国と比較して，マリ（République du Mali）は，民主化・分権化のそれぞれに関して高い評価を得ていない。しかし，西アフリカフランス語圏諸国の中では，民主化はベナン，分権化はブルキナファソに次ぐ評価を受けており，両改革はバランスを取りながら進められている。ブルキナファソの分権化と同様に，マリの分権化も1999年に行われた703のコミューン（19の「都市コミューン」と684の「農村コミューン」）の設置から始まった。また，コミューンを広域で管轄する49の「セレクル」(Cercle）とバマコ特別区を含む9の「州」が設置された。その後，コミューンをはじめとして自治体の代表者が選挙によって選出されるようになった。

　アジア途上国の分権化と同様に，1990年代以降に本格化したアフリカの分権化は，自治体代表者の公選制の導入という政治的分権にその特徴があるといえる。ただしアジア途上国の場合は，通貨危機後の公共部門のダウン・サイジングへの要請が，分権改革を加速化した背景としてあった。これに対し，アフリカ諸国の分権化は，援助国や国際機構からの要請（圧力）に応じる形で開始されたことに両地域の相違点が見られる。

　アジア途上国やアフリカ諸国とは対照的に，ヨーロッパ諸国の地方分権は，民主化とは無縁である。フランスの社会党政権による地方制度改革は，「市町村，県および地域圏の権利と自由に関する法律（1982年3月2日）」の制定に始まった。過去100年以来はじめてなされたこの大改革は，フランスの中央集権体制に大きな影響を与える内容であったにもかかわらず，迅速に制定され，施行されていった。この法律案は，1981年7月から始まった国会の審議にかけられ，1982年1月に可決され，3月2日に制定に至った。この改革によって，中央政府任命の県知事が以前に有していた執行権が，県議会議長に移譲されることになり，県知事は中央政府の代表として，出先機関の指揮監督と国家行政事務の統括に専念することになった。その職名も「知事」か

ら「共和国委員」に改められた。県知事は地域圏，県および市町村に対する事前的な後見監督権を失い，従来知事に付与されていた行政的後見監督権は地方行政裁判所に移管され，事後的な司法統制のみが行われることとなった。財政上の監督については，地域圏会計検査院が新設され，地方公共団体の財政に対する事後的な審査を行うこととなった（久邇 2004：38－54；Nakano 2010: 73-78）。1986年3月の総選挙では保守派が勝利し，シラクが首相に就任して，最初のコアビタシオン（1986－1988）が誕生した。その後の第二次コアビタシオン（1993－1995）においても同様であったが，この間に地方分権改革は一時そのスピードを弱め，コアビタシオンが解消されると，左派政権は再び地方分権改革を加速した。

　1997年5月の総選挙で，若き党首トニー・ブレアの率いる労働党が，地滑り的大勝を収めた。英国では，政権政党が変わると，政策が抜本的に変わることは珍しくないが，労働党も，従来の保守党政権が採っていた政策を大幅に修正している。その最たるものの1つが，地方分権への取り組みである。

　保守党政権は，「スコットランド，ウェールズ，北アイルランドへの地域議会の設立は連合王国の基盤を揺るがす」として，頑なに地方分権を拒んだのに対し，労働党政権は，「地域議会の設立が不可欠である」として，住民の意向を住民投票で確認しながら，地方分権を推進している。なお，労働党は，ロンドン全体を見渡した上での政策を策定する機関として，グレーター・ロンドン・オーソリティ（Greater London Authority）の設立を，1997年の総選挙時での選挙公約に掲げていた。これは，サッチャー政権下の1986年，グレーター・ロンドン・カウンシル（Greater London Council）が一部の権限をシティ・オブ・ロンドンと32の特別区に移し，残りを中央政府に戻す形で廃止されたためである。1998年5月に行われたGLA設立のための住民投票で，その設立が承認された（内貴 2009：15－25）。こうしたカウンシルが廃止されたり復活したりという英国の事態は，日本やフランスでは想像もつかない大変革であろう。

　分権という用語が使われてはいても，アジア・アフリカの途上国や第5章で扱う南米諸国及びヨーロッパ諸国と日本の地方分権は歴史的な文脈も，分権改革の内容もかなり異なっている。やや長くなるが，日本の地方自治制度を概観しながら，その特徴を明らかにしたい。

　日本の地方自治制度は，1878年の三新法，1888年の市制町村制，1890年度

府県制・郡制の制定を通じて確立した。府県に中央政府が任命する知事と住民が選出する議会をおき，市町村には住民が選出する議会と議会が選ぶ市町村長をおいた。中央政府は内務大臣や府県知事を通じて市町村を監督・統制するとともに，市町村長に中央政府の事務を機関委任事務として担当させた。また，府県と市町村には議会が設置されていたが，その権限は制約されたものとなっていた。これは中央集権的な制度として，多少の修正を受けながらも，第2次世界大戦中まで続いた。

戦後，日本国憲法第8章に地方自治に関する条項が新たに設けられ，都道府県知事が任命制から住民による直接公選制に変更された。市町村長も議会による間接公選制から直接公選制に改正された。自治体は警察，教育の権限を移譲され，条例制定権も拡張された一方，住民によるリコールや条例制定請求の制度も導入された。こうした政治的分権を含む大規模な改革により，日本の地方自治制度は，分権的なシステムへと大きく変化した。

しかしながら中央政府は，戦前からの機関委任事務や国庫補助金制度を，自治体への統制手段として維持していた。1950年代には，教育委員会の公選制や特別区区長公選制が廃止されるなど，戦後改革の一部見直しが進み，批判的な立場からは「逆コース」と呼ばれた。1960年代半ばになると，都市部を中心に社会党・共産党の左派連合による革新系知事が本格的に登場しはじめ，自民党と対抗していく。この選挙連合は，1970年前後には，中道勢力である公明党と民社党とも連合して全野党共闘体制が国政においても定着する。革新勢力の支持する首長が次々に誕生し，国政レベルでも与野党伯仲状態が続いた。ところが，1980年代に入ると，革新自治体は退潮に向かい，多くの地方選挙において自民党・公明党・民社党の三党による連合が形成されることになった。

1980年代後半からの部分的な分権策——例えば，機関委任事務の整理・合理化や機関委任事務を執行しない知事・市町村長の罷免を可能とする訴訟制度の廃止，補助金交付手続の簡素化など——に続いて，1993年6月に衆参両院において，「地方分権の推進に関する決議」が成立した後，1995年には地方分権推進委員会が設置され，4年余りの歳月をかけた結果，1999年に地方分権一括法が制定公布された。2000年4月施行の地方分権一括法では，機関委任事務の廃止，必置規制の緩和・廃止——例えば，教育行政の分権化として，教育長の任命の際に，都道府県であれば文部大臣の，市町村であれば都道府

県教育委員会の承認制度の廃止——などの行政的分権が盛り込まれていた。加えて，地方債発行と法定外普通税の許可制は自治大臣の同意を要する協議制に改められるとともに，法定外目的税制度も導入され，財政的分権も進んだ。引き続き，2001年に成立した小泉内閣は地方財政の諸問題の解決を聖域なき構造改革の目玉とし，2003年度から2005年にかけて，国庫補助負担金，地方交付税，税源移譲を一体的に改革する地方財政改革を実現した。

　では，アジア・アフリカの途上国や本書の第5章で扱う南米諸国とは異なる日本の地方分権の特徴は何なのか。

　第1に，途上国では，政治的分権と行財政的分権が短期間のうちにワンセットとして実現されたのに対し，日本では戦後まもなく地方首長と議員の直接公選が始まり，行財政的な分権との間に50年あまりの時差が見られる。地方分権一括法によって機関委任事務制度が廃止され，その大部分が自治事務と法定受託事務となった。また，三位一体改革によって国庫補助負担金と地方交付税が削減される代わりに，国から地方に税源が移譲された。とはいえ，日本の地方分権は，権限と財源が積極的に地方政府に移譲されたというより，国の財政再建が重視されており，過去と比較するとドラスティックな改革に間違いないが，アジア・アフリカの途上国や南米諸国と比べると，変化の幅は小さい。このことは，政治的分権・行財政的分権が短期間のうちにワンセットとして実現した国と，そうではない国との間に，中央地方間の権力関係の変化の程度が異なることを示唆する。

　第2に，途上国における地方政治は，中央政治の政治的競争を引き写しており，国政の党派的対立が地方政治においても主な対立軸となっている。日本においても革新自治体の時代とも呼ばれる1970年代の前後には，党派的観点から中央地方関係を把握することができる（曽我・待鳥 2007）。しかし，行財政的分権が行われた1990年代以降は，首長選挙において保守勢力と革新勢力の相乗りが一般的となり，特に道都府県知事選挙で社会党が少なくとも公明党・民社党と同程度に相乗り・総与党化の中に組み込まれていく。相乗りと総与党化が進む一方で，新しい動きとして政党の支持を受けない無党派知事も出現する。これにより，地方政治の重要な対立軸であった保守対革新の政治的競争がほぼ消失したのである。こうした相乗り，総与党化，無党派首長という現象は，国際比較の観点からすると，例外的な現象である（砂原 2011：29-38；村上 2003：40-45)[3]。地方分権政策をめぐっても与野党の

対立よりも省庁内部の対立が激しかったのも，この延長線上にある。これに対し，地方議会においては一貫して自民党の勢力が極めて強く，1990年代に入って漸減傾向にあるものの，全議席の50%近くを占め，他の政党を圧倒しているのも日本特有のものである。

第2節　本書の課題と構成

　世界的な潮流となっている地方分権に関しては，市民参加の促進と代表制の確立による民主主義の質の向上（Adserà and Boix 2008; Burki et al. 1999; Diamond 1999; Grindle 2007; Manor 1999; Peterson 1997），政治的危機の克服（Grindle 2000; Rodríguez 1997; Selee 2011; 岩田 2010）と財政再建の手段（Bird and Vaillancourt 1998; Cruz et al. 2011; 北村 2006），国際機構からの圧力（Romeo 2003; Schmidt 1989）など，様々な角度から多様な研究がなされてきている。このような分権化の潮流を「静かな革命」と呼んだキャンベルは，これら以外にも都市化の進展や財政赤字の深刻化，および，スペインにおける民主化後の地方自治の強化が里程標を提供したことを，ラテンアメリカで分権化が進んだ背景として指摘している（Campbell 2003: 14-20）。

　世界的な潮流とはいえ，大統領をはじめとする中央政治家やエリート官僚は，自らの権力を弱める制度変化を望むわけではない（Christensen 2000: 390; Dickovick 2011: 6; Grindle 2000: 21）。それにもかかわらず，なぜ中央政府は自らの権限と財源を地方政府に移譲するのか。どのような条件下で地方分権を推進するのか。分権のタイミングとスピードは何によって決まるのか。これらの問いを解明するのが本書の目的である。

　こうした問題意識に基づいて本書は，各政権がおかれていた中央地方間の関係と国会内の権力構造を分析することによって，地方分権が行われた政治的条件を明らかにする。すなわち，縦軸には地方分権と権限移譲への選好を持っている主体がこれを実現することができるか否かを制約する要因として，大統領制における統一政府と分割政府を立てた。また，中央政府が地方政府

　3）　村上は先進国の中でも例外的な現象であると主張している（村上 2003: 41）。したがって，国政と地方政治が党派的につながっている諸国における地方選挙は国政運営の中間評価として機能する。

に権限と財源を委譲するか否かを制約する要因として，中央政府と地方政府間の党派性に注目し，党派的一致と不一致を横軸とし，クロスさせた。とりわけ，両政府が党派的に一致する現状を「統占政府」と呼称し，一致しない場合を「分占政府」と名づけた。その上，この2つの軸，つまり，立法府と行政府，中央政府と地方政府の関係によって，立法コストとエージェンシーコストは変わり，政権党の地方分権に対する行動様式も変化するという「地方分権の取引費用モデル」を組み立てた。したがって，立法府の過半数を基準に「統一政府」と「分割政府」を区別し，首都圏を含む地方政府の過半数（韓国における広域地方自治体16のうちの8以上，総人口でいえば3分の2以上）を「統占政府」と「分占政府」を分ける基準とした。こうした「地方分権の取引費用モデル」により地方分権の推進・行財政的支援，地方分権の準備・行財政的支援，現状維持・行財政的統制，逆コース・行財政的統制という4つの仮説を立て，20年間の4つの政権について実証分析を行う。第2章では，民主化以降誕生したばかりの盧泰愚政権（1988-1992）と金泳三政権（1993-1997）の地方分権政策を，第3章では，金大中政権（1998-2002）と盧武鉉政権（2003-2007）の地方分権の過程を，地方分権に関する法案と権限・財源移譲に関するデータの分析を通して解明していく。

　第4章の第1節では，タバコ消費税と総合土地税との税目交換という事例を，第2節では，不動産取引税の引き下げという事例を採り上げ，その政治過程を丹念に追跡する。より具体的にいえば，第1節では，1995年から2007年5月までに政権党が積極的に税目交換を推進したにもかかわらず，それが実現できなかったのはなぜなのかという問いを発し，それは与党と中央政府及び，ソウル市とその傘下の自治区間の党派が一致しなかったためであることを明らかにする。ここでは，中央政府による地方分権政策の決定に重点がおかれている「地方分権の取引費用モデル」を，地方政府間の関係にも適用できるような形で応用し，地方政府の政策イニシアティブと中央政府に対する自律性を浮き彫りにする。

　「地方税目交換」過程がソウルという特定の都市に限定されていたことに対し，第2節では，全国の地方政府にまたがる「不動産取引税」の減税過程を，「地方分権の取引費用モデル」から分析し，論理一貫した説明を構築する。ここでは，地方の最大税収源である「不動産取引税」がなぜ減税のターゲットとなったかという問いを立て，政権党が取引税をターゲットとした最も重

大な理由は，地方権力がほぼ100％野党によって統一されていた分占政府の状況下で，エージェンシーコストを下げるためであったことを論証する。

　第5章では，上記の韓国の地方分権研究から得られた知見に基づいて，韓国と同じく単一主権国家で大統領制を採用しているチリ・ボリビア・ペルー・コロンビア・フィリピン5カ国との比較分析を試みた。コロンビアを除き，チリ・ボリビア・ペルー・フィリピンの4カ国は権威主義体制を経験している点も韓国と類似している。これらの国における政治的分権は民主化のための手段であり，政権党の党派的利益を強化する手段としても利用された。これに対し，行財政的分権は民主化の過程と重ならず，政権党が同一党派の地方政府を手助けするための手段であった。全体的に，中央政府の場合は大統領選挙の過程で，地方政府は地方選挙で両方が業績誇示の手段として分権政策をアピールしたのである。

第1章　理論的検討と本書の分析枠組み

第1節　地方分権の先行研究

1　分権の定義と韓国の地方自治研究

　本節では，分権を定義した後，本書の問題関心に最も直接的に関連する分権化研究の傾向を整理し，議論の方向性を明確にしたい。

　一般に地方分権 (decentralization) という概念は，次の2つの意味で使われている。第1に，政治的分権 (Political decentralization) とは，地方政府の首長が中央政府による派遣から地域住民の投票による公選にシフトすることや，地方議会を設立することなど，地方政府の政治的意思決定の自律性 (autonomy) を強化することを指す (Eaton 2004a; Enikolopov and Zhuravskaya 2007; Garman et al. 1999; O'Neill 2003; Treisman 1999; 2007)。第2に，中央政府の持つ行政的権限と財源を地方政府に移譲 (devolution) することを意味する (Garman et al. 1999; 2001; O'Neill 2003; Rodden 2006)。勿論，中央政府によって提供されている教育・医療・社会福祉・住宅といったサービスを地方政府に移転する行政的分権 (Administrative decentralization) と，地方政府の財政的自律性や歳入を増やすための政策を意味する財政的分権 (Fiscal decentralization) ——例えば，中央政府からの財源の移譲，地方税の新設，地方政府による税率変更の自律性を拡大すること——を区別することも可能である (Cheema and Rondinelli 2007: 6-7; Falleti 2010: 33-36; Manor 1999: 4-12)。しかし本書では，行政的分権と財政的分権を分けずに，「行財政的分権」という用

語で,両者をワンセットとして取り扱うことにする。なぜなら,財政移転を伴わない行政的権限の移転は,中央政府が地方政府に負担を転嫁するために利用する手段であり,地方政府の責任のみを増やすからである。その結果,地方政府の中央政府への財政的依存度は高まってしまう。こうした理由から,財政移転をともなう「行財政的分権」と,財政移転を伴わずに中央政府の責任回避の手段として用いられる負の行政的分権を区別することにする。したがって本書では,政治的分権と行財政的分権を包括する概念として地方分権という用語を用いることにする。

次に,韓国の地方自治研究について簡潔に概観しておく。韓国では1991年に基礎自治団体議会と広域自治団体議会が設置されており,1995年には第一回全国同時地方選挙が実施されることによって,地方政治の場はより活性化するとともに,地方政府の自律性も高まってきた。このように,地方自治の制度的基盤が確立したことにともない,従来大勢を占めていた地方自治復活論にかえて,地方自治をめぐる議論も多様な観点からなされるようになった。近年の業績を中心に大まかに分類すれば,第1に,地方それ自体を研究対象とするもの,例えば,地方議会の機能と役割(陸東一 2006),首長の役割とリーダーシップ(リュ・ジェヒェン 2002;イ・カンヒ 2003),地方政府の政策自律性向上(ナム・チャンウら 2005)などに着目するもの,第2に,中央地方間の関係に関するもの,すなわち,政府間の効率的な権限の配分,あるいは両者間の対立を解決するための仕組みを模索する研究(コ・キョンフン 2004;アン・ヨンフン 2009;元求桓 2004)や地方政治における政党の役割に注目するもの(イム・ヒョンマン 2000;ウァン・アラン 2002;2006),第3に,地方分権政策の評価に関するもの(権・キョントク,ウ・ムジョン 2009;グム・チャンホ 2009;金順殷 2003;李勝鍾 2005),第4に,政策ネットワークに着目したもの(林承彬 2005),のいずれかに分けられる。これらの研究の特徴は,現実の問題を解決し,よりよい地方自治を実現するために,採用すべき政策は何かという規範論的な立場から政策的改善策を提言している点である。また,政策ネットワーク論の場合は,現象の分析というより記述にとどまっており,地方分権との関連では単に1つのイメージを形成するだけで,説得力があるとは言い難い。

先行研究が多いにもかかわらず,韓国の地方研究の大勢を占めているのは政策提言型の研究であり,政策を提言する前に行われるべきである正確な現

状把握やそこでの因果関係の特定化に関しては,あまりにも関心が希薄である。それゆえ,理論主導・仮説検証型の実証的研究は管見の限りほとんど見られないのである。また,これまでの韓国の分権化研究においては,政治的影響に関心を寄せる研究が少なかったことに加えて比較研究が少ない点も指摘しておくべきであろう。

すなわち,世界各国における分権化過程を並列して紹介する試みはこれまでも行われてきたが,共通の尺度の下での比較研究は希であった点も指摘しておく。これに対し本書は,比較政治学の着想やモデルと行政学の実証的な研究を統合することによる「理論志向の地方分権論」の構築を目指す。

2　南米諸国における地方分権研究:ライバル・セオリー

中央政府はなぜ地方分権を行うのか。この問いに関しては,近年,南米諸国の比較分析から政治家たちの選択の結果として地方分権を解明する研究が見られるようになってきた(Eaton 2004a; Garman et al. 1999; 2001; O'Neill 2003; 2005)。南米諸国は権威主義体制から民主化されたという点で,韓国の経験と非常に類似しており,その意味では,韓国の地方分権が行われた条件を探るための大きな手掛かりとなりうる。

まず,政治家の選択を左右する要因として政党のあり方に注目した研究から考察していく。地方政治家が中央政治家のキャリアを統制することができるような,地方優位の政党内部組織をもっている国の場合,政党は地方の利益を代表する地方政治家の要望に沿って地方分権を推進しようとする。逆に,党首中心の集権的な政党組織は分権への誘因が弱い。ガーマンら(Garman et al. 1999; 2001)は政党の集権・分権度を選挙制度と公認権の2つを基準としている。すなわち,政党志向の投票を促進する拘束名簿式比例代表制が採用されており,かつ党の中央執行部が公認権を握っていれば集権的政党であり,候補者志向の非拘束名簿式比例代表制の採用と地方政治家による公認権が行使される場合は,分権的政党である。このことを南米5カ国の事例研究から明確にしたガーマンらによれば,地方分権度は5カ国の中でブラジルが最も高く,アルゼンチンとコロンビアも比較的高いが,メキシコとベネズエラは集権的であるという。

また,同じ関心に立ちつつ,コロンビアとベネズエラの議員データの計量分析から政党組織の重要性を強調したのが,エスコバ・レモン(Escobar-Lemmon 2003) である。両国とも地方分権を推進したのは国政野党であり, コロンビアの国政野党は, 国政選挙の勝利可能性は低かったものの地方選挙には強かったこと, ベネズエラの国政野党は, 地方分権を業績誇示の手段として利用したことが, それぞれ分権推進の要因であったという。とりわけ, 地方に勢力を持ち公認権などが地方に降ろされている政党の議員, そして国政への政治不信が強い地域から選ばれている議員の方が分権化に賛成する傾向にあることを解明した。

次に, ガーマンらの議論が分権のタイミングを説明できないと批判し, 分権改革を選挙の利益を最大化するための政党の合理的な戦略であると主張したのが, オニール (O'Neill 2003; 2005) である。政党組織が集権的な南米諸国における中央政治家は, 政権を維持する可能性が低い場合, すなわち政権交代の可能性が高ければ, 地方政府から大統領選挙への支持を得るために地方分権を行う。逆に, 政権交代の可能性が低ければ, 政権党は地方政府の選挙支持を必要としないため, 権限と財源を移譲しようとしない。彼女はこのことをボリビア・コロンビア・エクアドル・ペルー・ベネズエラの南米5カ国の国政・地方選挙の計量分析から明らかにした。

これらの研究に対しイートン (Eaton 2004b) は, チリとウルグアイの事例研究から地方分権が分権的な政党による下からの改革でもなければ, 政権交代の可能性が高い時の政権党による選挙戦略でもなく, 内部組織の集権的な政党が党派的な利益を守るために利用した手段であると反論した。チリの場合, 1989年に行われた選挙で, 保守で反ピノチェト派の民主主義を求める左派政党連合 (コンセルタシオン:キリスト教民主党, 社会党, 民主主義のための政党, 急進・社会民主党から構成されており, 左派政党を中心としている) のパトリシオ・エイルウィンが僅差でピノチェト派の候補に勝利したことにより, 17年ぶりに民主的な文民政権に移行することになった。チリの地方行政は, 州監督官 (Intendente) を長とする13の州 (Region, 2006年には2つの州が新設された) に分けられる。州はさらにいくつかの県 (Provincia) に分割され, それぞれに県知事がおかれる。県はさらに市町村 (Comunas) に分けられ, 市 (町, 村) 長がいる。エイルウィン政権以降, 地方分権化の政策が推進され, 1992年より, 基礎自治団体の首長は大統領の任命ではなく住民による直接選挙によって選ばれることとなった。政権党であったコンセルタシオンはピノチェトによって任命された地方首長を追い出すとともに,

国政だけではなく地方にまでその代表性を拡大する手段として政治的分権を積極的に推進したとイートンは主張する。

　また，独立後まもなく結成されたコロラド党（Partido Colorado，通称，赤党）と，国民党（Partido National，通称，ナショナル党，白党）という二大政党の勢力が拮抗していたウルグアイの場合，歴史的に，コロラド党はモンテビデオを支持基盤とする自由主義派（中道保守），国民党は地方都市を支持基盤とする保守派とされていた。しかし，1971年にはコロラド党左派が中心となって左派政党拡大戦線（Frente Amplio-Encuentro Progresista）が結成され，これによりコロラド党本体は中道化し，コロラド党と国民党の実際の政治理念の違いはほとんどなく，両者とも保守政党としての路線を取ることとなった。1989年の選挙では，それまで大統領と国会の与党を占めていたコロラド党に代わり，国民党が政権復帰を果たした。左派政党拡大戦線も首都モンテビデオで過半数を取るとともに，1994年の選挙では議会のほぼ3分の1を占めることとなった。このように左派政党拡大戦線がその勢力を伸ばしていたことを恐れた伝統的な二大政党は，1996年にそれまでの国政と地方の同時選挙から地方選挙の分離に合意した。国政選挙に従属させられていた地方選挙を分離することは，地方の自律性を高めることであった。その合意は，地方都市での支持基盤を確保していた国民党はコロラド党の大統領選挙を支援し，その代わりにコロラド党は国民党の地方選挙を支援することで，勢力を強めていた左派政党拡大戦線を排除するためのものであった。このようにウルグアイの二大政党は，左派政党の勢いを抑えるために憲法改正を通じる政治的分権を推進し，チリの左派政党連合も地方選挙の勝利を確信したため地方分権を行った。両国とも中央の政治家たちが自らの短期的な政治的利益を最大化しようとした結果として地方分権が行われたとイートンは結論付けた。

　これに加え，フィリピンで地方分権が進んだ理由として，民主化後に制定された新憲法が大統領や議員の再選を制限したため，大統領や議会に権力を集中させる誘因が弱まったこと，アキノ大統領が民主主義に移行するための適切な手段であると考えたこと，近い将来に中央政治家が地方政治家に転身する可能性が高まったこと，中央政治家と地方政治家が家族関係などで非常に強く結び付いていることを挙げている（Eaton 2001: 116-117）。

　地方分権の原因を特定しようとする上記の諸研究とは異なる立場から，地

方分権による中央地方間の権力関係の変化を分析したファレッティ（Falleti 2005; 2010）は，地方分権政策が必ずしも地方首長の影響力を拡大するわけではないと主張した。彼は地方分権を，政治的分権・財政的分権・行政的分権の3つに分けた上で，中央政治家はできるだけ集権体制を維持しようとするために，行政的分権を最も好み，財政的分権と政治的分権の順番に利害関心を示すと論じる。他方，地方政治家は中央政治家の選好とは逆の選好，すなわち，政治的分権を最も好み，次に財政的分権，そして行政的分権はそれほど好まない。したがって，地方政治家が求めている政治的分権から財政的分権，行政的分権の順番に分権政策が行われると，中央地方間の権力関係の変化が最も大きくなる。その反面，行政的分権が最初に行われた後，その次に財政が移転され，最後に政治的分権が行われるという，中央政治家の選好順に地方分権が進むと，権力関係の変化の程度は低くなる。こうした3つの地方分権が施行される時間的な順序に着目して，南米4カ国の事例を丹念に追跡したファレッティは，中央地方間の権力関係の変化の程度は4カ国の中でコロンビアとブラジルが最も高く，メキシコは中間程度であるが，アルゼンチンは低いという。

　本書は，こうした知見を踏まえながらも，地方分権改革が政党の内部組織の集権・分権度によるものでも，政権交代の可能性が高い時の政権党による選挙戦略でもなく，さらに，各国のアドホックな文脈依存的な過程でもなく，地方政府との党派性が一致する時の政権党による党派的利益追求戦略であると主張する。したがって，中央政府と地方政府間の党派的な関係および，執政部と議会との関係に着目して地方分権を合理的アクターによる政治的な過程として捉える。分権を合理的アクターによる政治的な過程として分析することは，以下の3つを意味する。第1に，分権化は，中央政治家が自らの短期的な党派的利益を最大化するための近視眼的な改革である（Eaton 2001: 104-105; 北村 2006：222）。とりわけ，大統領の再選が制限されている場合，大統領は短期的な利益を得るために，長期的な利益を犠牲にする（Grindle 2000: 22）。第2に，それは政治による選択であり，不可避で不可欠なものではない。第3に，集権化の方向に反転しないという保障はない。

第2節　取引費用政治学の先行研究[1]

　取引費用理論は主に経済学で企業組織の論理を説明するために発達したが，近年公共部門にもそのモデルが適用されている。以下では，取引費用の観点から政治学の諸分野を取り扱った研究を検討していく。取引費用理論は民間部門だけではなく，議会と政党および行政組織といった公共部門の組織形態と公共政策の分析にも適用され，公共組織の存在理由や公共組織間の関係および公共政策に関する多くの研究が近年盛んになってきた。これを分析対象を規準にして分類すると，様々な公共政策（経済政策，規制政策，医療政策など）に関する研究，議会の委員会や委任に関する研究，行政組織に関する研究，国際レジームに関する研究の大きく4つの領域となる。また，地方自治体の適正規模や合併などの分野への応用研究も加えられる。＜表1－1＞は取引費用政治学の実証的な研究業績を整理した一覧である。

表1－1　取引費用政治学の先行研究[2]

著者	独立変数	従属変数	キー・ファインディング	研究分野
Alt & colleagues (1999)	資産特殊性	企業の補助金獲得のための政治的行動	資産特殊性と企業の政治へのロビイングは正の相関関係	企業の政治へのロビイング
Ciccotello & colleagues (2004)	技術の新しさ（N），場所の近接性（G），再契約（R）	研究開発協定の期間（P）	NとGはPを長くするが，RはPを短くする。Nはホールドアップ問題を起こす	公共政策（契約）
Delmas & Marcus (2004)	取引の頻度	命令統制型規制（CCR）と交渉合議型規制（NAs）	取引頻度が高ければCCRよりNAsのほうが効率的である	公共政策（規制の形態）
Dixit (1996)	情報の非対称性，機会主義，限定合理性	モラルハザード，共通エージェント問題	事前のコミットメントと委任などによって取引費用に対処できる	公共政策（金融・財政・貿易政策）
Dixit (2003)	情報の非対称性	政府の多様な制度	政策決定は政治過程の産物である	公共政策（開発途上国）

1）　本節は南京兌（2010b）を原型としている。
2）　取引費用経済学の発想を応用した政治学の研究では，独立変数と従属変数の数が非常に多い場合や，変数を明確に定めず議論を進める場合もあるため，簡潔にまとめにくいことを予め理解していただきたい。

著者	独立変数	従属変数	キー・ファインディング	研究分野
Epstein & O'Halloran (1999)	統一政府と分割政府，政策の属性	委任のあり方	議員は再選と密接にかかわる政策分野を官僚に委任しない	議会（委任）
Hindmoor (1998)	政策共同体の形成	NHSの設立	政策共同体が取引費用を低めたため，NHSが設立できた	公共政策（医療政策）
Horn (1995)	コミットメントコスト，エージェンシーコスト，立法コスト	独立行政委員会，行政官庁，公企業	立法連合は取引費用の総計の最小化を図るように行政組織の選択を行う	行政組織
Huber & Shipan (2000, 2002)	情報の非対称性，クレディブルコミットメント	政策の不確実性，逆選択，モラルハザード	情報の非対称性が政策の不確実性・逆選択・モラルハザードの原因である	議会（委任）
Jones & Hudson (1998)	政党の役割	情報費用（I），機会主義的行動	政党は有権者のIと，議員の機会主義的行動を抑制する	政党
Keohane (1984)	国際レジーム	取引費用	国際レジームは情報提供，従順の正当化，合意の促進を通して取引費用を低減する	国際政治
Lake (1999)	結合生産の経済，機会主義コスト，ガバナンスコスト	単独主義，同盟，帝国といった安全保障レジーム	3つの独立変数の組み合わせによってレジーム形態が決まる	国際政治
Levy & Spiller (1994)	規制ガバナンス（G）と規制誘因	電気通信企業のパフォーマンス	Gによってパフォーマンスが決まる	公共政策（電気通信への規制）
Lewis (2003)	与党の議席率（R），統一政府（U），大統領の支持率（S）	行政組織の独立性（I）	RとUおよびSが高いほどIは低くなる	行政組織
Lowery (2000)	都市間協定と合併した都市	政治的取引費用	合併した都市が取引費用を節約できる	地方政府の規模
McNollgast (1999)	ニューディール政策の保護	行政手続法の制定	行政手続法は政策転覆のリスクを回避するために制定された	行政手続法
Moe (1989, 1990a)	政治的不確実性	行政組織再編	政治的勝者は既得権を守るために保護戦略を採用する	行政組織
南 (2009)	政党システム，政府形態，市場構造	鉄道民営化の形態の違い	政治制度は取引費用を媒介して鉄道民営化の違いを規定する	公共政策（鉄道民営化）
Nelson (1997)	資産特殊性（A）	地方政府によるサービス提供	Aが高いと，地方政府が直接にサービスを提供する	地方政府によるサービス提供
Patashnik (1996)	予算取引の属性	歳出予算，エンタイトルメント，租税支出といった予算形態	予算取引の属性によって予算形態は変わる	公共政策（予算）

著者	独立変数	従属変数	キー・ファインディング	研究分野
Potoski (1999)	技術的・政治的・エージェンシーの不確実性	政治的協議手続き・利益集団との協議手続き・政策分析手続き	政治家は不確実性のタイプに応じて異なる行政手続きを利用する	行政手続き
Richman & Boerner (2006)	廃棄物の危険性の程度や保護手段に対する測定 (M), 資産特殊性 (A)	規制レジーム	測定しにくく，A が高い場合は，強い規制レジームが最も効果的である	規制政策
Sandler & Hartley (1999)	NATO の統合度	取引費用と取引利得	連結構造（同盟）が統合していけばいくほど，取引利得も取引費用も高まる	国際政治
Sørensen (2006)	地方政府の財産権 (P)	基礎自治体間の合併 (C)	P が不明確であると，C は進まない	地方政府の合併
Spiller & Tommasi (2003)	政治制度	公共政策の変化の程度	非協力的な政治制度は公共政策間の矛盾を生み出す	公共政策
Weber (2000)	取引費用 (T) と脅威のレベル (K)	国家連合，公式同盟，非公式同盟	T および K が高ければ国家連合，両方低ければ協力しない	国際政治
Weingast & Marshall (1988)	委員会制度	取引費用	委員会制度の存在により，ログローリングが低い取引費用で可能となる	議会（委員会）
Wood & Bohte (2004)	執政部と議会との対立・投票率・党議拘束力・立法連合内の対立	行政委員会の属性	執政部と議会との対立が高いほど，行政委員会の独立性も高まる	行政組織

出典：筆者作成

1 公共政策

　公共政策とは多種多様で個別具体的な政策分野の集合に与えられた総称にすぎないため，ありとあらゆる分野の政策がそれに含まれうる。ゆえに，ここでは取引費用という概念を利用して，公共政策を分析した研究だけを取り上げ，いかなる政策分野でいかに応用されているのかを検討する。

　まず，規制政策分野に取引費用を応用した Levy と Spiller による国家間の比較分析があげられる (Levy and Spiller 1994)。彼らは，アルゼンチン・チリ・ジャマイカ・フィリピン・英国の5カ国における電気通信産業のパフォーマンスを決定する要因に関する事例研究を通して，権力の分立・司法制度・行政の能力・社会的対立・規範といった政治制度，および所有権・規制の歴史・規制誘因・規制ガバナンスといった規制過程の相互作用が電気通信産業のパフォーマンスといかなる関係にあるのかを分析した。分析の結果，価

格規制や補助金,参入規制のような規制誘因よりも,規制への裁量の程度と社会的対立を解決する社会的メカニズムである規制ガバナンスのほうが重要であることが確認された。すなわち,各国固有の政治制度の伝統と規制ガバナンスが一致するか否かによって取引費用が決まり,これが規制のパフォーマンスに影響するという論理を展開したのである。しかしながら,彼らの議論は取引費用経済学を利用して公企業のパフォーマンスを分析すると明言しているものの,どのように取引費用理論を使っているのかが明確ではなく,なおかつ,取引費用研究の一般的な特徴である変数倹約的な傾向とは異なり,変数の単なる羅列にとどまっている。

これに対し政策決定過程を,政策決定者とそれに影響を与えようとする参加者とのゲームとして捉え,政策形成のメカニズムを解き明かすための分析枠組みとして取引費用政治学を提示しているのが,Dixit の研究である(Dixit [1996] 2000)。経済政策は基本的には政治過程で決まるものであり,その政治過程は政策決定者に影響を与えようとする多くの参加者間のゲームとして捉えられる。この立場からすれば,市場も政府も否定しようのない現実として存在しており,決定された政策が最適である必然性はないことになる。そこで用いられた取引費用という概念は,経済契約の明確化,監視,執行を妨げるものであり,次のような特徴を持っている。第1に,分析の単位として契約に焦点を当てる。この契約に何らかの欠陥がある場合,取引費用がかかる。第2に,契約は中立な第三者——普通は裁判所であるが,契約者が別の仲裁者に頼むこともある——によって強制される。第3に,複数の統治構造の存在を想定する。それは取引費用の規模と形に影響を与える限りにおいて——統治構造の違いにより費用が異なる——重要である。第4に,経済アクターは,複雑・不確実・動態的な環境下にあるため限定合理的な存在である。

取引費用政治学も取引費用経済学と同様に契約の重要性が強調されるが,政治契約は経済契約と比べるとはるかに曖昧で,法的な強制力も弱い。また政治組織のガバナンス構造も企業のガバナンス構造に比べはるかに複雑であり,このような違いを前提とした時に,政治過程では取引費用をいかにして削減できるかということが問題の本質となる。第1に,機会主義的な介入を阻止するためには事前のコミットメントが有効である。第2に,コミットしようとしている選択肢を最適のものとする,あるいは唯一のものに封じ込めてしまうことも有効である。第3に,機会主義的な裁量行動に走らないよう

な特定の任務に専念する人あるいは機関に,特定の任務を委任するという方法も考えられてきた。これらのメカニズムが機能するためには,代理人である政策決定者と本人である参加者の間に適切な誘因契約が結ばれていなければならないのだが,ここでも経済学とは違った問題が指摘されている。すなわち,複数の参加者が一人の代理人に同時に影響を与えようとする共通エージェント問題が生じるのである。その結果,エージェントに対しては低い誘因しか与えられず,経済的な効率性も達成できないが,現実は何らかの形での妥協点に至っており,システムとしてはそれなりに合理的であることを示唆している。

取引費用政治学に関する2つの事例研究では,アメリカの税制改革と関税および貿易に関する一般協定(GATT)をめぐる多国間通商交渉を取り上げている。それぞれの問題に絡んでくる政治や経済的な要素は様々であるが,対立する関係者は自らに有利になるように制度を操作しようとしてルールや手続きを繰り返し変更しようとする。その政治的緊張の本質や情報の非対称性,機会主義,限定合理性などに基づく取引費用が存在するという点では共通していると論じている。

取引費用によって引き起こされる問題の程度,また,それがどの程度解決されるのかについては,各々の国,地域,あるいは関連する国際機関の事情によって異なる。Dixit は取引費用に対処するための様々なメカニズムとその適用について,同様の議論を開発途上国における財産権・インフレ統制・政府支出と再分配・連邦制・誘因制度や代理人組織設計にもあてはめて展開したのである (Dixit 2003)。

ところで,Dixit の議論が若干分かりにくいのは,取引費用と政策のあり方あるいはガバナンス構造との関連性といった独立変数と従属変数が明確に定められておらず,取引費用を概念上の分析枠組みとしてしか使っていないことに起因している。

予算編成の研究に取引費用を応用したのは,Patashnik の研究である (Patashnik 1996)。彼によれば,政府の予算というのは,将来の政権が納税者が納めた租税収入を将来の政権が支出して政策を執行することに対する契約である。だとすると,公共事業と年金あるいは日常的な支出といった多様な予算の間に,契約上の危険性の違いはないのか,また,単年度予算 (annual appropriations)・エンタイトルメント (entitlements)・租税支出 (tax expenditures）といった予算の形態はなぜ異なるのか。ここで彼のいう単年度予算とは，議会の審議を通さずに執政部が支出可能な予算である。エンタイトルメントは，一定の要件を満たす者に対する政府の給付・社会保護・医療保険・フードスタンプ・農業補助金などを指す。租税支出とは税法で定められている免除などによる歳入の損失を意味する。彼は，予算関連の既存理論を総攬的合理性（synoptic rationality）と漸増主義（incrementalism）に分けて，これらと取引費用アプローチを対比させた。総攬的合理性のモデルでは，慈悲深い全知全能のアクターが社会的効用を最大化する方向に予算を決定する。また，漸増主義モデルにおけるアクターは制限された合理性を持つ利己的な存在であり，既存の予算を一挙に変えようとはせず，僅かな修正を加えながら漸進的に変えていく。取引費用アプローチも制限合理的で機会主義的なアクターを前提とする点では，漸増主義と類似している。しかし，取引費用には契約締結前の交渉費用と契約締結後の執行を保障する費用が含まれているのに対し，漸増主義では事後の費用が考慮されていない。政治家は政権交代による政策の転覆を防止するために，政策を維持するような誘因を将来の政権に与えるか，あるいは制度的装置を備えるかという2つの方法を用いる。たとえば，年金や失業保険といった社会保障は，将来の政権への誘因も制度的装置も備えている。その反面，低所得者のための保健プログラムは両方とも低い。誘因はあるが制度的に保護されていないのはポークバレルで，制度的には保護されているが政権の誘因が低いのは児童栄養プログラムである。歳出予算・エンタイトルメント・租税支出といった統治構造は公共事業の支出・所得移転・負債に対する利子などの取引のために利用される。すなわち，議会は予算取引の属性に応じて統治構造を選択する。建設や防衛のように官僚が長期間の予算を要求するプログラムについて，議会は多年度予算として許可するものの，議会は官僚の機会主義をコントロールするために，できるだけプログラムを単年度の予算としてのみ許可する。また，個々の政治家が公約としてかかげる傾向の強いエンタイトルメントの場合，その執行が一旦決まれば変更しにくく，経済不況期には所得移転を高める。議会はエンタイトルメントを執行する行政庁を制裁しにくい。租税支出は法規のみによって修正できるため，信頼性の高い統治構造である。しかしながら，こうしたPatashnikの議論は，各予算の特徴を記述・分類しただけで，取引費用とそれほど密接に結び付けて議論しているわけではない。

これに対し，医療政策をつかさどる公的組織を題材にして，取引費用を応用した興味深い考察を提供しているのは，Hindmoor の研究である（Hindmoor 1998）。彼によれば，英国の国営医療サービス事業である NHS（National Health Service）が1948年に設立されたのは，厚生省と英国医師会（British Medical Association）との政策共同体が取引費用を節約できたためであるという。彼は政策共同体を市場と組織のような統治構造の1つの形態としてみなし，政策共同体が政府と圧力団体との資源配分に影響を与え，公共政策のアウトカムを変えられると主張した。市場と組織はそれぞれ契約と権威によって資源配分が行われるのに対し，政策共同体ではアクター間のトラストによって資源が配分される。こうしたトラストに基づく交換は，政策ネットワークへの参加者の数が少数で，参加者間の相互作用の頻度も多く，密接さも非常に高い時に発展すると論じられている。一般に取引費用経済学では，取引費用が独立変数で統治構造は従属変数であるが，Hindmoor は統治構造から取引費用の削減を通じる公共政策のアウトカムを分析した点で，分析の方向性が逆転しているといえよう。

　また，アルゼンチンの政治制度と公共政策の質との関係も取引費用アプローチで検証された（Spiller and Tommasi 2003）。彼らは公共政策を政治アクター間の合意の結果とみなし，アルゼンチンの公共政策は過度に流動的でありながらなおかつ硬直的であり，一貫性と信頼性が欠如した相互矛盾するものであると論じている。彼はそうした質の低い公共政策を生み出している原因を議会・官僚制・大統領の憲法上の権力・連邦制の歴史・選挙制度といった政治制度から探究した。すなわち，アルゼンチンの政治は国政レベルではなく地方の政党リーダーによって行われるため，議会は形骸化しており，大臣の在職期間も短く，行政組織は長期的目標を持っていない。さらに裁判所の執政部からの独立性も低く，地方政府はお互いの調整も協力も行わない。彼らは，こうしたアルゼンチンの政治制度が政治家間の取引費用を高め，効率的な交換を妨げるため，生み出された公共政策の質も低いことを数理モデルで検証した。ただ，この論文では，政治的協力が行われる条件，たとえば，パワーを持つ政治家の数，政治家間の密接さ，政治の透明さなどの条件と政治制度との関係の不明瞭さが弱点であろう。

　Delmas と Marcus による共同研究は，汚染物質の排出量の削減を目指す企業と，それを達成するための規制ガバナンス間の経済的効率性を扱っていた

(Delmas and Marcus 2004)。彼らは規制ガバナンスを命令統制型規制（CCR）と交渉合議型規制（NAs）に分けた上で，企業は規制機関の求める環境目標の達成や技術導入といった規準を守る代わりに，規制機関は企業に事業権を移譲すると前提した。企業が抱えている取引費用を規制機関との交渉費用（企業が達成すべき目標を交渉するための費用），従順費用（テクノロジーに関する適切な情報や調査費用），事後的な再交渉費用，機会費用（個別企業が環境変化に対処するためにかかる時間や士気低下といった費用）の4つに分けて，命令統制型規制には交渉費用や従順費用が低い半面，事後的な再交渉費用と機会費用が高く，その一方，交渉合議型規制はその逆であると論じた。そして規制機関との取引頻度が，企業の規制ガバナンス選択における最も重要な要因であり，頻度が高ければ高いほど，命令統制型規制より交渉合議型規制のほうが効率的であると主張した。

さらに，回帰分析を用いて，アメリカのエアフォースエージェンシーが様々なパートナーと締結している582の研究開発協定を分析した研究も行われた（Ciccotello and colleagues 2004）。そのパートナーの中には民間の防衛契約企業と中小のベンチャー企業，および大学の研究所などが含まれる。彼らは，こうした様々なパートナーと連邦エージェンシーが結んでいる協定の期間がなぜ異なるのかと問いかける。この問いに対して彼らはOLS回帰分析を用いて次のように答えた。第1に，両者間の契約期間は成熟した技術よりも新しい技術のほうが長く，これはホールドアップの危険性を増やす。第2に，協定のパートナーが連邦エージェンシーの建物と近ければ近いほど，締結期間は長い。第3に，同一パートナーと再契約を締結した場合，契約期間は短くなる。第4に，営利的なパートナーとの契約期間は非営利的なパートナーとのそれよりも50%ほど短い。

廃棄物処理場や危険廃棄物の処理施設の建設をめぐるニンビー問題にも取引費用論の命題が検討された（Richman and Boerner 2006）。リッチマンらは廃棄物焼却炉の建設に失敗したフィラデルフィア・廃棄物処理場の建設に成功したウィスコンシン・危険廃棄物の処理施設の建設に失敗したマサチューセッツ州という3つの事例と，政府が強く規制するレジーム・政府の規制を最小限にとどめるレジーム・その中間程度の規制レジームという3つの規制レジームを結び付けた。危険性の程度や保護手段を測定しにくく，資産特殊性も高い危険廃棄物の場合は，州政府が地方政府の権限を無効にするか，あ

るいは拒否権を行使するなど，地方政府を強く規制すべきであったにもかかわらず，公聴会や交渉といった中程度の規制レジームを利用した結果，マサチューセッツ州では危険廃棄物の処理施設を建設できなかった。フィラデルフィアの場合も類似した事情で，危険性の程度・保護手段の測定や資産特殊性が中間程度の廃棄物焼却炉を建設するためには，中間程度の規制レジームが必要であったにもかかわらず，政府は環境影響評価書を発行し，建設の必要性を訴えるのみの活動しか行わなかったため，廃棄物焼却炉の建設に失敗した。これに対し，ウィスコンシンが廃棄物処理場の建設に成功したのは，危険性を測定しやすく，資産特殊性も中程度の廃棄物処理場を建設するために，その取引属性に適合的な中間程度の規制レジームを利用したためであった。このようにリッチマンらは，廃棄物の属性と規制レジームを結び付け，取引費用論の命題の検証を試みたのである。

　こうした事例研究を，さらに大規模に，一層体系的に行ったのが，2009年に公刊された南による『民営化の取引費用政治学』である（南京兌 2009）。南は，1980年代以降世界各国で行われた鉄道改革の多様性を，合理的選択新制度論に基づく「取引費用モデル」という分析枠組みから説明した。すなわち，独立変数である制度とその政治的帰結を取引費用によって架橋する分析枠組みを，「取引費用モデル」と定義した上で，日本・英国・ドイツ・韓国4カ国における鉄道民営化について，完全民営化と部分民営化・民営化と公社化・行政庁と独立規制機関・上下分離と上下統合といった違いがなぜ生じたのかという問いを立て，「取引費用モデル」から仮説を導出し，それらを検証した。もう少し具体的に説明すれば，次のようになる。第1に，鉄道民営化は多様な形態をとる。①政府の持っている企業の所有権・経営権を，また財・サービスの提供にかかわる決定権を完全に民間部門に移転・譲渡するのか，部分的にしか行わないのか（完全民営化か部分民営化か），②規制機関は独任制の行政庁か合議制の独立機関か，③鉄道インフラと列車運行を分離するか否か（上下分離か上下統合か），である。同書は，これらの観点から分類された国ごとの異なる民営化形態が選択されるメカニズムを解明している。第2に，取引費用の概念は，もともと新制度派経済学の中で発展させられてきた考え方である。同書では取引費用を4つに分けるが，民営化形態の違いを説明するために用いるのは以下の3つである。①コミットメントコストとは，政権交代による政策の修正ないしは廃止の危険性を避けるために要するコス

トである。②エージェンシーコストとは，本人の選好と代理人の活動結果との間に発生するギャップを縮小させるために要するコストである。③参入コストとは，新規参入希望者が市場に参加するために要するコストを指す。その他，民営化が実施されたケースと実施されなかったケースとの差異を説明するために，立法コストという概念を用いる。立法コストとは，立法者が法律を制定するための合意を取り付けることにかかるコストのことである。こうした南の研究は，合理的選択制度論に拠って立つ目的合理的に行動するという前提をさらに限定して，取引費用を最小化するために行動するという前提に置き換えて議論を展開するものと位置付けることができる。第3節でより具体的に議論するが，本書もこの系譜の上で，エージェンシーコストと立法コストという2つの取引費用の高低によって，分権化のタイミング・スピード・程度が決まると主張する。

2　議会研究

取引費用経済学に依拠して最も早い時期から取引費用政治学の発展に貢献したのは，アメリカの連邦議会研究である。アメリカの連邦議会研究における取引費用理論は，大きく分けて2つの分野に応用されている。第1は，連邦議会内部の委員会制度がなぜ存在するのかを分析したものである（Weingast and Marshall 1988; North 1990; Krehbiel 1991; Alder and Lipinski 1997; Cox and McCubbins 2007）。第2は，連邦議会の行政組織に対する委任の問題に着目し，なぜ政策領域ごとに委任の程度が違うのかを分析したものである（Epstein and O'Halloran 1999; Huber and Shipan 2000）。

1）委員会研究

連邦議会内部に委員会制度が存在する理由を分析したアプローチは，分配的視点（distributional perspective）・情報的視点（informational perspective），政党的視点（partisan perspective）の3つがある。この中で，取引費用理論と関連するものは分配的視点であるため，ここでは分配的視点を中心に検討していく[3]。

3）　河野勝（2002：162-168），待鳥聡史（1996：81-90），増山幹高（1995：82-89）が優れたレビューをしている。3つの視点の妥当性に関しては，

取引費用理論に依拠した分配的視点は，委員会制度を通じた議員間の票の交換が，議員の再選目標のための合理的な制度であることを説明するアプローチであり，ワインガストとマーシャル（Weingast and Marshall 1988）による共著論文が代表的な研究である。彼らによれば，選挙区を代表する各議員は自らの再選のみを目標とし，政党の拘束なしで地元選挙区への利益配分を目指す。議会はそのための利益誘導的政策が行われる場に他ならない。それは，まさに，議員たちが法案に対する賛否の一票を交換し合う「市場」としての機能を果たしている。すなわち，議員は地元向けプログラムを可決するため，他の議員と票の交換（取引）を行わざるを得ない。他の議員に，自分にとって好ましいプログラムを支持してもらう代わりに，相手が好んでいる法案に支持を与えるのである。

　しかしながら，企業組織が垂直統合によって取引費用を節減し，情報の非対称性による代理人の責任回避を管理するように，立法市場においても取引される政策内容の異質性と票交換の時差によって生じる取引費用が発生する。たとえば，空港建設の法案を進めている議員Xと，米輸入を制限する法案を望んでいる議員Yとが，票の交換を行うとしよう。Xは空港建設が続いている間はYの法案を支持するかも知れないが，一旦空港が出来上がった後ではYの法案を支持し続ける理由がなくなってしまい，Xの裏切りが起こりうる。このリスクに対して，各委員会が所轄政策領域に強い選好を持った議員で構成されることによって，各議員が安定的に利益を得られる。さらに，Yの法案を取り巻く世論の変化などにより，Xが当初の取り決め通りYの法案に賛成しにくい状況になるか，あるいはXは逆にYの利益に反するような法案を提出して可決する恐れもある。このリスクに対して委員会制度は，各委員会に排他的な政策の管轄権を付与することで，分配的契約の事後的破棄となるような法案や修正案の提出に対する拒否権を保持することになる。ワインガストとマーシャルは前者を「利益還元の非同時性(non-contemporaneous benefit flows)」，後者を「交換の非同時性（non-simultaneous exchange）」と呼び，委員会制度が議会全体におけるログローリングを低い取引費用で可能にして

　　NOMINATEなどの議員のイデオロギー指標を用いて，本会議と委員会，政党と委員会の議員のイデオロギー構成を比較することによって検証作業を行うことが一般的である。

いると論じた。

これに対しクレーブルはゲーム理論における情報の問題に注目し，委員会が下院本会議の多数派の意思を反映した立法を可能にする機構として成立すると論陣を張った（Gilligan and Krehbiel 1987; 1989; Krehbiel 1987; 1990; 1991; Martorano 2006）。情報的視点における議員は，自己利益の最大化を図るためにどのような政策が必要かを完全に知らない存在として仮定されるため，政策の採用とその帰結の間に不確実性の問題が存在する。この不確実性を解消し，政策を自らの再選につなげるために，議員は政策に関する専門的知識を高めなければならない。しかし，政策に関する専門性を高めることは，巨大な時間とエネルギーを必要とするため，議員たちは委員会を通じて専門的情報を供給してもらうわけである。委員会は政策に関する情報を正しくかつ効率的に集約する機能を果たしており，委員会制度は本会議多数派の選好を反映することを促しているという[4]。

このように相反する2つの見解の間の論争は，委員会を構成する委員の選好・委員会の影響力・議会が採用するルール選択の違いなどをめぐって，理論的位相にとどまらず，いくつかの実証的次元においても展開され，今日でも多少形を変えつつも続いている。分配的視点では，各議員は自らの選好に合致する委員会に所属することで，その一方，情報的視点では，議員は本会議の構成員として各委員会がもたらす情報を利用することで自己利益を実現できるとされた。これに対し，本人と代理人の間の委任理論に依拠しながら，政党的視点から多数党が委員会を通じて連邦議会下院の政策決定に影響力を及ぼしていると主張したのが，コックスとマッカビンズによる共同研究である（Cox and McCubbins 2007）。すなわち，多数党が委員会を支配し，その多数党の地位を維持するために，委員会を利用するという。また，各委員は多数党に所属し，党指導部に政策決定への影響力を一部委任することで，再選

---

4) クレーブルは分配的視点を以下のように批判する。第1に，分配的視点は情報の偏在と不確実性の問題を考慮していない。第2に，利益団体による議員の投票行動に関する評価をもとに委員会メンバーの構成を分析してみると，議会全体と委員会の政策選好の平均はほとんど差がない。そのため，委員会が所轄政策領域への強い選好を持った同質的な議員集団であるとはいえない。第3に，本会議や両院協議会には，分配的視点が強調するような専権的かつ事後的な拒否権を必ずしも制度的に保障されていない。

という目標を達成できるという。政党の役割を重視する政党的視点は，政党間の分極化と政党内のイデオロギー的同質性が強まりつつあるアメリカ政治を，整合的に説明できると考える。

2）委任研究

　取引費用の概念はさらに大統領や官僚機構への議会からの権限委任の問題に適用されていく。行政機構のあり方（委任の程度）が立法府との関係の中で規定されるという視点に立った，最も包括的な研究は，エプスタインとオハローランの『権限委任（*Delegating Powers: A Transaction Cost Politics Approach To Policy Making Under Separate Powers*）』である（Epstein and O'Halloran 1999）。企業の理論では，どこまで自分たちが活動にかかわるか，どの局面から他企業からの購入や他企業への委託が行われるのか，という点について，他の企業に依存するとホールドアップの状態が起こるが，かといってすべて自分たちでやると調整問題が発生する，と考える。そこで，この2つのコストを計算して適正な企業の規模が決定されるとみる。議会の大統領への委任も同様で，すべて議会で政策をまかなうのはコストがかかる。1つは議員間での調整問題，それにともなう非効率性である。もう1つはすべての政策について時間を割くよりもより再選に直結した政策に集中したい，そして，高度に専門化した政策に対処できない，さらに政策効果の不確実性からそれに対する責任を回避したい，という動機もある。したがって，こうしたコストを回避するため，再選にあまり関わらないところについては，大統領およびその下部組織の行政機構に委任する，ということが発生する。ただ，すべて委任してしまうのも危険なので，委任の程度を制限する，あるいは委任しながらも同時に行政手続きの制定による制限を課す，あるいは独立した第三者機関（司法，委員会）に委任する。

　より具体的に説明を加えると，エプスタインとオハローランはアメリカにおいて戦後に施行された257の主要な法律を取り扱って，なぜ政策領域ごとに委任の程度が違うのか，また，議会はある政策分野では委任を行うが，他の分野では行わないのはなぜかというパズルに答えている。効用の最大化を図る議員は合理的選択によって委任を選好し，議会は政策形成にあたり法律の細部まで自ら作るか，官僚に委任するかの決定を行う。官僚への委任は，委員会を経由した通常の立法過程を通して政策を形成する内部の取引費用よ

り，外部での取引費用のほうが小さい場合に行われる。つまり議員にとって政策を作る費用を最小化するやり方で政策は形成されるとする。議会が官僚にどの程度の裁量を譲り渡すかという決定は一様に起こるわけではなく，様々な要因によって影響されると主張する。そうした要因の中には，分割政府状態にあるかどうかといった，その状況の個別的要因も含まれる。

　しかし，それと同時に，委任のあり方をより体系的に規定するのは政策そのものの属性であるという。たとえば，航空機の安全に関する政策は，高度な専門知識が要求されながらも，政治家にとってはほとんど政治的利益を稼げないような分野である。航空機が安全であることによって利益を得る人々は，特定の集団ではなく，広く薄い航空機利用者一般である。しかし，航空機の事故が起きてしまった場合は大々的に報じられ，その責任が追及される。だとすれば，政治家は，航空機行政については，多くの裁量を官僚の手に委ねるようにして，自らの関与を最小限にとどめる機構を作り上げるであろう。そうしておくことによって，事故が発生した時に官僚の側に責任を転嫁することが可能だからである。これに対し，特定の産業や利益団体に利益を還元しやすい政策分野については，政治家は官僚にほとんど裁量の余地を与えないような立法を好むと考えられる。航空機安全と同様に税制の場合も，高度な専門知識が要求される政策分野である。にもかかわらず，アメリカの議員たちは自らの時間と努力を惜しまず，税の扱いを官僚に任せない。それは，租税政策が自らの再選目標のために重要な手段となりうるからである。エプスタインとオハローランは，前項で検討したアメリカ議会の委員会に関する2つの視点，すなわち分配的視点と情報的視点の両方を自在に取り入れつつ，分野ごとに異なる政策の属性を考慮に入れた上で，立法を委任するか自ら作るかという取引費用モデルを構築し，立法府から行政府への権限の移譲のパターンを体系的に検証したのである。

　それではなぜ取引費用が発生するのか。エプスタインとオハローランは，環境や新しい情報に対応するための官僚の専門的能力は，官僚への委任が減れば，その能力も減少するという両者間のトレード・オフを明らかにした。情報と委任の関係については，ヒューバーとシッパンが非常に的確にまとめている。彼らは，情報の非対称によってもたらされる取引費用として以下の3点を指摘している。

　第1に，政治家の情報不足によって政策の実施に不確実性が存在すること

である。政治家が自ら官僚が遂行すべき政策の目的を特定し，行政活動を管理しようとしても，政治家に十分な政策知識がなければこれは非常に危険な戦略である。次に，官僚が自らのスキルや目的について政治家の知らない私的情報を持っている場合が考えられる。この場合，政治家と目的を共有しない官僚に権限を移譲してしまうという逆選択が生じうる。最後に，権限を移譲した後で官僚の行動を十分に監視できないという場合である。この場合，官僚の機会主義的な行動を招き，モラルハザードが生じることになるという。さらに，情報の非対称性に起因しない取引費用として，クレディブルコミットメント（credible commitment）の問題を挙げている。これは，官僚が予算の執行に当たって十分なコミットメント能力を持たないために政治家は必要な予算を配分することができず，結果として事前の観点から配分される予算が過少になるという問題である（Huber and Shipan 2000, 2002）。

　これらの取引費用を節約するための手段に関する研究も多くなされている。たとえば，パトロール型監視と火災報知器型監視（McCubbins and Schwartz 1984），行政手続きによる統制（McCubbins, Noll and Weingast 1987; 1989），契約の繰り返し（Bianco and Bates 1990），生産的組織文化の確立（Kreps 1990; Miller 1992），スクリーニング・補償制度・複数の代理人の雇用（Kiewiet and McCubbins 1991; Saalfeld 2000[5]），拒否権・昇進・情報・天下り先の管理（Ramseyer and Rosenbluth [1993] 1995），官僚の金銭的・職務的・連帯的選好と一致する業務の付与（Brehm and Gates 1997）といった方法が広く知られている。

　以上のようにアメリカ連邦議会の委員会や委任の分析で発展してきた研究は，高度な，かつ重要な理論的枠組みを提示している。しかし，ほぼアメリカ議会のみを分析対象として発展してきたことによるバイアスが存在することも否めない。アメリカ議会を取り巻く外生的な制度的条件が所与とされており，この点で他の国においては異なる条件が見出されるからである。さら

5）　Saalfeldによれば，ヨーロッパ諸国の議会による内閣の監視について既存の本人代理人理論では，モニタリング（パトロール型の監視）を中心に議論がなされてきたという。しかし議会は，それ以外にも補償設計とスクリーニング（情報を持つ側が自己の情報を提示するような選択を促す契約やオプションを提示すること）および火災報知器型の監視を幅広く利用する現実があるとしている。

に，官僚を統制する手段に関する諸研究，言い換えれば，取引費用の節約に関する諸研究は，解釈や記述に頼り，検証可能な仮説を立てないことが多く，なおかつ立法を取引費用削減の手段だと考える視点が欠如していると批判し，より多くの政治システムにおいて委任の問題を取り上げようとしたのが，ヒューバーとシッパンによる研究である（Huber and Shipan 2002）。彼らは官僚に対する委任の程度，つまり，大きな裁量を与えるか，法案を事細かに規定して裁量を小さくするか，が政治システムによって異なるのは，①政治的な対立の程度，②議会の立法能力，③交渉の環境（二院間の対立や拒否権の存在），④法律以外の要素（司法ないし議会の監視機会など）の強弱，の4つの要素に影響を受けるためとした[6]。

3 行政組織研究

アメリカの連邦議会研究とともに，1980年代から取引費用政治学の発展に貢献している分野は行政組織研究である。前節で検討した議会研究があまりにも議会の役割を重視しすぎているのではないか，政治制度の選択は政治的勝者による利益の固定化という側面を見逃すべきでないという，立法府の行政府に対する優位論を明示的に批判して，独自の官僚理論を構築しようとしているのがモーである（Moe 1989, 1990a）。言い換えれば，議会の優位のもとで制度が作られていると考える議論に対して，立法府との関係を特権的に扱ってきた既存の研究について根源的な疑問を提示したのである。その上，行政機構がどのように組織化されるかは，議会や議員だけでなく，社会的に対立し，政府に異なった要求をかかげて活動している利益団体の相互作用と大統領などの影響をも考慮に入れるべきであると強調した。その際，2つの

---

[6] 彼らの研究は取引費用と直接関連していないため，必要最小限の説明にとどめておく。彼らは委任者が複数であることの効果を勘案した上で，議会や内閣の立法能力と官僚への委任の影響力関係を分析した。第1に，アメリカ各州の医療保障政策の分析では，分割政府の下で議会が官僚を独自に統制しようとする誘因を持ち，かつ細部にわたって規定を定める立法能力を有している場合に限って，議会は法案を詳細に規定し，官僚への委任は小さくなる。第2に，先進各国の男女雇用機会均等法の分析においても同様に，少数与党や連立与党政権では選好が多元的であり，同時に，安定した内閣で立法能力を持っている時に限って，官僚の裁量は狭くなる。

政治的要因に配慮する必要があるという。第1は，行政府が行使する公的権威のゼロサム的な性質である。私的な契約とは異なり，政治家は自分の持つ公的権威を行使すべくその権利を売ることもできないし，また次回の選挙によってそれを奪われてしまいかねないのである。たとえば，環境規制に関して，産業界と環境保護団体はまったく異なる利害を持つが，いったん規制のあり方が決まると，その国家内で活動を続ける限りは，いずれの集団もそれに従わざるを得ない。第2の要因は，政治の不確実性である。それは，上の例でいえば，環境規制の緩和を望む利益集団の支援する政治家や政党が選挙で勝ったとしても，次回の選挙にも勝てる保証はなく，その政党が政権を担当し続けるかは不確実である，ということである。もし，公的権威がゼロサム的でなく，政治に不確実性が存在しないならば，政治的勝者は，現在において自らの利害を最も効率的に実現してくれるプログラムや組織を設計するに違いない。しかし，敵対者の側にも将来政権に就く可能性があるという状況のもとでは，現在の政治的勝者にとって重要なのは，敵対者が多数派に転じた時の事態に備えて，敵対者の利害が一方的・効率的に実行されないように，自分たちの作った政策と構造を保護しておくことにある，というわけである。このことを，モーは，政治市場の不確実性と資産特殊性という観点から，次のように説明している。ある政党によって特定の利害関係団体に与えられた恩恵は，他の政党あるいは新しい派閥が政権を握った時に覆されることがあり，資産特殊的な「政治的財産権」に関するこのような不確実性は，これらの団体に政治的な妥協を強いると同時に，経済的には非効率だが政策転換しにくいメカニズムを築かせることになる，というわけである。言い換えれば，組織再編を図っている主導者は，業務の手続を具体化するとともに政策決定過程を複雑にし，外部からの統制を最小化する方向に組織の規定を定めることで，自身の主導権が失われた時にも新しい政権が容易に組織を支配できないように，組織設計を過度に公式化（formalization）するのである。彼はこれを保護戦略（protective strategy）と呼び，こうした特徴を持った制度形成が実際に行われたいくつかのアメリカの事例を詳細に検討している。事例研究の対象となったのは，消費者製品安全委員会（Consumer Product Safety Commission）と労働安全衛生局（Occupational Safety and Health Administration）および環境保護局（Environmental Protection Agency）の3つである[7]。そこでは，規制支持集団である消費者・労働者・環境保護団体の側

が，組織再編の過程で，勝利したように見えるものの，それが企業家や大統領，議会その他のアクターの思惑が複雑に絡み合った妥協の産物であったこと，しかも各組織が様々な法的あるいは手続き的取り決めによって束縛され，非効率的な様相を呈するようになったことが描かれている。

取引費用政治学の観点からのモーの主張の特筆すべき特徴は，政治の世界に特有の要因である政治の不確実性に対処するために保護戦略が採られる，ということにある。すなわち，政治的勝者は政権交代の危険性というコミットメントコストを節約するために，保護戦略を採用するわけである。こうした議論を，モーは，アメリカだけではなくヨーロッパにも適用して，大統領制と議院内閣制の行政組織再編の違いを解明したのである（Moe 1990b: 238-242; Moe and Caldwell 1994: 176-182）。以上のようなモーの議論は，行政組織を議会からの委任の産物としてのみ分析するのではないという意味で，官僚制の出自を多様なアクター間の妥協を考慮して考える余地を広げたと評価することができる。

先述したアメリカ議会研究やモーによる官僚制研究の成果を踏まえながら，取引費用の分析枠組みを組み立てて様々な行政組織の分析を試みたのが，ホーンの『行政の政治経済学（*The Political Economy of Public Administration: Institutional Choice in the Public Sector*）』である（Horn 1995）。日常的な批判にさらされているにもかかわらず，官僚制の制度的な特徴が維持されている原因を，取引費用の最小化を目指す立法連合の行動から解明しようとしたホーンは，公共セクターの制度配置をすべて議会の制度選択の結果であると論じ

---

7) ニクソン大統領の在任中に新設された3つの政府組織は，①利益主導集団である消費者・労働者・環境保護団体，②反対集団である企業，③組織を直接統制しようとする大統領，といった諸アクターの選好が同時に反映されたものであった。すなわち，利益主導集団は強い組織を求めたのに対し，反対集団は組織を弱めようとした。また，大統領は自身の望み通りに組織を動かそうとした。こうした様々な選好が反映された結果，消費者製品安全委員会は独立委員会として5人の委員が7年の任期を保障されたものの，議会が委員会の規定を制定し，3年ごとに議会の承認を必要とした。労働安全衛生局の場合は，労働省におかれたものの，労働省は規定を制定するだけで，規定の提案と規定の執行は他の省庁に分散された。環境保護局も多様な部署にその機能が分散されるようになった。大統領は組織再編や人事および予算権を使い，こうした組織を掌握するために絶えず努力した。

ている。この点で彼の議論も立法府優位の立場に立っているといえよう。中心となるアクターは議員で，彼らは再選を目指して行動する。議会内の多数派——立法連合 (enacting coalition) ——が，自らの再選可能性を考慮して行政組織の制度選択を行っているという。また行政官は，人生における嗜好と所得の最大化を目指し，特定の政策選好を持たないと仮定される。立法連合は立法を行う際に様々な取引費用に直面する。そして，取引費用を最小化するように，立法連合は行動するというのが彼の核となる仮定である。

　彼は取引費用を4つに分けて分析している。第1は，将来の立法府が現在の法律を廃止・改定する危険性にかかわるコスト，あるいはある法律がもたらす利益の持続性にかかわるコストであり，これらをコミットメントコストと呼んでいる。第2は，立法者が法律の制定に要する時間や努力といった立法コストである。第3は，エージェンシーコストである。法律の執行において，ある程度の行政への委任は不可避であり，委任された行政機関は必ずしも立法者の意図の通りに行動するとは限らない。そのため行政機関を監視し，行政機関のインセンティブを最適にするような報酬と制裁のシステムを構築する必要がある。これをエージェンシーコストという。第4のコストとして，ある法律にかかわる私的な利益やコストが不明確な時に発生する不確実性コストが挙げられる。これは，法令の執行に付随する不確実性に関するコストであり，不確実な状況下では，立法者は私的利益にかかわるリスクをコントロールないし転嫁しようとする。また，ホーンは立法コストとエージェンシーコストをトレード・オフの関係としてみなしている。再選を求める立法連合が立法コストを抑えるために，行政機関に決定の委任を積極的に進めると，自らの支持団体に利益を誘導するのが難しくなり，再選への障害となってしまう。逆に，エージェンシーコストを抑え，特定の支持団体の利益を優先させると，他の不利益を被る団体からの反発や責任追及の可能性が高くなってしまう。これが，立法連合の抱える基本的なジレンマである。

　立法連合は，一連の4つのコストの総計の最小化を図るように行政組織の設計を行い，このことを取引費用アプローチと呼んでいる。規制行政の領域では，規制で生じる利益もコストも特定の利益集団に集中する。立法連合は，支持団体の利益のために行動することがより一層強く求められる一方，明確な敵対者を作ることも避けなければならない。したがって，政治的意思を規制行政に反映させるとともに，将来の立法連合による報復を回避するために，

独立行政委員会制度が選択されるという。これに対し一般行政の場合，目標と手段との連関が曖昧であるために，立法連合が明確な内容の法案を準備することは困難である。加えて，行政のパフォーマンスを測定する明確な基準も存在しない。ゆえに，政治的に中立的な行政官庁が選択される[8]。ホーンは人事と予算および公務員制度などを検討することで，行政官庁の制度設計を説明している。また，なぜ行政官庁ではなく公企業が選択されたのかについて，独立した公企業のほうが，困難な問題が発生し政策目標での合意を取り付けたり利害調整を行わなければならなくなった場合，立法連合は責任を回避してエージェンシーコストの上昇を食い止めることができるからであるという。さらに，公企業組織のほうが，将来の多数派が政策変更を行う際にも困難であり，コミットメントコストも低くなる。加えて，消費量も対価も明確に把握できる場合，公企業組織によるサービス供給のほうが効率的であるという。

取引費用の観点からみたホーンの研究は，上記のように取引費用を4つに分け具体的に定義した上で，規制行政から公務員の給与・人事システム，公企業論に至るまで非常に多岐にわたる行政現象を分析したことであり，取引費用政治学の発展に大きな貢献を成し遂げたといえよう。ところで，彼の取引費用アプローチは制度の均衡点をただ1つに限定している。つまり，立法連合が自らの再選のために都合のいい行政制度を設計する際に，総計の取引費用を下げるには，コミットメントコストを少々上げてでも，エージェンシーコストを大幅に下げる方法もあるし，もしくはその逆の場合もありうる。制度選択を行う立法連合は，直面する取引費用の総計の最小化を目指すとしても，その細目はかなり異なっている可能性があり，なぜ特定の均衡点に到達したのかが説明されていないのである。

こうしたホーンの発想を，計量分析を用いてアメリカ連邦政府の行政組織に適用したのがルイスによる研究である（Lewis 2003）。彼は，行政組織の独立性の程度を従属変数とし，議会の与党議席率，統一政府と分割政府の違いなどを独立変数として推定を行った。推定の結果，同一政党が長期間統一政

---

[8] ホーンは行政官庁のほうが独立行政官庁より政治的に中立的であると主張しているが，一般にはその逆である（伊藤 2003：27-33；南 2009：第2章と第4章）。

府を維持する場合や，統一政府で議会の与党議席率が高い場合，または大統領支持率が高い場合に，行政組織の独立性の程度が低くなることが確認された。類似した観点からWoodとBohteもアメリカの行政委員会を分析した（Wood and Bohte 2004）。彼らは現在の立法者が将来の立法連合との政治的取引費用を考慮した上で，行政組織の属性を設計すると論じた。1879年から1988年までに設立された141の連邦行政委員会を対象に，執政部と議会との対立・投票率・党議拘束力・立法連合内の対立といった諸要因が行政委員会の独立性・行政手続き・事後的モニタリングに影響を与えることを明らかにした[9]。

4　国際レジーム分析

　国際関係における国家間の協調と対立の問題を，市場における売り手と買い手の間の商取引問題と近似しているという前提の上で，取引費用理論を覇権国衰退後の国際協調における国際レジームの分析に最初に応用したのは，コヘインである（Keohane [1984] 1998）。

　国際レジームとは，国際関係のある限られた政策領域において各国の期待が収斂するような明示的または暗示的な原則，規範，規則，意思決定手続きの総体である。国家主権を原則とする分権的な国際社会には強制力を持った法的責任体系が存在せず，行為主体間に相手の行動についても不確実性が存在するため，協調の合意に至るためには大きな取引費用が必要となる。行為主体間に共通の利害関係が存在するとしても，合意に到達することは難しい。アメリカの覇権が十分に確立している時期には，覇権国がこのような条件を緩和し，主権国家間の協調を促進した。国際レジームは覇権国衰退後の国際社会において法的責任体系とある程度類似した機能を果たす。国際レジームの原則は，行為主体の予想される行動の範囲を狭め，相手の行為の不確実性を低下させる。また情報がより広範に利用されるにつれ，行為主体間の情報分布の非対称性は緩和する。こうして，交渉の取引費用を低減することによって行為主体間の合意形成を促進する。たとえば，関税と貿易に関する一般協定（GATT）の条項では，特殊な状況を除けば差別的な貿易取り決めは禁

9）　類似した観点に立ちつつ，日本の教育委員会制度を分析した村上の研究も参照されたい（村上 2008, 2011）

止されている。だが，集権的政府が存在しないために，国家は禁止されている行為をすることができる。しかし，その正当性の欠如は，そのような政策が費用の高いものになることを意味している。GATTの規定では，そのような行為に対する報復が正当化されており，規定を原則の水準に高めることによって，レジームは問題領域間のリンケージを作り上げる。そのリンケージが広がると，行為主体間に当該の問題領域を越えた相互依存関係が形成され，状況は一回限りの囚人のジレンマ（非「協調」的であるがゆえに，互いに不利益を被る）ゲームから繰り返しゲームに変わる。報復の可能性や評判を考慮する行為主体にとって，裏切りや無責任な行為はかえって費用の高いものになる。その結果，行為主体に国際レジームを遵守する誘因が高まる。このように国際レジームは，正当な交渉の取引費用を低下させ，正当性を欠く交渉の費用を引き上げることによって，協調の可能性を高める。また，覇権国衰退後においても国際協調が可能なのは，既存のレジームを維持する条件が，その形成のために必要なものほど厳しくないためである。このように国際政治学に経済学の用語を用いたコヘインの分析は，その当時極めて新鮮で先駆的なものであり，国際政治学に大きな影響を与えた。ところが，取引費用を明確に定義せずに，経済学の用語と叙述が次々と目まぐるしく入れ替わる点は弱点といえる。

　コヘインが国際レジームの機能を取引費用と結び付け，国際協調の可能性を探ったのに対し，多様な選択肢の中から特定のレジームが選択されるメカニズムを解明しようとしたのが，サンドラーとハートレーの研究である（Sandler and Hartley 1999）。NATOにとっての適切な連結構造（超国家的構造）は，取引利得を最大化し取引費用を最小化（あるいは連結利得の最大化と連結費用の最小化）するように設計されるべきものと彼らは論じる。取引利得には，効率性利得（efficiency gains）・規模の経済性・安全保障の向上・情報獲得・付加利得（complementarities）があり，取引費用には，意思決定費用・自律性喪失費用・執行費用・監視費用・追加的リスクが含まれる。取引利得と取引費用は，たとえばNATOに参加しなければ自国の自律性は高まるが，安全保障は低まるのと同様に，トレード・オフの関係である。すなわち，連結構造（同盟）が統合していけばいくほど，取引利得も取引費用も高まる。NATOの連結構造は，同盟国の自律性が大幅に保たれたゆるやかな組織であり，その決定は全員一致によるので各国は事実上の拒否権を持ち，し

かも決定は必ずしも同盟国を拘束しない。北大西洋評議会の開催は大臣レベルではさほど頻繁なものではない。共通の財源もそれほど大きくなく，防衛費の大部分は同盟国が独立的に決定する。冷戦期には，アメリカの圧倒的な核戦力によって抑止が十分維持されており，NATOの防衛政策や意思決定の統合性を高めることによる利得は小さかった。アメリカにとっては，統合によって自国の自律性を損なう費用のほうが大きく，ゆるやかな連結構造が望ましかった。しかし，冷戦後は，統合の利得が増大する。各国防衛費の削減傾向は，各国が得意領域に特化し，効率化を図るよう要請する。また，冷戦後の主要ミッションである平和維持には相互運用性の高い戦力が不可欠である。NATO拡大は，同盟国間の利害関係を一層多様化させ，全員一致が機能不全になる可能性を高めており，何らかの統合的な決定ルールが必要になってくる。これらの傾向は，より堅固で，統合されたNATOの構造を支持しているとサンドラーらは主張する。このようにサンドラーとハートレーによるNATOの研究もコヘインによるレジームの研究と同様に，取引費用がNATOあるいはレジームの構造に影響を及ぼすわけではなく，レジームによって取引費用が変わると論じ，取引費用経済学のロジックとは逆の議論の立て方をしている。

　サンドラーらの研究がNATOという個別事例の制度設計を評価する域にとどまっているのに対し，以下検討するレイクとウェーバーの研究は，国際レジームのより普遍的なモデルを提示している。レイクは，国家間の協調ではなく非対称性に研究の焦点を当て，国家間の非対称なヒエラルキー関係を積極的に理論化した（Lake 1999）。国際レジームにとって重要なことは，関係するアクターの相互作用を形成，抑制するルールについての理解が共有されていることであり，レジームは自発的な交渉や平等に基づくアナーキーなものでも，強制とパワーの差異に基づくヒエラルキカルなものでもありうる。アナーキーという用語は大国間の関係を説明するには有益な概念であるが，それだけを分析の対象とするならば，ヒエラルキカルな性質を持つ他の種類の国家間関係を理解することができなくなる。アナーキーにおける各当事者は，最終的な自己決定権を持つのに対し，ヒエラルキーにおいては，支配的なメンバーが決定権を持ち，他のメンバーは決定権を欠く。アナーキーの極からヒエラルキーの極へと連続的に連なるものとして安全保障上の関係性のあり方を概念化すると，アナーキーの極には同盟がおかれる。同盟において

は，各政体（polity）は共通の安全保障上の目的追求のために資源を出し合うが，あらゆる分野に関して完全な意思決定権と主権を保持している。同盟国は特定の行動にコミットしているが，合意の解釈は各政体にゆだねられる。

これに対して，ヒエラルキーの極におかれている帝国では，1つの政体が完全な意思決定権を有する。従属政体（subordinate polity）は外交政策や国内政策を支配国に譲渡し，自分の主権に基づいて他の政体と交流しない。同盟と帝国を両極として，その間に勢力圏（支配国は従属政体の外交政策を制限する），保護国（従属政体は支配国に外交政策の意思決定権を譲渡する），非公式帝国（従属政体は外交政策や国内政策を支配国に譲渡するが，自分の主権に基づいて他の政体と交流を行う）といった，歴史的にも分析概念としても主要なタイプとされる安全保障関係がおかれる。名目的な主権の平等にもかかわらず，各政体が同じ意思決定の自由を有するわけではないのである。ここでヒエラルキーの度合いを規定するのは，制度が創られた経緯（自発的か，強制されたかなど）ではなく，従属側から支配側への意思決定権のシフトである。従属側からの抵抗がないからといって，従属側が自身の行動への完全な権利を有し，アナーキーな関係になるわけではない。こうした安全保障関係の選択は，①結合生産の経済（joint production economies），②機会主義にともなう期待コスト（the expected costs of opportunism），③ガバナンスコスト（governance costs）の関数である。「結合生産の経済」とは，他国と共同で資源を出し合い，協力することによって獲得できる利益である。結合生産の経済が存在する時，二国が協調することで，それぞれが個別に動いた場合以上の安全保障が得られる。結合生産から得られるものが多いほど，国家が協力を選択する可能性は高まる。協力に費用がかかるにもかかわらず，国家がわざわざ協力を選択するのは，単独行動からは得られない利益が得られるからである。

結合生産の経済を左右する第1の要因は，技術革新による規模の経済である。技術革新はA国がB国の領土を，B国が自力で守るより安価に守らせ，結合生産から得られる利得を増大させる。第2の要素は，国家間の分業である。2つ以上の国が相対的優位性に応じて専門特化することで，より生産性の高い領域に資源を再配分し，全体としての利得を向上できる。第3に，他国の防衛努力による正の外部効果が，結合生産の経済に影響を及ぼす。正の外部効果とは，主体の活動の便益がその主体に限定されずに他に及ぶことを

指す。冷戦期の米国による旧ソ連に対する拡大抑止がこれに当たる。正の外部効果が存在する時，各政体単独の防衛努力はお互いを利することになる。こうした努力を協力して行うことで，無駄な努力を削減することも可能である。また，ある国の一方的な防衛努力が他国を利する場合，ただ乗りの可能性が生じるが，協調によるバードンシェアリングも可能である。冷戦期の日米同盟や NATO のように，協力を通じて無駄な防衛負担を削減する利益とバードンシェアリングをめぐる対立はしばしば共存し，同盟国間の協調と対立を左右する。

「機会主義にともなう期待コスト」とは，相手国が協定を守らず，相手国によって見捨てられたり，望ましくない戦争や対立に巻き込まれたり，利用されたりするコストである。すなわち，相手国が協力についての合意を履行しないことにともなうコストである。たとえば，相手国が協定を守らなければ，相手国の寄与がなくなるだけではなく，協力関係を前提として分業が行われていた場合，自国の防衛を一層不利にする。機会主義にともなう期待コストは，関係特殊性（relationally specific）によって左右される。関係特殊性が大きくなるほど，機会主義コストも高くなる。機会主義の蓋然性は，相手が機会主義的にふるまう能力や意思を奪い，ヒエラルキーの程度を高めることによって低減できる。それにより，機会主義を懸念することなく，関係特殊的な資産に投資することも可能になる。

ガバナンスコストとは，相手との関係性を創造し，維持するために費やされる資源や努力である。すなわち，相手との合意を形成し，監視・保護・管理し，合意を執行させるコストがガバナンスコストである。通常，ヒエラルキーの度合いが強くなり，従属側への支配力が強まるほど，支配側にとってのガバナンスコストは高くなる。ガバナンスコストを増大させる第1の要因は，従属政体への補償である。相手国を自発的に従属させるために，支配政体は監視・執行のための資源を費やすのみならず，従属側の自律性の喪失を補償せねばならなくなる。ロシアが東欧での支配を維持するために莫大な補助金を費やしたことが，その例である。第2に，支配政体は，相手国の自発的な従属を得るために，機会主義的行動を採らないという信頼性のある確信を相手国に与えなければならない。第3に，強制にともなうコストがある。支配政体は，自発的ではなく，強制的に相手国を従属させることもでき，この場合譲歩や妥協は避けられる。しかし，支配するために強制を用いること

表1－2　国家の選択―安全保障政策―

政策・関係性	選択される可能性が高い場合
単独主義	結合生産の経済が小さい 機会主義の期待コストが高い ガバナンスコストが高い
同盟	結合生産の経済が大きい 機会主義の期待コストが低く，ヒエラルキー化によって急激に低減しない ガバナンスコストは低いが，ヒエラルキー化によって急激に増加する
帝国	結合生産の経済が大きい 資産特殊性に関連したヒエラルキー化によって結合生産の経済が急激に増加する 機会主義の期待コストが高く（しかし高すぎない），ヒエラルキー化によって急激に低減する ガバナンスコストは低く，ヒエラルキー化による増加もゆるやか

出典：Lake 1999: 70.

は，それ自体コストがかかる。交渉による自発的な従属を求めるか，従属を強制するかの選択は，両者の相対的なコストによって決まる。

　国家が単独行動と協力のどちらを選択するか，協力する場合，アナーキーからヒエラルキーに至る選択肢から何を選択するかについての諸仮説をまとめたのが＜表1－2＞である。

　以上のように，レイクは，どのような制度設計がふさわしいかは，結合生産の経済，機会主義にともなう期待コスト，ガバナンスコストによって異なると論じる。とりわけ，アナーキックな制度は調整問題を解決し，協力を促進するが，参加者が逸脱の誘因を持つ場合には有効ではなく，そうした場合には力を背景にしたヒエラルキカルな制度が構築されるのである。

　レイクが国家間の意思決定権の非対称性，つまり国家間のヒエラルキカルな関係を分析したのに対し，ウェーバーは国家間の水平的な関係を前提に，なぜ特定のタイプの協力関係が数ある選択肢の中から選択されるのかを問う。すなわち，自由貿易地域，関税同盟，EDCのような国家連合，NATOのような公式同盟，協商・不可侵条約・協議条約といった非公式同盟など，多様な国際レジームが存在する理由を，取引費用の観点から分析している。安全保障上の国家間の関係が垂直的な関係ではなく協力関係として捉えられるため，独立で主権を維持している平等な地位の政治的ユニットに焦点が絞られており，国家連合（confederation）までは分析に入っているが，帝国や保護国は排除されている。

　ウェーバーは，安全保障構造のタイプの選択は，脅威のレベルと取引費用

表1－3　安全保障レジームの選択における決定要因

		脅威のレベル		
		低	高	極めて高
取引費用	低	協力なし	非拘束同盟	戦時同盟
	高	協力なしまたは非公式同盟	国家連合または公式安全保障共同体	戦時同盟

出典：Weber 2000: 19.

によって説明できるとする。脅威のレベルは，軍事的能力・軍事的潜在力と地理的近接性によって測られる。取引費用は，①不確実性の程度（大国の数と国家が送りまたは受けるシグナルによって測られる），②資産特殊性（位置の特殊性，物理的な特殊性，人的な特殊性），③技術革新（輸送とコミュニケーション手段），④（宗教的，言語的，文化的，政治的背景における）異種混交性の度合いによって測られる。両者を組み合わせると＜表1－3＞のようになる。

外的脅威が大きくなるほど，安全保障への欲求や行動の自由を放棄する意欲が強くなり，拘束的なレジームに参加する可能性が高くなる。また，取引費用のレベルが高くなると，国家が拘束的なレジームを選好する可能性も高くなる。ただし，戦時のように時間的な制約が拘束的レジームの形成を不可能にする場合はこの限りではない。ウェーバーはナポレオン戦争末期のスイス・ドイツ連合とロシア・プロシア同盟および，NATO・EDCの事例分析を通して検証したのである。

以上の分析から分かるように，国際政治における取引費用理論は，国際レジームを分析するための現実主義アプローチや構成主義的アプローチなどの分析アプローチの中でも制度論的アプローチに用いられ，発展を成し遂げてきた。しかし，レジーム分析を行うための固有の定義がなされておらず，取引費用を測定するための指標も開発されていないのが現状である[10]。

5　その他

取引費用による分析は，上記で考察したように，公共政策と議会および行政組織など多岐にわたるが，これら以外にも様々な分野に応用されている。たとえば，JonesとHudsonは選挙における有権者側の情報費用と，政治家の

---

10)　取引費用の測定に関してはLipson（2004）を参照すること。

機会主義的行動に焦点を当てて政党の役割を分析した（Jones and Hudson 1998）。彼らによれば，政党は選挙において有権者が候補者を選択するための情報費用を削減する役割と同時に，政治家の機会主義的な行動を抑制する役割を果たす。すなわち，有権者は候補者の政策ポジションと個性に関するすべての情報を知ることができないが，政党はそれを有権者に安価に提供することを，数理モデルを用いて検証したのである。ただ，政党の役割を選挙のみに制限していることと，政党内で行われる政治家間の取引を見逃していることは，重大な欠点であるといえよう。

次に行政手続きに関する興味深い研究を紹介しよう。

McNollgastは，アメリカの行政手続法が1946年に制定されたのはなぜかという問いを発した（McNollgast 1999）。ニューディール政策を推進してきた民主党は1930年代には行政手続法の制定に反対した。しかし，1945年のルーズベルト大統領の死去にともない，民主党は議会の多数党の地位と政権を失うことが確実になってきた。そうなると，ニューディール政策に反対してきた共和党が議会と執政部を掌握し，ニューディール政策をひっくり返すことになる。こうした状況下で，民主党は共和党による政策転換からニューディール政策を保護するために，行政手続法を制定したのである。すなわち，行政手続法はニューディール政策から恩恵を受けている利益集団が，政策を廃止しようとする行政庁の政策決定過程に参加できる仕組みを提供した。それと同時に，行政手続法には議会の監視の権限を強化することや，行政庁の法規を解釈する権限を裁判所に与えることが含まれており，これも新政権による政策転覆を妨げる手段となったのである。

Potoski（1999）は，政治家が行政手続きを利用して政治的取引費用を削減すると主張した。彼によれば，政治家は技術的不確実性・政治的不確実性・本人と代理人の間の不確実性という3つの不確実性に直面しており，こうした不確実性を管理するために多様な行政手続きを利用することを，大気保全局を対象に検証した。すなわち，政治家はどのような政策を選択すれば，自分が目標としている成果を達成できるかを知らない（技術的不確実性あるいは政策不確実性）だけではなく，自分の立ち上げた政策が将来の立法連合によって廃止されるかも知れない（政治的不確実性）。さらに，エージェントとの関係において政治家の望み通りにエージェントが働かないリスクにも直面している（本人と代理人の間の不確実性）。政治家は第1に，技術的不確実性

を下げるために，議会の常任委員会と監査委員会における政治的な協議手続きを利用する。第2に，政権交代による政策転覆のリスクが高いと，現政権は行政組織に政策の妥当性と正当性を与えることによって，将来の政権が政策をひっくり返せないように工夫する。そのために費用・便益分析，リスク分析，経済的インパクト分析といった政策分析手続き利用する。最後に，政治家はエージェントの行動や政策を公開するとともに監視するため，火災報知機手続きを確立する。このように政治家は不確実性のタイプに応じて異なる行政手続きを利用すると，Potoski は主張した。また，利益集団による影響力の行使と行政手続きの利用とは関係がなかったことを明らかにした。

　また，地方自治体に関しても注目に値する研究が行われている。たとえば，Nelson は基礎自治体における安全・交通・ゴミ・健康・文化などの63のサービスが，自治体によって提供されているのかあるいは外部委託されているのかを分析した(Nelson 1997)。自治体の人口や政府間契約の法的保障，自治体構成の異質性などの独立変数の妥当性を検証した結果，基礎自治体の年齢構成と教育の異質性が高ければ，地方政府は外部委託よりもサービスの直接提供を行う傾向にあることが判明した。彼はこうした異質性を資産特殊性，特にウィリアムソンのいう人的資産特殊性と呼んだ上で，地方政府の人的資産の特殊性とサービス提供との関係を明らかにした。

　都市問題を解決するための適切な地方自治団体の規模を分析したのはLowery (2000) である。大都市における住宅の立地，財政資源と財政ニーズの間のマッチング，効率的な成長管理と経済発展といった諸政策を実現するための都市の適正規模の境界設定に関する解釈を取引費用モデルと名付けた。特に都市の適正規模を政治的財産権の境界設定の問題として解釈した上で，政治的取引費用の配分を構造化する財産権の境界に分析の焦点を当てた。合併した大規模地方自治団体の中での配分選択と，小規模地方自治団体間の再配分選択との間の取引費用の違いを分析した結果，大規模地方自治団体のほうが取引費用を節約できると論じた。ところで，Loweryの議論が若干分かりにくいと思われるのは，都市の規模も取引費用も定義せずに議論を進めているからである。

　Sørensen は，自治体間の合併が効率的であることを前提にした上で，ノルウェーの中央政府が市町村合併を進めているにもかかわらず，基礎自治体がなぜ合併に反対するかという問いを発し，政治的取引費用が地方政府の統合

を妨げることを，ロジスティクス回帰分析を用いて分析した(Sørensen 2006)。すなわち，①基礎自治体はその人口規模よりも多くの補助金をもらっていること，②合併によって歳入に対する財産権を失ってしまうこと，③様々な政党が合併される地域の政策に介入するため，既存政策の変更の可能性があること，④基礎自治体出身の有力議員は合併によって地位と影響力が下がるため合併に反対する。したがって，地方政府の財産権が明瞭に定められない限り，また，中央政府が信頼性のあるコミットをしない限り，地方政府は自発的に統合しないと主張した。ここでいう財産権とは地方政府の歳入を指しており，政治的取引費用を構成する最も重要な概念として扱われている。しかし豊かな地方政府が合併に反対するのは当然であり，だからといって，それを財産権と結び付けるのはやや無理がある。また，有力議員が合併に反対する因果関係も不明確である点は指摘すべきであろう。

上記以外に政治へのロビイングに関する研究もある11。1988年における338のノルウェー企業を対象に，企業の資産特殊性と政治へのロビイングの関係についてアルトら (Alt, Carlsen, Heum and Johansen 1999) の研究によれば，国際的な競争に直面しているノルウェー企業は補助金獲得への誘因が高く，政治へのロビイングを行う可能性も高いことが示された。資産特殊性の指標としては，研究開発への集中度を物的資本特殊性の指標に，職の安定性を人的資本特殊性の指標とした上で，企業の規模と輸出指向性をコントロールした。議会や行政庁，委員会といった政治組織に対する資産特殊性の高い企業は，資産特殊性の低い企業と比べ，2倍以上ロビイングを行っていることが明らかになったのである。

6　小括

以上，取引費用を政治学に応用したと銘打った諸研究の考察からも分かるように，取引費用は統一された分析枠組みを提供するわけではなく，多くの異なる分析モデルを構築するための緩やかな概念的枠組みを提供している。とはいえ，政治学における取引費用は，コミットメントコスト (McNollgast 1999; Potoski 1999; Horn 1995; Dixit [1996] 2000; Moe 1989 and 1990a; 南京兌

---

11)　官僚による取引費用の操作に関しては Twight を参照されたい (Twight 1994)。

2009）とエージェンシーコスト（Potoski 1999; Horn 1995; Dixit [1996] 2000; Lewis 2003; Wood and Bohte 2004; 南京兌 2009），および，立法コスト（Weingast and Marshall 1988; Epstein and O'Halloran 1999）のいずれかを指す。

取引費用経済学と同様に，取引費用政治学においても多様な政治・行政現象を分析するために，計量分析（Nelson 1997; McNollgast 1999; Potoski 1999; Lewis 2003; Wood and Bohte 2004; Ciccotello and Hornyak 2004; Sørensen 2006など）や事例研究（Moe 1989 and 1990a; Patashnik 1996; Dixit [1996] 2000; Hindmoor 1998; Lowery 2000; Delmas and Marcus 2004; 南京兌 2009），および，数は少ないものの数理モデル（Jones and Hudson 1998; Spiller and Tommasi 2003）が使われた。

取引費用政治学においては，政治契約における当事者は，一方では政治家（個人や政党）あるいは行政組織（個人や規制当局），他方では有権者（個人，利益団体，企業）である。たとえば，政治家間の取引（McNollgast 1999; Potoski 1999; Weingast and Marshall 1988），有権者にとっての費用削減（Jones and Hudson 1998），企業のロビイングと規制機関の選択（Alt, Carlsen, Heum and Johansen 1999; Lewis 2003; Delmas and Marcus 2004; Wood and Bohte 2004），議会と官僚の取引（Epstein and O'Halloran 1999; Huber and Shipan 2000; Patashnik 1996），官僚と利益集団（Ciccotello and colleagues 2004; Hindmoor 1998）など様々である。

しかしながら，こうした政治契約は二人の明白な契約者間で取り結ばれることはめったになく，少なくとも一方に複数の関係者がいる（Moe 1989 and 1990a; Horn 1995; Alt, Carlsen, Heum and Johansen 1999; Dixit [1996] 2000; 南京兌 2009; Spiller and Tommasi 2003）。また，政治契約の内容は，経済契約よりもはるかに曖昧であることが多く，経済契約のように文書上の契約というよりは，当事者間の取引を描写するための分析便宜上の概念的仮定の場合が多い。さらに，取引費用経済学におけるガバナンスの構造を決定付ける頻度・資産特殊性といった取引属性は，政治市場の領域に応用しにくいことは明らかである。ただ，不確実性という取引属性は経済にしろ，政治にしろ，重要な変数であり，それから派生する情報の非対称性や，これによってもたらされる逆選択・モラルハザード問題は，取引費用政治学のほうがより頻繁にみられる。

第3節　地方分権の取引費用モデル

　1987年の6月29日の民主化宣言を出発点として，韓国の政治体制は民主主義体制への移行をはじめており，そこで地方分権は民主化のための1つの方法として位置付けられてきた。すなわち，民主化以前の地方自治制度では，地方政府はまさに中央政府の出先であり，地方機関というべき存在であった。地方政府は市民の代理人ではなく，あくまで中央政府の代理人であり，民主化以前は集権と官治の時代に他ならなかった。これに対し，民主化以降に行われた地方議会議員と地方自治団体長の公選をはじめとする行財政権限の移譲によって，韓国の中央地方関係は出先型から単一型に移行し，地方政府は市民の代理人と中央政府の代理人という二重の性格を持ち合わせることになったのである（真渕 2009：515-517；岩崎 1998：第1章）[12]。ただし，中央地方関係が出先型から単一型に変化したとはいえ，地方政府は中央政府の法律により創り出されており，中央政府の行政的権限や財源を地方政府に移譲するかしないかという決定も中央政治によって左右され，中央政府や議会が最終決定者であった。しかも，岩崎のいう「中央の決定を地方が執行する際の裁量」と「地方に関係する中央の決定への地方の影響力行使」の2つを軸として，地方側の実質的な力にまで考慮に入れると，民主化初期の韓国は単一型内でも裁量も少なく，影響力も弱いサブ・モデルIV型であった（岩崎 1998：6-7）。それゆえ，韓国における中央政府と地方政府との関係は，本人と代理人の関係に他ならない。このことは，第5章の分析対象国であるチリ・ボリビア・ペルー・コロンビア・フィリピンにも当てはまる。

　権威主義体制（軍事政権）から民主主義への移行という韓国と類似した経験を持つ南米諸国に関する先行研究（第1章第1節の2）からも分かるように，地方分権を民主化の自然な結果としてみなすのは，分権が行われるタイミング・スピード・程度などの違いを見逃すこととなる。さらに，政権党が政権の維持可能性を計算して分権のタイミングを選択したことでもなく，左派政党を排除するために分権戦略を採用したわけでもない。むしろ本書が主

---

[12] 真渕は岩崎の研究に基づいて，中央地方関係を本人と代理人という言葉を用いて整理した。

張するのは，政権党（大統領）は，地方政府からの国政への協力と支持を得る代わりに，政権党と党派的に一致する地方政府が権限や財源を活用しその活動量を高め，地域住民に業績をアピールすることによって地方選挙を有利に戦わせるための手段として分権政策を利用したということである。つまり，分権のタイミングは政権党と地方政府が党派的に一致する時であり，その場合に分権のスピードも速くその程度もより多くを移譲しようとするだろう。逆に，政権党と地方政府が党派的に一致しなければ，政権党は監査・責任追及・責任転嫁などの多様な手段を利用して地方政府の業績や評価を落とそうと躍起になり，再集権化という極端な政策に訴える可能性もある。

　まず，地方分権への選好を持っている主体がこれを実現することができるか否かを制約する政治的条件として，大統領制における統一政府と分割政府に注目する。周知のとおり，大統領制における立法府と行政府の関係については，Unified government [13] と Divided government という用語が幅広く使われている。一般に Unified government とは，ある1つの政党が立法府と行政府を同時に統制できる状況，換言すれば，大統領所属政党が議会の過半数を占めていることを意味する [14]。これに対し，Divided government とは，大統領制と二院制を採用しているアメリカにおいて，大統領の所属する政党と議会の両院の中で少なくとも1つの院を統制する政党が異なる場合（Laver and Shepsle 1996: 269），あるいは，異なる政党による立法府と行政府の権力分立（Peterson and Greene 1994: 33）などを表すための概念である [15]。こうした現象を表現するための Unified government と Divided government というターム

---

13) クリントン元大統領が1994年の下院選挙で敗北した後の記者会見で，Unified government の代わりに，United government という表現を使用した後，これも時折見られるようになった。

14) Unified government が，二大政党制か多党制かあるいは一院制か両院制か，いずれを採用しているかを問わず，同一の政党による行政府と議会の同時支配という意味で使われていることについては，研究者の間で合意されていると考える。

15) Shugart は統一政府と分割政府に加え，どの政党も議会の過半数を占めていない場合を無多数党政府（no-majority government）と呼んでいる。彼によれば，無多数党政府はアメリカのような二大政党制の国では出現できず，多党制の国で頻繁に現れるとともに，統一政府と分割政府には含まれていない残余的な範疇である（Shugart 1995: 327-328）。

を日本語では「統一政府」と「分割政府」に訳すのが通例である。すなわち，単一政党が立法府と行政府を1つにまとめる（統一）か，異なる政党が両者を2つに分ける（分割）という意味で使われており，それは適切な用語法であると考える。大統領制は行政府の長と国会がともに有権者によって選出され，固定された任期を持つため，双方が民主主義的な正統性を保持する。それゆえ，行政府を担当する大統領の所属している政党と立法府の過半数を占める政党が一致する統一政府の場合は，中央政府が地方分権と権限移譲への意志を持つとするならば，国会を通してこれらを法案化することができる。これに対し，大統領所属政党と国会多数党が一致しない分割政府の場合は，中央政府と反対党の選好する政策が異なるとするならば，中央政府は政策を実現し難くなる。あるいは，反対党の政策が実現される可能性もある。したがって統一政府と分割政府の軸は，政策を実現しようとする主体がこれを国会で法案化することが可能であるか否かを決定する。なお，二院制を採用している国における統一政府と分割政府の区分については，下院における多数党と執政部との党派性を基準とすることで分析枠組みを単純化する。なぜなら，二院制を採用している国では，一般に上院より下院の方が優位に立っているからである。

　これに加えて，大統領所属政党（与党）の議会支配という政治的条件とともに，大統領と与党との関係，すなわち，大統領が与党を統制できているかどうかという政党規律が重要な条件となってくる。政党規律とは，同じ政党に所属する議員が政党リーダーの指導にしたがって議会で投票する程度のことを指し，党内で意見対立のある法案においても政党一体となって投票する場合は政党規律が高いといえる（Mainwaring and Shugart 1997: 418）。政党規律が高い場合，大統領は議会での与党支持をかなりの程度確実に調達できる。他方，政党規律が低ければ，大統領の影響力は名目上の議席率よりも低くなる。第5章で取り上げている諸国は，一般に，韓国を除いて（粕谷2010：27），政党規律が弱い国である（Mainwaring and Shugart 1997: 432; O'Neill 2005: 30）[16]。だからといって，政党規律が低いことが大統領制において大統領の影響力をそぐというわけでは必ずしもない。例えば，チリ・ペルー・コ

---

16) ラテンアメリカの政党システムについては，Morgensternら（2002）およびKitscheltら（2010）を参照すること。

ロンビアのように，大統領が憲法制定過程で影響力を持つ場合，立法権限が強化されやすいのである（Mainwaring and Shugart 1997: 433-434）。また，政党規律が低いことが，分割政府の発生を抑制する効果をもっているともいえる（川中 2010：71）。これは，個々の議員とのパトロネージ（物質的な便益）の交渉を通じて，大統領が望む行動を議会に期待することができることを意味する。フィリピンの場合，政党や政党規律の弱さが多くの研究者によって指摘されてきた（Eaton 2001: 114；粕谷 2010：20；吉川 2010：143）が，1986年の民主化以後，大統領選挙が終わり，結果が判明した時点で，大統領を中心に政党の再編が行われた。政党の構成員が入れ替わり，政党によっては消滅する場合もあり，党派的にみれば，常に大統領に有利な議会構成が出現している。なお，「混合型大統領制」を採用しているボリビアの場合（Gamarra 1997: 363-364）も，大統領候補は国民投票の後に議会での連立工作を行い，連立工作が成功し大統領に就任することができれば，その時点ですでに議会での多数派を形成していることになる。

次に，地方分権を進めるか否かは中央政府と地方政府の間の政策選好の距離によって決まる。第2節で検討した取引費用政治学の先行研究から，再選を目指す議員（議会）は，行政府との政策選好が近い時，すなわち，取引費用が小さい場合に行政府に委任する（Epstein and O'Halloran 1999）という非常に重要な含意と知見が得られた。要するに，中央政府と地方政府の間の政策選好が近い時，中央政府は地方政府が次回の選挙で業績を誇示することができるように，権限と財源を移譲するのである。

中央政府と地方政府[17]との政策選好の距離は，両者間の党派的関係から把

17）英語のガバメントとは，統治機構としての政府を意味するため，立法府，行政府，司法府の3つを含んでいる。それと同時に，政府の活動としての統治行為をも合わせて捉える概念である（Wright 1988: 12）。これに対し，大韓民国憲法の第4章によると，「政府（정부）」とは大統領と行政府だけで構成される統治機構・組織としての意味しか持たず，立法府と司法府は政府から排除されている。したがって，本書では中央政府を大統領と行政府を指す用語として使用し，同じ文脈から地方自治団体の首長と行政組織を地方政府と定義する。また，大韓民国憲法の第8章は地方自治を保障し，地方自治団体の組織と運営に関する事項を法律で定めるようになっている。これに基づいて制定されたのが地方自治法である。地方自治団体の機関には，議決機関である地方議会と執行機関があり，執行機関に首長と行政組織が含まれてい

握できる。すなわち，党派性が一致すれば，政策選好も近いと仮定する。その逆も成立する。両者間の党派性の一致度は次のように測ることができる。大統領所属政党（中央政府）と地方自治体の首長（地方政府）が所属している政党が同一であれば，党派性は一致し，そうでなければ一致しないとみなす。具体的にいえば，都道府県レベルの地方自治体（韓国では1995年に15，1998年以降は16の広域地方自治体が存在する）のうち，総人口の3分の2（67%）以上を政権党と同一の政党が占めている場合は，両政府の間の党派的一致性は高いとみなす。言い換えれば，首都圏（ソウルと京畿道）が総人口の40%を占めているため，首都圏を含む過半数以上（8以上の広域地方自治体）を政権党と同一の政党が占めていれば，両者間の党派的一致性は高いのである。これに対し，地方自治体の総人口の3分の2以上を政権党が占めていなければ，両者の間の党派的一致性は低いのである。ただ，韓国では1995年に第一回広域自治団体長の選挙が行われたため，正確にいえば，1995年以降から党派性の一致度を測ることができる。しかしながら，本書は1987年民主化以降における各政権の地方分権政策を分析することを目的とするため，大統領が地方政府の首長を任命した時期（1988-1990）は中央政府と地方政府の党派性が一致すると仮定する。また，1991年に広域地方議会選挙が行われたため，1991年から1994年の間は，中央政府と広域地方議会の間の党派性を測ることにする。つまり，広域地方議会の過半数以上を獲得した政党がその地域の人口を代表すると前提した上で，政権党が総人口の3分の2以上を占めれば，両者の間に党派性が一致するとみなす。

　ただし，第5章で国際比較を行うためには少し抽象度を高め，総人口は考慮せず，都道府県レベルの地方自治体の過半数だけを基準に，党派性の一致度を測ることにする。このことは，日本の場合，革新自治体の時代と呼ばれている1960年代でさえ，革新自治体が占めた割合が全体の過半数を超えなかったことを考慮すると，日本のそれよりはるかに高い基準によって中央地方間の党派性の一致度を測ったといえる。

　特定の政党が大統領選挙だけでなく，地方選挙にも勝利を収め，地方自治体を勝ち取った党派的に一致する状況と，そうではない状況を区別できる概

る。こうした文脈を踏まえ，本書は地方政府という用語を狭義の意味で使っている。

念はないだろうか。党派的一致とは政府間に協調が行われるとともに，中央政府から地方政府へ権限と財源を移譲することを意味する。両政府間のこうした関係を「統一政府」と「分割政府」のように，簡潔で理解し易く表現してみると，両政府を単一の政党が統合的・一括的に占有している状況を「統占政府（vertically unified government）」，中央政府と地方政府との間の党派性が一致しない場合，すなわち，異なる政党が分割して占有している状況を「分占政府（vertically divided government）」と呼称することはどうだろうか。統占というのは文字からも分かるように，統一して占めるという意味であり，分占は分割して占めるという意味である。すなわち，中央政府と地方政府は異なるレベルの組織であり，政党は大統領選挙と地方選挙などを通して，異なる両組織を占有しなければならない。こうした占有という意味で，「統一政府」と「分割政府」が立法府の単なる党派的構成を基準に区別されているのに対し，「統占政府」と「分占政府」は中央政府と地方政府という次元を異にする政府を，特定の政党が実際に領するか否かを基準に区別する。今一度確認すると，立法府の過半数を基準に「統一政府」と「分割政府」を区別し，地方政府の過半数以上の占有を「統占政府」と「分占政府」を区別する基準とする。

　したがって，統占政府の場合，つまり行政府を担当する政党が広域地方政府の過半数以上を支配していれば，中央政府は地方政府が次回の地方選挙で有利に戦えるように，地方政府の自律性を拡大することができる法案を作るとともに，地方に権限と財源を移譲しようとする。すなわち，中央政府は地方政府が選挙で業績を誇示することができるように，より大きな裁量を与える。見返りに，地方政府は中央政府の政策を支持し，国政運営に積極的に協力する。勿論，地方政府は政治ルートと行政ルートを使い，中央政府に影響力を行使することもできる。しかし，分占政府の場合は，地方政府は中央政府の国政運営に協力せず，中央政府も地方政府の裁量拡大を望まなくなる。むしろ異なる党派の地方政府が選挙で有利にならないように，中央政府は権限と財源を地方に移譲しようとしない。

　上記の政府形態と取引費用の関係を分析してみると，分割政府より統一政府の方が，立法者にとって法律を制定するための合意を取り付けることにかかるコスト，つまり，立法コスト（legislative decision-making cost）が低い。その逆も成立する（南 2009：72-77）。また，本人である中央政府と代理人

図1－1　政治的状況と取引費用との関係

統一政府	→	立法コスト低
分割政府	→	立法コスト高
統占政府	→	エージェンシーコスト低
分占政府	→	エージェンシーコスト高

である地方政府の間に党派性が一致する統占政府の場合は，代理人が本人と異なる目標を持ち，本人との間の情報の非対称性を利用して本人を出し抜き，それを追求する可能性が低い。つまり，本人の選好と代理人の活動結果との間に発生するギャップをコントロールするのにかかるエージェンシーコスト（agency cost）が低い。逆に，分占政府の場合はエージェンシーコストが高まるのである（南 2009：110－113）。こうした統一・分割政府および統占・分占政府という政治的状況と取引費用の関係を示したのが＜図1－1＞である。

最後に，統一政府と分割政府，統占政府と分占政府という2つの軸によって生まれる4つの異なる仮説を立てる＜図1－2＞。

　Ⅰ象限：統占政府では，エージェンシーコストが低いため，中央政府は地方分権への誘因を持ち，多くの行財政的資源の移譲を図るだろう。行財政的な支援は特定の地方自治体のみを対象とすることが不可能であるため，地方自治体の過半数以上を大統領所属政党が占める統占政府の時に行われる。さらに，立法コストも低いため地方分権関連法案の国会通過と行財政的支援が可能である。それゆえ，Ⅰ象限では地方分権が行われる。

図1－2　地方分権の取引費用モデル（各政権の時期別の位置）

```
                           統占政府
           Ⅱ行財政的支援           Ⅰ政治的・行財政的分権の推進
    1 盧泰愚政権1988.4－1990.1    2 盧泰愚政権1990.1－1993.2
    6 金大中政権1998.6－1998.9    3 金泳三政権1993.2－1995.6
    8 金大中政権2000.4－2001.2    7 金大中政権1998.9－2000.4
                                  9 金大中政権2001.2－2001.8
  分割                                                    統一
  政府                                                    政府
           Ⅲ現状維持              Ⅳ現状維持または逆コース
    5 金大中政権1998.2－1998.6    4 金泳三政権1995.6－1998.2
   10 金大中政権2001.9－2003.2   12 盧武鉉政権2004.5－2005.3
   11 盧武鉉政権2003.2－2004.4
   13 盧武鉉政権2005.4－2008.2
                           分占政府
```

Ⅱ象限：エージェンシーコストが低いため，中央政府は地方分権への誘因を持ち，地方分権を推進しようとする。しかしながら，立法コストが高いため地方分権を自分の意の通りに推進することができず，他の政党と妥協せざるを得なくなる。したがって，この時期の政権党は，他の政党と妥協し，行財政的支援を行うとともに，分権関連の法案を準備する。

Ⅲ象限：エージェンシーコストも立法コストも高いため，中央政府は既存の地方政策を維持する。あるいは，中央政府はむしろ地方に対する監査・責任追及・責任転嫁などを利用して地方政府を統制しようとする。

Ⅳ象限：Ⅲ象限と同じく，中央政府は様々な行政権限を用いて地方政府を統制しようとする。さらに，中央政府は法律の制定・改正を通して地方政府の権限や財源を奪う逆コース改革（再集権）も実現できる。したがって，Ⅳ象限では現状維持と逆コースの可能性が共存する。

第 2 章　政治的分権の時代[1]（1988年－1994年）

　本題に入る前に，韓国の地方自治の流れを簡単に整理しておく。

　韓国の地方自治制度は，1948年7月17日に制定された憲法（第8章）によって保障され，1949年7月4日には地方自治法の制定に至った。これにより議決機関としての地方議会と執行機関の設置，ソウル特別市長と道知事は大統領が任命するなど地方自治の実施が期待されていた。しかし，治安の維持や国家建設の効率性を最優先とするという理由でこの法律は保留された。その後，1952年4月25日には市・邑・面議員の選挙が，5月10日には道議員選挙が実施されたものの，この時期の地方自治は国会での支持基盤が弱かった政権の支持基盤拡大のための手段として機能していた。地方自治法は紆余曲折を経ながら1961年5月16日の軍事クーデターまでに，5回にわたって改正された。この中で5回目の地方自治法の改正は特に重要である。すなわち，

---

1) 　第2章と第3章の事実関係は，いくつかの一次資料に基づいて記述した。まず，1987年から1994年地方自治法の改正までは，「地方自治法はこうやって作られた―第12代国会末以降の地方自治法の立法過程に関連する資料集―」を参照しながら整理した。次に，それ以降は韓国言論財団（Korea Intergrated News Database System，カインズ）での新聞検索を通じて整理したものである。カインズでは1990年1月1日以降の10のソウル総合日刊紙（大手新聞を全て含む）をはじめ，32のソウル以外の総合日刊紙，7つの経済日刊紙，3つのテレビ放送ニュース，13のインターネット新聞，2つの英字日刊紙，10ほどの時事雑誌及び専門紙，96の地域新聞等をインターネットで検索することができる（http://www.kinds.or.kr/）。また，選挙結果に関するデータ（党派・当選者・人口）は，韓国の中央選挙管理委員会（http://www.nec.go.kr/）の統計資料に基づいている。

1960年4月19日の学生義挙によって樹立された民主党政権（張勉政権，第2共和国）は，1960年11月1日法律第563号によって地方自治法を全面改正し，同年12月12日にソウル市・道議員選挙，19日に市・邑・面議員選挙，26日に市・邑・面長選挙，29日にソウル市長・道知事選挙をそれぞれ行うことになり，地方自治の全面実施が決まった。しかしながら，1961年5月16日に軍事クーデターに成功した軍事革命委員会は，布告令第4号を通じて国会とともに地方議会を解散させることとした。22日には，国会の機能を担っていた国家再建最高会議の布告第8号により，邑・面では郡守，市・郡では道知事，道とソウル特別市では内務部長官の承認を得てそれぞれ行政を執行することになった。6月6日には国家再建非常措置法第20条により，道知事・ソウル特別市長および人口15万人以上の市の市長は，国家再建最高会議の承認を得て内閣が任命し，その他の自治体首長は道知事が任命することになった。さらに洞・里長は，洞・里長任命に関する臨時措置法により（1961年6月29日法律第638号），所属市・邑・面長または区庁長が任命することになった。こうした整備を経て，9月1日法律第707号により，地方自治に関する臨時措置法を制定・公布し，10月1日から施行された。この臨時措置法は，①郡を基礎自治団体とし，邑・面を郡の下部機関にしたこと，②地方自治団体長を国家公務員より任命する任命制にしたこと，③議会の権限は首長が上級官庁の承認を得て認めるとしたこと，④ソウル特別市の昇格と直轄市の設置，⑤地方財政調整制度の改善などが，その主な内容であった。軍事政権は，1962年12月26日に全文改正された第3共和国憲法に地方自治に関する2カ条の規定を設けたものの，他方で「この憲法による最初の地方議会の構成時期に関しては法律で定める（附則第7条第3項）」とした。以後，その法律を制定しないまま，1972年12月27日の第4共和国憲法「地方議会は祖国統一がなされるまで構成しない（附則第10条）」という規定によって地方議会はおかれることなく，韓国の地方自治は民主化以降の制度的復活まで，現代史の舞台から姿を消すこととなった。

　1980年5月17日，全斗煥少将は軍事クーデターを行い大統領に就任した。その後，10月27日に改正された第5共和国憲法は，地方自治に関する2カ条の規定を設けながら「地方議会は地方自治団体の財政自立度を勘案して順次構成するが，その構成時期は法律で定める（附則第10条）」としている。これにしたがって1985年に「地方自治制実施研究委員会」を構成し，その中で3

つの分科委員会を設置するとともに，自治体の種類・機関構成の形態・地方議会・地方行政組織と地方公務員制度・地方財政に関する研究を行った（鄭世煜 2005：104）。また，1987年4月13日には，大統領による「特別談話」の形で自治制の年内実施を公表し，続いて5月4日には，政府と与党の党政会議で1988年1月から24カ所の基礎自治体を選定し，地方自治制（地方議会の構成）を示範的に実施することを決定した。しかし，それは1987年に行われた6・29宣言によって地方自治の全面的実施に変更されたのである。

　全斗煥政権の末期は，民主化に対する国民の要求が全国的に高揚した時期であった。特に，1987年6月には韓国の民主主義にとって一大画期となる出来事が起こった。つまり，6・29宣言[2]と呼ばれる憲法改正に関する政権党代表による表明であり，その内容には地方自治の実施が含まれていた。このような経緯を辿って，政権党の民主正義党は盧泰愚大統領候補の公約として地方自治の全面実施を約束し，1987年12月16日に実施された大統領選挙で勝利した。

第1節　盧泰愚政権

1　盧泰愚政権（1988.4－1990.1：Ⅱ象限，分割政府・統占政府）

　1988年2月25日に就任した盧泰愚大統領は就任した途端，地方自治の全面実施から地方議会の構成のみに法案の内容を変えて，1988年3月8日に，民主正義党は単独で地方自治法を承認した。これは1989年4月30日までに基礎自治体の議会を構成し，1991年4月30日までに広域自治体の議会を構成するという内容で，肝心な首長選挙に関する文言は抜けていたものの，この法律の制定によって，地方自治の復活にとって基幹的ともいえる諸制度を規定する法律が成立した。

　ところで，1988年4月26日に実施された第13代国会議員選挙で，与党の民主正義党は125議席，平和民主党は70議席，統一民主党は59議席，新民主共和

2）　その主な内容は，①大統領公選制を通じた平和的な政権移譲，②大統領選挙での公正な競争保障，③金大中の赦免復権と政治犯の釈放，④人間の尊厳性および人権伸張，⑤言論の自由保障，⑥地方自治および教育自治の実施，⑦政党の健全な活動の保障などである。

党は35議席を占めており，結果的に与党と野党の議席状況は125対164になった＜表2－1＞。このように分割政府が形成されると，3つの野党（平和民主党，統一民主党，新民主共和党）は1988年5月18日に共助することに合意し，地方自治法の改正に本格的に取り組んだのである。3つの野党は1988年12月，党ごとに地方自治法の改正案を発議したが3，翌年1月24日には野党の共助体制を基に「野党3党地方自治関係法改正委員会」が設立された。こうした野党3党の共助による地方自治法改正案は，1989年3月4日の総裁会談で合意され，同日166人の国会議員名義で発議された。この法案は常任委員会（内務委員会）で一部修正され，同月15日に国会の本会議で与党の反対の中で議決された。その内容は，自治体の階層を3つに分け（現行は広域と基礎の2階層），1989年12月31日までに広域自治体議会と首長選挙，1990年12月31日までに基礎（市・郡・区）議会と首長選挙，同じく市・郡・区の下の邑・面・洞長選挙を実施するというものであった。

しかしながら，大統領は野党3党によって議決された地方自治法改正案に

表2－1　盧泰愚政権の政府類型

国会(任期)	時期	政府類型	行政府 大統領所属政党	立法府 多数党(多数連合)	第一党	第二党	第三党	総議席	備考
13代('88.5.30 － '92.5.29)	13代総選挙('88.4.－'90.1)	分割	盧泰愚(民正党)		民正党(125席)(41.8%)	平民党(70席)(23.4%)	統一民主党(59席)(19.7%)	299	新民主共和党35席
	政界再編('90.1.－'92.3)	統一	盧泰愚(民自党)	民自党(216席)(72.7%)		平民党(70席)(23.6%)		297	無所属11('90.2基準)
	14代総選挙('92.3.24)	統一	盧泰愚(民自党)		民自党(149席)(49.8%)	(統合)民主党(97席)(32.4%)	統一国民党(31席)(10.4%)	299	無所属21
14代('92.5.30 － '96.5.29)	政界再編('92.5)	統一	盧泰愚(民自党)	民自党(165席)(55.2%)		(統合)民主党(97席)(32.4%)	統一国民党(31席)(10.4%)	299	無所属16人引き抜き

3）　平和民主党は12月5日，新民主共和党は12月9日，統一民主党は12月15日に発議した。

対して拒否権を行使し，再審議を要請する（1989年3月25日）とともに，基礎議会を構成する（1989年4月30日までに実施）ために必要な地方議会議員選挙法施行令を先送りしてしまった。

大統領の拒否権によって差し戻された法案は出席議員の3分の2以上の賛成が必要であるため，野党だけでは再議することができなくなり，与党と野党はお互いに妥協せざるを得なかった。それによって1989年5月24日には，1990年度の前期中に広域および基礎自治体の議会を構成し，1991年度の前期中に広域および基礎自治体の首長選挙を実施するという妥協案が作られた。この結果，定期国会の閉会日であった1989年12月19日に最終的な妥協がなされ，1990年6月30日までに広域および基礎自治体の議会を構成し，1991年6月30日までに広域および基礎自治体の首長選挙を実施すると合意された。

しかしながら，その法案は政界再編によって更なる変更を余儀なくされた。分割政府の状態で国政運営に苦しんでいた大統領と少数与党は，1990年1月22日に2つの野党（統一民主党，新民主共和党）と合併に合意し，党名も「民主自由党」に変更した。この出来事で政界は，216席を占める巨大与党（72.7％）と1つの少数野党（平和民主党，70席，23.6％）に再編された＜表2－1＞。

以上をみる限り，この時期の政権党と各野党は自身に有利な形で地方自治を実現するために相互に交渉した時期であり，与党をはじめ各党なりに地方自治を準備したのは確かである。

2　盧泰愚政権（1990.1－1993.2：Ⅰ象限，統一政府・統占政府）

1990年1月の大きな政界再編により，前年度末に合意された地方自治法は有名無実化されてしまった。少数野党になった平和民主党はその地方自治法に基づき，実際の選挙に必要な「地方選挙法案」を1990年3月5日に発議したのに対し，巨大与党は3月7日に再び「地方議会議員選挙法改正法律案」と「地方自治法改正法律案」を発議し，選挙日を再び先送りしようとした。結局のところ，7月14日に与党単独で2つの改正案を議決してしまい，野党もこのことから断食・議員辞職・院外での署名運動など，激しい反対闘争を展開しながら，政権党と対立した。このような先鋭な対立を経ながら，与党と野党は交渉を行い，11月20日には「自治制選挙法実務交渉代表」を選任する上で，実務交渉に取り組むことに合意した。この会議は11月21日から12月6

日まで15回の会議を行い，すべての地方選挙を「なるべく同時に実施する」という最終合意に至った。こうした経緯で，1990年12月15日に与党と野党が満場一致で可決した「地方自治法改正法律案」「地方議会議員選挙改正法律案」「地方自治団体長選挙法案」が同月30日に大統領によって公布された。

この法律の主な内容は，1991年6月30日までに広域および基礎議会を構成し，1992年6月30日までに広域および基礎自治体の首長選挙を実施するというものであった。さらに，この法律によって1991年3月26日の基礎議会議員選挙と6月20日の広域議会議員選挙が実施され，韓国において地方自治が復活したのである。

この選挙では基礎議会議員の党籍保有が禁じられていたため，広域議会議員選挙の結果のみを整理すると，次の＜表2－2＞である。

この選挙の結果をみると，与党の圧勝であったことが分かる。民自党は最も議席の多いソウル市と京畿道で圧勝し，全国で過半数以上を占めることができなかった地域は，光州・全北・全南・済州の4つだけであった。さらに，人口分布でみても過半数以上を占めた地域の人口が全体の85.64％となり，与党の圧勝が確認できる。

しかしながら，与党は地方議会選挙で圧勝したにもかかわらず，地方自治法に明記されていた首長選挙を結局のところ実施しなかった。1991年10月10

表2－2　1991年6月20日の広域議会議員選挙の結果

区分 市道	議員定数	民主自由党	新民主連合党	その他
ソウル	132	110	21	1
釜山	51	50	0	1
大邱	28	26	0	2
仁川	27	20	1	6
光州	23	0	19	4
大田	23	14	2	7
京畿	117	94	3	20
江原	54	34	0	20
忠北	38	31	0	7
忠南	55	37	0	18
全北	52	0	51	1
全南	73	1	67	5
慶北	87	66	0	21
慶南	89	73	1	15
済州	17	8	0	9
合計	866	564	165	137

日，（統合）民主党による対政府質疑の場で国務総理は「1991年度中に自治体の首長選挙に関する法律を制定・公布する」と答弁し，1991年11月14日には地方自治の担当大臣である内務長官が国会で「法定期間中に選挙を実施することは問題ない」と答弁したものの，1992年1月10日に大統領は自治体首長選挙の延期を一方的に宣言するとともに，第14代国会議員選挙で民意を問うと公表した。

このように首長選挙は延期されたまま，第14代国会議員選挙が1992年3月24日に行われ，与党は216席（72.7％）から149席（49.8％）に，（統合）民主党は97席，統一国民党は31席を獲得した。選挙の結果，50席以上失い，国会の過半数を割ってしまった与党は無所属の16人を引き抜くことによって辛うじて統一政府を維持した。

こうして形成された統一政府が，当時の地方自治法で定められていた首長選挙の実施期限（6月30日まで）の直前である6月5日に，新たな「地方自治法改正案」を国会に提出した。この法案には自治体の首長選挙を1995年6月30日までに実施すると修正されており，盧泰愚政権は首長選挙を先送りしようとした。

ところが，この法案は（統合）民主党の強い反発に直面した。（統合）民主党は6月17日に政策討論会を開催し，第14代大統領選挙と自治体首長選挙の同時実施を主張するとともに，6月20日には憲法裁判所に憲法訴願を提出した。その後，与党と野党間の合意によって1992年8月14日に発足したのが「政治関係法審議特別委員会」であった。ここでは自治体の首長選挙の時期と範囲について交渉が行われた。しかし，9月18日には大統領が与党を離党することによって大統領選挙中立内閣が発足し，さらに，大統領選挙が目前に迫る中で，自治体首長選挙に本格的に取り組むことは事実上不可能であった。その後，1992年12月18日に行われた大統領選挙で与党の金泳三候補が当選することにより，5年間の盧泰愚政権はその幕を下ろした。

最後に，この時期を整理すると，政権党はできるだけ地方首長選挙は先送りしようとしたものの，地方を統制できる範囲内で地方自治を実施したのである。つまり，選挙によって地方議会が構成され，不完全でありながらも地方自治が復活したのがこの時期の大きな特徴である。

第2節　金泳三政権

3　金泳三政権（1993.2－1995.6：Ⅰ象限，統一政府・統占政府）

　1993年5月10日，与野党の総務は「政治改革特別委員会」の構成に合意し，地方自治法の改正問題は第2審議班によって担当された。しかし，両者は「政治改革特別委員会」の活動期限内（1993年12月31日）までに結論を出すことができず，1994年1月19日には同委員会の活動期限を6カ月間延長した。紆余曲折を経て，両者間の交渉は最終的に合意され，1994年3月4日に「地方自治法」と地方選挙に必要な「公職選挙および選挙不正防止法」が制定された。

　その主な内容は，首長選挙を1995年6月30日までに実施し，最初に当選した地方自治団体の首長の任期と選出された地方議員の任期は1998年6月30日で満了するということであった。この地方自治法はその後も度々改正されたにもかかわらず，現在の地方自治法の根幹であるといえよう。

　その後，1994年7月14日には「京畿道南揚州市等33カ所都農村複合形態の市設置等に関する法律案」が成立し，33の市と32の郡が大合併した。そして，これにともない，建設交通部は地域の都市計画を地方首長の自律へ移譲す

表2－3　金泳三政権の政府類型

国会（任期）	時期	政府類型	行政府 大統領所属政党	立法府 多数党（多数連合）	立法府 第一党	立法府 第二党	立法府 第三党	総議席	備考
14代（'92.5.30－'96.5.29）	政権スタート（'93.2－'96.4）	統一	金泳三（民自党）	民自党（165席）（55.2％）		（統合）民主党（97席）（32.4％）	統一国民党（31席）（10.4％）	299	
	15代総選挙（'96.4.11）	統一	金泳三（新韓国党）		新韓国党（139席）（46.5％）	国民会議（79席）（26.4％）	自民連（50席）（16.7％）	299	統合民主党15
15代（'96.5.30－'00.5.29）	政界再編（'96.5－'98.2）	統一	金泳三（新韓国党）	新韓国党（157席）（52.5％）		国民会議（79席）（26.4％）	自民連（46席）（15.4％）	299	無所属統合民主党から引き抜き

と公表した。しかも，1994年12月17日に内務部は地方所属の中央公務員を3年間にわたり逐次地方公務員化（11,520人）すると表明した。

ところが，当時，地方首長選挙が何度も繰り返し先送りされたことで，野党と市民団体などを中心に警戒心が高まっていた。これに対し，政権党の事務総長は1994年11月5日に「1995年6月に地方首長選挙を含む4つの地方同時選挙を必ず実施する」と表明するとともに，1995年2月22日には「国民が望むことは地方選挙を法律に基づいて実施すること」であると公表した。また，1995年2月25日に大統領は記者会見で「地方選挙の6月実施」を再び強調した。3月14日には与党と野党の合意により選挙法が改正され，広域・基礎自治体の首長と広域地方議員に限り政党の公認を認めるようになった。そして，1995年6月25日には，第1回全国同時地方選挙が行われ，現在に至る基となる，広域自治体の首長と議会，基礎自治体の首長と議会の4つの選挙が同時に実施されたのである。

4　金泳三政権（1995.6－1998.2：Ⅳ象限，統一政府・分占政府）

1995年6月27日に実施された第一回全国同時地方選挙の結果をまとめると＜表2－4＞，＜表2－5＞，＜表2－6＞のようになる。

まず，選挙結果に簡単に触れておこう。広域自治体の首長は上記の表で示されたように全般的に与党の敗北に終わった。特に自治体の中で最も重要な地域であるソウル特別市を野党に奪われてしまった。人口比率でみても，与党公認の首長が44.8％の地域，野党公認の首長が48.7％の地域，無所属の首長が6.5％を占めており，与党の敗北色は濃厚であった。

基礎自治体の首長ではこの格差がより広がる。230の基礎自治体首長の中

表2－4　広域地方自治団体の首長選挙の結果（1995.6.27）

市道	民自党	民主党	自民連	備考（無所属）	市道	民自党	民主党	自民連	備考（無所属）
ソウル		1			忠北			1	
釜山	1				忠南				
大邱				1	全北		1		
仁川	1				全南		1		
光州		1			慶北	1			
大田			1		慶南	1			
京畿	1				済州				1
江原			1		合計	5	4	4	2

表2−5　広域地方自治団体の議会議員選挙の結果（1995.6.27）

区分 市道	議員定数	所属別当選者の数（人）				首長と議会の 党派性
		民自党	民主党	自民連	その他	
ソウル	133	10	123	0	0	一致
釜山	55	49	0	0	6	一致
大邱	37	8	0	7	22	—
仁川	32	13	18	0	1	不一致
光州	23	0	23	0	0	一致
大田	23	0	0	23	0	一致
京畿	123	52	57	0	14	不一致
江原	52	27	6	1	18	不一致
忠北	36	12	10	4	10	不一致
忠南	55	3	2	49	1	一致
全北	52	0	49	0	3	一致
全南	68	1	62	0	5	一致
慶北	84	50	1	2	31	一致
慶南	85	52	0	0	33	一致
濟州	17	7	2	0	8	—
合計	875	284 32.5%	353 40.3%	86 9.8%	152 17.4%	

表2−6　基礎地方自治団体の首長選挙の結果（1995.6.27）

区分 市道	定数	所属別当選者の数（人）				広域と基礎自 治体の党派性
		民自党	民主党	自民連	その他	
ソウル	25	2	23	0	0	一致
釜山	16	14	0	0	2	一致
大邱	8	2	0	1	5	—
仁川	10	5	5	0	0	一致
光州	5	0	5	0	0	一致
大田	5	0	1	4	0	一致
京畿	31	13	11	0	7	一致
江原	18	9	1	1	7	不一致
忠北	11	4	2	2	3	不一致
忠南	15	0	0	15	0	一致
全北	14	0	13	0	1	一致
全南	24	0	22	0	2	一致
慶北	23	8	1	0	14	—
慶南	21	10	0	0	11	—
濟州	4	3	0	0	1	—
合計	230	70 30.4%	84 36.5%	23 10.0%	53 23.1%	

で与党は70人，民主党は84人，自民連は23人，その他の政党と無所属は53人が当選した。広域地方議会の選挙結果も基礎自治体首長とほぼ同様で，与党は875議席の中で284席（32.5％），民主党は353席（40.3％），自民連は86席

(9.8％)，その他の政党と無所属は152席（17.4％）を占めた。

　このように地方自治が完全に復活する最初の選挙で与党は敗北を喫し，多くの地方政府を野党が占有するようになると，政権党の地方政府に対する行動も変わってしまった。すなわち，1995年7月1日に首長が就任した後，7月8日に与党は国会に「地方自治特別委員会」を新設し，同委員会を利用することで，エージェンシーコストの削減を狙い，選挙法の改正と地方組織の縮小を進めたのである。これは7月26日に与党の事務総長が国会の地方自治特別委員会で地方の行政階層構造の改革（邑面洞の廃止），広域市下の区議会の廃止，基礎自治体首長の公認廃止，4つの同時地方選挙の分離実施，ソウル特別市の分割等を議論すべきであると主張したことからも分かる。さらに，7月11日には，国会の経済分野対政府質疑で地方政府への税源移譲問題が取り上げられ，与党は移譲に反対したのに対し，野党は移譲を要求する意見に分かれた。また，7月15日には就任したばかりのソウル特別市長（民主党所属）が内務委員会に召喚され，サンプン百貨店の崩壊[4]に対する責任が問われ，これをめぐって政権党とソウル特別市（野党）の間に対立が生じた。しかし実際のところ，サンプン百貨店の崩壊は実際にはソウル市長が就任する前の事故であったにもかかわらず，政権党はその責任を現市長になすりつけたのである。

　こうした政権党の素早い行動は，地方選挙に負けたことで野党の占める地方政府が多くなり，それをけん制するためであった。すなわち，本書の仮説で提示したⅣのパターンに変わった途端，政権党は地方の権限の弱体化，地方政府に対する責任追及など，エージェンシーコストを下げるためにその行動様式を変えたのである。

　ところで，1995年7月13日に民主党は1992年末の第14代大統領選挙で金泳三大統領に敗北し，すでに引退を宣言し，渡米した金大中氏の政界復帰を決定した。彼の政界復帰をめぐって民主党は分裂し，結果として，1995年8月11日に金大中氏を中心とする新政治国民会議が誕生した。

　地方政府に対する中央政府の切り込みは監査と財源移譲にも現れた。8月25日に監査院は地方自治体を監査するために機動監査班を運営すると表明し，

4） 1995年6月29日に起こったサンプン百貨店の崩壊は死者501人，失踪6人，負傷者937人など，甚大な被害を引き起こした惨事であった。

与党も9月末から始まる国政監査の場で地方自治体，特にソウル特別市とその下の自治区[5]を徹底的に監査すると公表した。また，検察も選挙法に違反した49人の首長に対する捜査を1995年6月から1996年11月15日まで行ったが，その82％である40人（無所属1人）が野党所属の首長であった。これらに加え，地方への財源移譲をめぐっても対立が起こった。例えば，ソウル市議会は1995年8月31日に地方議員の有給補佐官制度を中央政府に要求したが，拒否された。さらに，中央政府は1996年12月7日にソウル市傘下の25自治区を行政区に変更しようと試みたものの，野党は強く反対した。また，1997年6月3日に中央政府は首長の人事権を制限しようとする意図で，中央政府が任命した副首長を自治体の人事委員会の委員長にする方針を公表したのに対し，野党と自治体は猛烈に反対したのである。

このように中央政府と与党が監査と検察捜査等の様々な方法を駆使して地方政府の弱体化を図ったのに対し，地方政府との党派性が一致している野党は自治体への支持を強めていった。例えば，国民会議は1995年9月14日に地方警察制の導入等を含む「地方自治発展特別法」の推進を公表するとともに，1996年8月2日には地方自治を強化するための3つの法制度を制定・改正すると公表[6]した。そして，地方議員の有給補佐官制度の導入に対しても賛意を明確にしたのである。

最後にこの時期に発生した重要な出来事を整理しておく＜表2－3＞。第1に，1995年12月5日に「民主自由党」が「新韓国党」に，また1997年11月21日には新韓国党と民主党が合併することによって「ハンナラ党」に変わり，党名が2回変更された。第2に，新韓国党が国会過半数を占めて第15代国会が開始された。第3として1996年6月18日に2つの野党（国民会議と自民連）が政策連合を推進したことが挙げられる。第4としては，1997年7月15日に蔚山市が慶尚南道から分離され，蔚山広域市に昇格し，広域自治体が1つ増えたことである。第5に，与党の大統領候補として李會昌氏が1997年7月21日に決定された。第6に，野党は1997年10月26日に大統領選挙のため

---

5) ソウル特別市の下には25の自治区があり，そのうち23区が民主党所属の首長であった。

6) 住民投票法の制定，道路交通法を改正（道路交通に関する一部の権限を地方に移譲），ソウル特別市の行政特例法の改正（ソウル特別市の特殊な地位を保障すること）であった。

DJP（金大中・金鍾泌）連立に合意し，大統領候補として金大中氏を決定した。第7に，金泳三大統領が1997年11月7日に新韓国党から離党し，1997年12月18日に実施された第15代大統領選挙で金大中候補者が当選し，最初の政権交代が行われたのである。

第3章　行財政的分権の時代（1995年－2007年）[1]

第1節　金大中政権

5　金大中政権（1998.2－1998.6：Ⅲ象限，分割政府・分占政府）

　1992年末の第14代大統領選挙で民自党の金泳三大統領に敗北し，引退を宣言した金大中氏の政界復帰をめぐって民主党は分裂し，その後，1995年8月11日に金大中氏を中心とする新政治国民会議（以下：国民会議）が誕生した。こうして生まれた国民会議と金鍾泌氏が率いる自由民主連合（以下：自民連）[2]は，1997年10月26日に大統領選挙のためDJP（金大中・金鍾泌）連立に合意し，大統領候補者として金大中氏を決定した。その後，1997年12月18日に実施された第15代大統領選挙で金大中候補が当選し，最初の政権交代が行われたのである。この時期のDJP連立は国会の約41％と広域地方自治体の総人口の約49％を占めており，分割・分占政府という状況から出発することになった＜表3－1＞，＜表3－2＞。
　大統領に当選した金大中氏は1998年1月30日に，第二回全国同時地方選挙日を5月7日から6月4日に変更することについて，自民連とハンナラ党の合意を得た上，2月3日に国会で議決させた。これによって「公職選挙およ

1）　本章は南京兌（2010a）を原型としている。
2）　民主自由党を離党した金鍾泌氏は，1995年3月21日に議院内閣制の実現などを掲げ，自由民主連合を設立した。

表3-1　金大中政権の政府類型

国会(任期)	時期	政府類型	行政府 大統領所属政党	立法府 多数党(多数連合)	第一党	第二党	第三党	総議席	備考
15代('96.5.30-'00.5.29)	政権スタート('98.2.-'98.8)	分割	金大中(国民会議)	ハンナラ党(161席)(53.8%)		国民会議(78席)(26.1%)	自民連(43席)(14.4%)	299	無所属12
	政界再編('98.9-'00.4)	統一	金大中(国民会議)	DJP連立(153席)(51.3%)	ハンナラ党(140席)(46.8%)	国民会議(101席)(33.8%)	自民連(52席)(17.4%)	299	無所属6('98.9.8基準)
16代('00.5.30-'04.5.29)	16代総選挙('00.4.-'01.4)	分割	金大中(民主党)		ハンナラ党(133席)(48.7%)	民主党(115席)(42.1%)	自民連(17席)(6.2%)	273	民国党2,無所属5
	政界再編('01.2-'01.8)	統一	金大中(民主党)	3党の政策連合(137席)(50.3%)	ハンナラ党(133席)(48.7%)	民主党(115席)(42.1%)	自民連(20席)(7.3%)	273	民+自+民国
	再・補欠選挙('01.9-'03.2)	分割	金大中(民主党)	ハンナラ党(139席)(50.9%)		民主党(113席)(41.4%)	自民連(14席)(5.1%)	273	無所属とその他7

表3-2　第1回全国同時地方選挙（1995.6.27，単位：人・%）

市道	人口数	首長の政党	人口対比	市道	人口数	首長の政党	人口対比
ソウル	10,659,820	民主党	23.4	忠北	1,429,673	自民連	3.1
釜山	3,889,496	民自党	8.5	忠南	1,845,401	自民連	4.0
大邱	2,463,391	無所属	5.4	全北	2,002,833	民主党	4.4
仁川	2,329,932	民自党	5.1	全南	2,196,791	民主党	4.8
光州	1,270,775	民主党	2.8	慶北	2,762,921	民自党	6.1
大田	1,246,035	自民連	2.7	慶南	3,919,395	民自党	8.6
京畿	7,513,095	民自党	16.5	済州	515,629	無所属	1.1
江原	1,526,600	自民連	3.3	合計	45,571,787		100.0

注：ここでの与党は金泳三の所属する民自党を意味する。

人口加重値による結果（%）

与党	野党	無所属	合計
44.797	48.666	6.537	100.000

び不正選挙防止法」は改正され，地方選挙日は首長の任期が満了する60日以内の最初の木曜日から，首長任期満了日前30日以内の最初の木曜日に変更された。

　2月25日に大統領に就任した金大中氏は，中央政府に集中された権限と機

能を地方自治体と民間部門に移譲すると表明した。そして，3月28日には16の広域自治体の首長を青瓦台に招請し，中央政府の機能を地方政府に移譲する法制定を検討しているところであると述べた。4月30日には国会で議決された「公職選挙および選挙不正防止法」が公布され，これに基づいて議員定数の削減が行われ，それぞれ広域地方自治団体議員282人と基礎地方自治団体議員1,111人が削減された。5月26日には行政自治部が国家と地方自治体間の合理的かつ効率的な権限移譲と事務配分を行うため，「中央行政権限の地方移譲促進等に関する法律」（以下，地方移譲法）の試案を公表し，同年9月国会に上程する方針を打ち出した。こうして地方自治体に幅広い支援を約束したのである。

ここでは1998年2月25日の金大中大統領の就任から，同年6月4日に行われた第二回全国同時地方選挙までの約3カ月余の短い期間が分析対象であることと，大統領の影響力が最も強いハネムーン期間であることにも留意したい。しかも，金大中大統領と政権党は6月の第二回全国同時地方選挙に勝つため，すなわち，選挙戦略として分権政策を利用したのである。それゆえ，分割政府・分占政府の下では政権党が現状の地方政策を維持するか，あるいは，地方政府を統制するという本書の仮説は支持されなかった。

6　金大中政権（1998.6－1998.9：Ⅱ象限，分割政府・統占政府）

金大中大統領は内閣の一定のポストを連立の相手である自民連に割り当てるとともに，選挙に当たっては，同一の地域でお互いに競争しないように工夫した。例えば，第二回全国同時地方選挙における仁川市の首長選挙で，国民会議は候補者を出さないことによって自民連の候補者がハンナラ党の候補者を打ち破った。こうした相互協調を通して，DJP連立政権は第二回全国同時地方選挙（1998.6.4）で大きな勝利を収めた。国民会議は首都圏のソウル市と京畿道で勝ち，自民連は仁川市で勝利することで，連立与党は首都圏地域で圧勝した。これに対しハンナラ党は，自党の地域基盤である釜山市・大邱市・蔚山市・慶向北道・慶向南道を除けば，勝利を収めたのは江原道のみであった。人口比率でも，DJP連立政権公認の首長が68.5％を，野党公認の首長が31.5％をそれぞれ占めており，連立与党の大勝は明白である＜表3－3＞，＜表3－6＞。

また，616の広域地方議会議員の中でDJP連立は353（57.3％），ハンナラ党

は224 (36.4%), その他の政党と無所属は39 (6.3%) を獲得し, 基礎地方自治団体首長の選挙結果もDJP連立は232のうち113, ハンナラ党は74, その他の政党と無所属が45を占め, DJP連立は圧勝したのである。さらに, ＜表3－4＞と＜表3－5＞からも分かるように, 広域地方自治団体の首長と議会および基礎地方自治団体の首長間の党派性は完全に一致したのである。

表3－3　広域地方自治団体の首長選挙の結果 (1998.6.4)

市道	所属別当選者			備考	市道	所属別当選者			備考
	ハンナラ党	国民会議	自民連	(無所属)		ハンナラ党	国民会議	自民連	(無所属)
ソウル		1			江原	1			
釜山	1				忠北			1	
大邱	1				忠南			1	
仁川			1		全北		1		
光州		1			全南		1		
大田			1		慶北	1			
蔚山	1				慶南	1			
京畿		1			濟州		1		
合計	6	6	4						

表3－4　広域地方自治団体の議会議員選挙の結果 (1998.6.4)

区分 市道	議員定数	所属別当選者の数 (人)				首長と議会の党派性
		ハンナラ党	国民会議	自民連	その他	
ソウル	94	15	78	1	0	一致
釜山	44	43	0	1	0	一致
大邱	26	26	0	0	0	一致
仁川	26	4	20	1	1	一致
光州	14	0	14	0	0	一致
大田	14	0	0	14	0	一致
蔚山	14	9	0	0	5	一致
京畿	88	18	61	9	0	一致
江原	42	21	12	3	6	一致
忠北	24	0	3	17	4	一致
忠南	32	0	1	30	1	一致
全北	34	0	32	0	2	一致
全南	50	0	42	1	7	一致
慶北	54	44	0	5	5	一致
慶南	46	41	0	0	5	一致
濟州	14	3	8	0	3	一致
合計	616	224 36.4%	271 44.0%	82 13.3%	39 6.3%	

表3－5　基礎地方自治団体の首長選挙の結果（1998.6.4）

区分 市道	定数	所属別当選者の数				広域と基礎自治体の党派性
		ハンナラ党	国民会議	自民連	その他	
ソウル	25	5	19	1	0	一致
釜山	16	11	0	0	5	一致
大邱	8	7	0	0	1	一致
仁川	10	0	9	1	0	一致
光州	5	0	5	0	0	一致
大田	5	0	1	4	0	一致
蔚山	5	3	0	0	2	一致
京畿	31	6	20	2	3	一致
江原	18	13	1	2	2	一致
忠北	11	0	2	6	3	一致
忠南	15	0	0	11	4	一致
全北	14	0	9	0	5	一致
全南	22	0	15	0	7	一致
慶北	23	14	1	2	6	一致
慶南	20	14	0	0	6	一致
済州	4	1	2	0	1	一致
合計	232	74 30.4%	84 36.5%	29 10.0%	45 23.1%	

注：国民会議と自民連は連立政権であったため，仁川市における党派性は一致することとみなす。

表3－6　第2回全国同時地方選挙（1998.6.4，単位：人・％）

市道	人口数	首長の政党	人口対比	市道	人口数	首長の政党	人口対比
ソウル	10,309,566	国民会議	22.0	江原	1,540,809	ハンナラ党	3.3
釜山	3,838,179	ハンナラ党	8.2	忠北	1,476,364	自民連	3.2
大邱	2,487,972	ハンナラ党	5.3	忠南	1,902,062	自民連	4.1
仁川	2,456,570	自民連	5.3	全北	2,003,516	国民会議	4.3
光州	1,326,586	国民会議	2.8	全南	2,165,844	国民会議	4.6
大田	1,322,128	自民連	2.8	慶北	2,802,729	ハンナラ党	6.0
蔚山	1,012,146	ハンナラ党	2.2	慶南	3,050,386	ハンナラ党	6.5
京畿	8,545,600	国民会議	18.3	済州	530,285	国民会議	1.1
合計	46,770,742		100.0	人口加重値による結果（％）			
				与党	野党	無所属	合計
				68.501	21.499	0.000	100.000

　第二回全国同時地方選挙で勝利した金大中大統領は1998年7月8日に，就任したばかりの新しい知事を青瓦台に招請し，過去の政権が実施した権限移譲より，はるかに上回る多くの権限を移譲すると踏み込んだ発言をした。これに対し，知事らも国政に最大限協力すると答えた[3]。また，7月14日に行

　3）　国民日報，1998年7月8日3面「金大統領，市・道知事と午餐」。京郷新

政自治部は，中央政府の法定事務9,492件のうち1,367件を自治体に移譲すると公表した[4]。さらに，金大中大統領は8月15日に行われた終戦記念演説で，中央と地方の相互依存による参加民主主義の実現，地方政府の権限と責任の果敢な拡大，地方警察制の実施，住民投票制の導入などを柱とする地方分権改革を強力に推し進めると宣言した。

その一方，統占政府を形成することに成功したDJP連立与党は，依然として国会の過半数を超えているハンナラ党の協力なしに，法律を通過させることはできなかったため，統一政府を作ることにも専念するようになった。例えば，国民会議は8月29日に国民新党と合併を行うとともに，国会の過半数の議席を占有していたハンナラ党からも国会議員を引き抜いた。その結果9月8日に，国民会議は101席，自民連は52席となり，DJP連立与党はようやく国会の過半数を制することができた＜表3－1＞。

このように，第二回全国同時地方選挙で勝利することによって統占政府となったDJP連立政権は，着々と地方分権を準備すると同時に，立法コストを低下させるための政界再編に取り組んでいたのである。

7　金大中政権（1998.9－2000.4：Ⅰ象限，統一政府・統占政府）

地方選挙の勝利と政界再編によりエージェンシーコストも低く，立法コストも下げたDJP連立政権は，9月10日に準備していた256件の法律の制定および改正案を一挙に定期国会に提出した。このうち，地方分権にかかわる重要な法案（「中央行政権限の地方移譲促進等に関する法律」「地方財政法」「地方公企業法」「地方税法」「地方自治法」「地方公務員教育訓練法」「地方教育財政交付金法」など）も数多く含まれており，DJP統占政府による地方への支援が本格的に始まった。さらに10月14日には，国政監査の対象選定をめぐって与党と野党の間に対立が発生した。野党はすべての地方自治体を監査すべきであると主張したのに対し，与党は無差別な監査がむしろ地方自治体の効率性を損ねると反論することで，両者間の立場の違いが明らかになった。

次に，地方政府に対する財政的な支援に関しては，11月11日に行政自治部

　　聞，1998年7月9日2面「中央政府の権限，大幅に地方移譲」。
　4）　1998年1月26日，政府組織改編審議委員会は内務部と総務処を合併させ，行政自治部を新たに設立した。それゆえ，それまで総務処が担当していた「地方移譲合同審議会」も行政自治部の担当になった。

は，地方自治体所有の公有地などの雑種財産（当時の統計で12兆8,299億ウォン相当）を，自治体が裁量的に活用できるように「地方財政法」の改正案を作り，国会に提出したと公表した。その後，改正案は国会を通過し，1999年1月21日に公布された。また11月12日には，従来13.27％であった地方交付税の法定交付率を15％に引き上げると公表し，法案作りに着手した。

　続いて，中央権限の地方移譲に関しては，行政自治部は1999年1月27日に834件の事務を地方に移譲すると国務会議で報告し，残りの479件も後期に発足する「地方移譲推進委員会」で再び議論する方針を明確にした。

　また，1月29日には，なるべく中央の権限を地方に移譲することを目的に，前年度9月に上程された「中央行政権限の地方移譲促進等に関する法律」が成立し，7月30日から施行されるようになり，韓国における地方分権の歴史にとって大きな分岐点となった。この法律は，例えば，第3条に「……自治体の意思が尊重され，自主的な決定と責任の下で事務を処理することができるように，関連した一切の事務を可能な限り同時に移譲し，住民の福利および生活便宜と直接にかかわる事務は市・郡・区（基礎自治体）に優先的に配分する」と定めるとともに，第4条には「国家と地方自治団体間に事務を配分するに当たっては，地方自治法第11条に規定されている国家事務を除き，可能な限り地方自治団体に配分する」と地方により多くの権限を与えようとしたのである。しかもこの法律に基づいて，中央と地方の機能が重複した際に地方を優先して事務配分を行うことを目的とする，大統領直属の官民共同委員会としての「地方移譲推進委員会」が8月30日に発足した。12月28日には，地方の財源を保障するために，「地方交付税法」（1983年以来，変わらなかった交付税率を13.27％から15％に引き上げる）と，「国税と地方税の調整等に関する法律」（ガソリン・ディーゼルなどに賦課される地方走行税3.2％の新設と酒税の97％を地方に譲与）が成立した。このように，政界再編を通して立法コストを減らしたDJP連立政権は，エージェンシーコストが低かったため交付税率を引き上げるとともに，地方移譲法を含む様々な地方分権関連の法案を成立させたのである。

8　金大中政権（2000.4－2001.2：Ⅱ象限，分割政府・統占政府）

　1年7カ月にわたって維持されてきたDJP連立政権による統一・統占政府は，2000年4月13日に行われた第16代国会議員選挙を境に崩壊した。全273

席のうち,ハンナラ党がほぼ過半数の133席,2000年1月20日に国民会議から新千年民主党(以下:民主党)に党名を変更した民主党が112席,そして自民連は17席しか獲得できなかったため,DJP連立は国会の過半数を失い,分割・統占政府となった5〈表3-1〉。それゆえ,この時期の連立与党は,野党の協力なしに国会で法律を通過させることが困難であった6ため,地方分権を推進する法制化の仕事にはあまり熱心に取り組まなかったものの,財政支援を中心に地方への関心を維持し続けたのである7。企画予算処は9月4日に,2001年度の交付金を2000年度比2兆ウォン増の10兆3,000億ウォンに,教育財政交付金も3兆4,000億ウォン増の13兆ウォンにするなど,地方政府への財政移譲を進めた。また,12月15日には地方税であるタバコ消費税と馬券税率(タバコ税は40%から50%,馬券税は50%から60%)を引き上げた。

ところで2001年2月22日には,DJP連立に民主国民党が加わり,いわゆる「3党の政策連合」が始まった。当時の国会での議席分布は,ハンナラ党が133席,民主党が115席,自民連が20席,民国党が2席で,「3党の政策連合」は137席を占有することで辛うじて統一政府を成立させた〈表3-1〉。

---

5) 連立与党は1999年5月以降,内閣の構成と内閣制への改憲をめぐって関係が悪化しはじめ,2001年1月に両者の対立は頂点に達した。しかし,第16代国会議員選挙で自民連が大敗を喫したことと,民主党が自民連を支援し続けたことによって連立は維持された。選挙で17席しか得られなかった自民連は,国会の院内交渉団体(20人以上の議席が必要)を構成することもできなかった。民主党は厳しい状況におかれていた自民連のために,交渉団体の要件を緩和しようとしたものの,ハンナラ党の激しい反対に直面した結果,その試みは失敗した。しかし,2000年12月30日に民主党の国会議員3人が自民連に入党することで,自民連は院内交渉団体を構成することができた。そして,2001年9月に連立政権が崩壊した後,自民連に党籍を変えた民主党出身の3人の議員は再び民主党に戻り,自民連は交渉団体の地位を喪失した。

6) 2000年8月17日に行政自治部は,奥地開発地区の指定権を広域地方自治団体の首長に移譲することを柱とする「奥地開発促進法」の改正案を国会に提出すると発表した。すなわち,広域地方自治団体の首長によって奥地開発地区として指定されると,中央政府から年間20億ウォンの支援金が受けられるものであった。しかし,この法律案は連立与党が分割政府であったため,成立しなかった。

7) 例えば,5月10日に行われた民主党議員の研修で,事務総長が地方自治の活性化を強調したのも1つの証拠であろう。

9　金大中政権（2001.2-2001.8：Ⅰ象限，統一政府・統占政府）

　3党の政策連合[8]は，金大中大統領が2001年3月26日に外務長官に民国党の韓昇洙議員を任命することによって始まったといえよう。この時期における地方分権政策の特質は，政策連合の緩さ，さらに余裕のない過半数（国会の全議席273のうち，政策連合の議席はぴったり137席）の限界によりそれほど目立たないものの，次の点に注目して評価したい。

　6月25日に政府は補正予算案5兆555億ウォン（このうち3兆5,523億ウォンが地方への交付金であり，7,354億ウォンが地域健康保険への予算であった）を国会に提出した。この補正予算は国債発行によるものではなく，2000年度の剰余国税13兆ウォンから充当されたものであったため，法律で定められた26.8％を地方交付税として2002年度の予算に反映すべきであった。これに対して野党であったハンナラ党は，政府が2002年度の地方選挙のために補正予算として執行しようとする底意があるとして猛反発した。それにもかかわらず，地方政府の成果向上を助けるための補正予算案は9月3日に国会を通過し執行されたのである。

　その後3党の政策連合は，ハンナラ党が提出した林東源統一部長官の解任建議案に自民連が賛成することによって，2001年9月3日を境に崩壊した。

10　金大中政権（2001.9-2003.2：Ⅲ象限，分割政府・分占政府）

　3年7カ月間維持されてきたDJP連立が解体されたことにともない，政府形態も統一・統占政府から分割・分占政府に転換した。

　こうした状況のもとで行われた地方分権に関する動きを見てみよう。まず，警察庁は1998年3月から金大中大統領の公約であった地方（自治）警察制度を導入するために，警察制度改善企画団を設立した上，それに取り組んできた。しかし，2001年9月25日の国政監査の場で，指揮体制の弛緩と組織管理の効率性の低下を理由として取り上げ，地方（自治）警察制度の導入を中止すると明言した。また，分占政府となった民主党も地方自治団体の首長を統

---

8) 表向きは政策連合を称していたが，3つの政党が協力した真の狙いは，国会の過半数を確保することと，反ハンナラ党勢力をまとめあげることにあった。

制するために，住民請求懲戒制度や住民投票法9を制定しようとしたものの，立法コストが高かったため立法化には至らなかった。民主党の政治改革特別委員会で議論された住民請求懲戒制度の主な内容は，地域有権者の20％以上の発議または監査院の監査結果により監査院長が首長に対する懲戒を要請する際に，懲戒委員会を開いて罷免・解職・減俸などの懲戒を可能にすることであった。このことは明らかに政権党がエージェンシーコストを低めるための試みであった。

この時期からは地方レベルも，中央政府の望み通りには動かず，中央政府の政策選好と異なる自分の意思を中央政府に伝えようとした。2001年11月26日に，全国市長・郡守・区長協議会は民主党の地方自治委員会と懇談会を行い，基礎自治体首長に対する政党公認制を廃止することと，副首長の権限強化案に対する反対意見を出した上で，首長の再選制限規定を廃止することなど，地方自治法を改正する方向に意見をまとめた。しかも2002年1月23日には，与党と野党が基礎地方自治団体首長の政党公認制を維持すると合意したことに対し，反対意見を提出するとともに，3月22日には中央政府が地方政府の自治権を縮小ないし侵害するための制度の導入を図るなら，地方政府はそれに抗議し，抵抗する権利と義務があると表明した。また，地方選挙の直前であった4月22日には，地方権限の実質的な拡大を可能にすることを内容とする地方移譲一括法の制定をも要求した。5月6日に金大中大統領は民主党を離党し10，2002年6月13日に行われた第三回全国同時地方選挙で政権党は無残な敗北を喫した。

民主党は地域基盤である光州・全北・全南，濟州道しか獲得できず，人口比率からみても12.46％しか占めることができなかった。これに対し，ハンナラ党は首都圏の3つの広域自治体であるソウル特別市・京畿道・仁川広域市で圧勝し，人口比率で83.54％を掌握した。国会議員選挙でも大敗した自

---

9) 同じく民主党の政治改革特別委員会で議論されてきた案で，地域有権者の10％以上の署名と地方議員の3分の2以上の賛成により公共施設の設置，事務所所在地の変更，区域変更などに関する住民投票を実施することができる。

10) 離党の名分としては，第16代大統領選挙で中立的な立場を取るためであったが，大統領周辺のスキャンダルや三男の拘束，世論の悪化などにより離党を余儀なくされたというのが実情であった。

表3－7　広域地方自治団体の首長選挙の結果（2002.6.13）

市道	所属別当選者			備考 （無所属）	市道	所属別当選者			備考 （無所属）
	ハンナラ党	民主党	自民連			ハンナラ党	民主党	自民連	
ソウル	1				江原	1			
釜山	1				忠北	1			
大邱	1				忠南			1	
仁川	1				全北		1		
光州		1			全南		1		
大田	1				慶北	1			
蔚山	1				慶南	1			
京畿	1				済州		1		
合計	11	4	1						

表3－8　広域地方自治団体の議会議員選挙の結果（2002.6.13）

区分 市道	議員定数	所属別当選者の数（人）				首長と議会の 党派性
		ハンナラ党	民主党	自民連	その他	
ソウル	102	87	14	0	0	一致
釜山	44	42	1	0	1	一致
大邱	27	26	0	0	1	一致
仁川	29	25	3	0	1	一致
光州	19	0	18	0	1	一致
大田	19	9	1	9	0	―
蔚山	19	15	0	0	4	一致
京畿	104	90	10	0	4	一致
江原	43	33	7	0	3	一致
忠北	27	21	1	3	2	一致
忠南	36	8	4	21	3	一致
全北	36	1	29	0	6	一致
全南	51	1	47	0	3	一致
慶北	57	51	1	0	5	一致
慶南	50	47	1	0	2	一致
済州	19	11	6	0	2	不一致
合計	682	467 68.5%	143 21.0%	33 4.8%	38 5.6%	

民連は，自分の地域基盤である大田広域市・忠清北道・忠清南道の3つの忠清圏地方自治団体の中で，忠清南道を獲得しただけで，4％の地域しか占有することができなかった。広域地方自治団体議会選挙においても結果は同様で，総682議席のうち，ハンナラ党は467（68.5％），民主党は143（21％），自民連は33（4.8％）を占めた。基礎地方自治団体首長選挙の結果では総232議席のうち，ハンナラ党が140（60.3％），民主党が44（19％），自民連が16（6.9％）を占め，すべてハンナラ党の大勝で終わったのである＜表3－7＞，＜表3

表3-9　基礎地方自治団体の首長選挙の結果（2002.6.13）

区分 市道	定数	所属別当選者の数（人） ハンナラ党	民主党	自民連	その他	広域と基礎自治体の党派性
ソウル	25	22	3	0	0	一致
釜山	16	13	0	0	3	一致
大邱	8	8	0	0	0	一致
仁川	10	8	2	0	0	一致
光州	5	0	4	0	1	一致
大田	5	0	0	5	0	不一致
蔚山	5	3	0	0	2	一致
京畿	31	24	4	1	2	一致
江原	18	15	2	0	1	一致
忠北	11	5	1	3	2	―
忠南	15	4	2	7	2	―
全北	14	0	9	0	5	一致
全南	22	0	16	0	6	一致
慶北	23	21	0	0	2	一致
慶南	20	16	0	0	4	一致
済州	4	1	1	0	2	―
合計	232	140 60.3%	44 19.0%	16 6.9%	32 13.8%	

表3-10　第三回全国同時地方選挙（2002.6.13、単位：人・％）

市道	人口数	首長の政党	人口対比	市道	人口数	首長の政党	人口対比
ソウル	10,250,267	ハンナラ党	21.3	江原	1,542,980	ハンナラ党	3.2
釜山	3,754,503	ハンナラ党	7.8	忠北	1,496,161	ハンナラ党	3.1
大邱	2,526,643	ハンナラ党	5.3	忠南	1,914,600	自民連	4.0
仁川	2,574,861	ハンナラ党	5.4	全北	1,972,991	民主党	4.1
光州	1,385,797	民主党	2.9	全南	2,087,152	民主党	4.3
大田	1,409,944	ハンナラ党	2.9	慶北	2,768,695	ハンナラ党	5.8
蔚山	1,060,299	ハンナラ党	2.2	慶南	3,112,722	ハンナラ党	6.5
京畿	9,700,797	ハンナラ党	20.2	済州	549,012	民主党	1.1
合計	48,107,424		100.0	人口加重値による結果（％）			
				与党	野党	無所属	合計
				12.462	87.538	0.000	100.000

-8＞，＜表3-9＞，＜表3-10＞。

　このように政権党が選挙で大敗を喫すると、政権党は全面的に地方自治体を統制しようとした。例えば、2002年7月26日に行政自治部は広域自治体の人事行政に対する特別監察を強化するとともに、摘発された自治体には交付金削減の警告および人事勧告案を突き付けると表明した。これはハンナラ党が民主党から奪還した地方政府における急激な人事異動を抑制するためであ

り，エージェンシーコストを節約するための手段であった。また，1カ月ほど過ぎた8月26日に，民主党は慶南知事と金海市長，咸安郡守など，ハンナラ党所属の自治体首長を国会の行政自治委員会と建設交通委員会に召喚し，大雨による水害の責任を問うことを決定したのである。このようにこの時期の政権党は，エージェンシーコストを下げるために野党所属の首長の行動を制限する威嚇行動を次々と打ち出し，首長たちをけん制しようとしたのである。

　12月19日には第16代大統領選挙が行われた。選挙運動の最中に様々な論点が浮かび上がる中で，地方分権を要求する市民運動が全国的に活発化しており，民主党もハンナラ党もこの大きな潮流に逆らうことはできなかった。例えば，大統領選挙直前の12月10日に与党と野党の候補者が，市民団体である「地方分権国民運動」と地方分権に対する特別協約[11]に署名したのは，その一例である。このように，地方分権に対する国民の関心が高まる中で，地方分権政策に対する候補者の立場は選挙に大きな影響を与えるようになった。結局，行政首都移転・大統領諮問機構国家均衡発展委員会の設置・地方分権法の制定などを，大統領選挙の公約として掲げることで，ハンナラ党の李會昌候補と比べより積極的な地方分権を訴えた民主党の盧武鉉候補が僅差で勝利する結果となった。

　当時の地方分権に対する国民の関心と，次期大統領の盧武鉉氏の地方分権に対する意志は，韓国の地方自治を一気に進展させるかに見えた。地方自治の充実を願う自治体関係者，専門家，市民団体の期待は非常に大きかった。

第2節　盧武鉉政権

1.1　盧武鉉政権（2003.2－2004.4：Ⅲ象限，分割政府・分占政府）

　第16代大統領選挙を僅差で勝利した盧武鉉大統領は，分割・分占政府の状態＜表3－7＞，＜表3－11＞で出発したにもかかわらず，正式な大統領就任前の当選者の頃から地域巡回討論会に参加し，分権推進への確固たる決意

　11）大統領に選出されれば，地方へ権限と税源を移譲し，地方の人材などを充実させるというのが，その内容であった。

を述べ，地方分権とともに地域均衡発展を約束した。2003年2月12日には済州道を地方分権の示範道として特別自治道に選定すると公表したのに加え，他の自治体にも拡大すると表明した。そして2月25日に政権の名を「参与政府」とし，大統領に就任した盧武鉉大統領は，地方分権を最優先課題の1つとして取り上げた点で，以前の政権よりはるかに強い地方分権推進への選好を持っていたのは確かであった。3月17日に発行された「大統領職引き受け委員会」白書をみると，4つの国政目標のうち，1つが均衡発展であり，3つの国政原理のうち，1つが分権と自立であった。

　大統領の地方分権への意志は人事にもよく表われていた。盧武鉉大統領は地方分権の主務大臣である行政自治部長官に，国政を経験したことのない基礎自治体の首長出身の金斗官氏[12]を任命するとともに，大統領諮問「政府革新地方分権委員会」の委員長には，行政学者出身の金秉準氏[13]を任命した。これは大統領の地方分権への強い意志として世間に認識された。

　地方分権を政権の最優先課題の1つとして取り上げた盧武鉉大統領は，様々な制度設計に取り組み始めた。行政自治部長官は3月24日に行われた大統領への業務報告の場で，「自治警察制」「地方交付税の引き上げ」「地方消費税」「出先機関の移譲」（地方労働庁・環境庁など）「地方分権特別法」大統領直属の「政府革新地方分権委員会」「行政自治部の地方自治体に対する規制の全面的な縮小と廃止」「住民投票制・住民召還制（リコール）」「地方議会議員の有給化」を新設または導入すると報告した。これは地方分権に関するほとんどの政策を取り上げたといえよう。さらに，6月2日に大統領は就任100日記者会見で，国家発展戦略の3つ目として地方化を取り上げるとともに，地方経済と地方教育の発展，地方育成と行政首都移転などの均衡発展計画を立て

---

12) 慶向南道南海郡守出身者を行政自治部長官に任命したことは，大統領の地方分権への強い意志の表れであるとともに，世間には破格の人事として受け取られた。

13) 盧武鉉政権の政策デザイナーと呼ばれる金秉準氏は，学者の時から熱心に地方分権を訴えた人物である。盧武鉉大統領が地方分権に強い関心を持つようになったのは，彼からの影響を受けたためであると言われている。彼は「政府革新地方分権委員会」の委員長を終えた後，青瓦台の政策室長，教育副総理など，盧武鉉政権の主要要職を経て，青瓦台の政策企画委員長を担った。

ると表明した。3日後の6月5日には，基礎自治体首長に対する政党公認制を廃止すべきであると主張すると同時に，財政や権限を分権化すると約束した。こうした一連の流れを具体化したのが政府革新地方分権委員会によって7月4日に公表された地方分権ロードマップであった。これの主な内容としては，11兆ウォンに達する国庫補助金と1兆7,000億ウォンの特別交付税を地方交付税に転換し，税率も段階的に引き上げること，2004年に自治警察を法制化し，2005年から2006年に実施すること，中央政府の機能と財政を一括して移譲できるように一括移譲法を制定すること，自治体と業務が重複する6,539の特別行政機関（出先機関）を廃止あるいは合併すること，中央が通達する地方予算編成指針と地方債発行に対する個別承認制を廃止すること，2005年まで地方教育自治のために地方教育行政体制を多様化し，基礎自治体中心の教育行政を強化すること，2004年までに住民投票法を制定すること，2006年の地方選挙までに地方選出職に対する後援制度を導入することなどである。同委員会はこのロードマップが参与政府の分権化戦略であるとともに，中央と地方政府間の権限の再配分と財政分権を優先的に進めていくことを明らかにした。

上記のロードマップのうち，地方交付税が整備されるとともに，12月29日に住民投票法が制定されたのは注目すべきであろう。まず，地方譲与税の一部を廃止し，地方道路整備・地域開発事業費2兆6,696億ウォンは交付税に，水質汚染防止・青少年育成事業1兆6,200億ウォンは国庫補助金に，農漁村地域開発事業4,300億ウォンは国家均衡発展特別会計に転換した。したがって，交付税率は形式的には15％から18.3％に3.3％上昇したものの，実質的な引き上げは0.5％（約5,000億ウォン）であった。

こうした中で9月20日には，民主党の国会議員のうち32人が離党し，ハンナラ党から離党した5人と11月11日にヨリンウリ党（以下：ウリ党）を設立した。しかも，盧武鉉大統領も9月29日に民主党を離党し，2004年5月20日にウリ党に入党した。

住民投票法が制定されたことによって，住民に過度な負担をさせたり，重大な影響を及ぼす自治体の決定事項に関して，地域住民が投票を通じて直接参加し決定することが可能になった。請求要件についても，総有権者の20分の1から5分の1の範囲の中で自治体が裁量的に条例で定めるようになった。そして請求要件の決定には，総有権者の3分の1以上の参加と過半数以上の

賛成が必要であった。投票の案件に関しては，地域ごとに条例で制定することが定められているが，特に行政自治部が例示していることを取り上げると，①自治区ではない区・邑・面・洞・里の名称および区域変更，廃置分合，事務所の変更に関する事項，②基礎自治体の間に対立を引き起こす重要政策事項，③主要公共施設の設置および管理に関する事項，④各種の基金の設置，地方債の発行，民間投資事業の実施，その他の住民の福利・安全などに重大な影響を及ぼす事項である。ただし，次の事項は住民投票の対象から外された。法令に反したり裁判中の事項（例えば，グリーンベルト内の行為制限の緩和・建築制限の緩和），国家または他の地方自治体の権限・事務，予算・会計・契約および財産管理の事項，地方税などの各種の公課金の賦課・減免事項，行政機構の設置・変更，公務員の人事・定員などの身分・報酬に関する事項，他の法律により住民代表が直接意思決定の主体として参加できる公共施設の設置，同一の事項で2年が経過していない事項などは住民投票の対象外となった。

そして，何より重要なのは盧武鉉大統領が訴え続けた，いわゆる地方分権三大特別法と呼ばれる「新行政首都の建設のための特別措置法」「地方分権特別法」「国家均衡発展特別法」が12月29日に議決されたことである。勿論，この時期は分割政府であったものの，地方分権政策だけに限っては，ハンナラ党も何が何でも反対という強硬姿勢をとらなかった。しかし，大統領の最も大きな公約であった「新行政首都の建設のための特別措置法」（いわゆる「行政首都移転特別法」）についてはそれほど協力的ではなく，ゆえに，地方分権三大特別法が提出されて即時に議決されたわけでもなかった[14]。

以上から分かるように，この時期の盧武鉉政権は分割・分占政府であった

---

14) ハンナラ党は党議として「行政首都移転法」に賛成することを決めた。しかし，行政首都移転をめぐっては地域ごとに利害関係が複雑に絡み合っていたので，2003年11月21日に提出された「新行政首都建設特別委員会の構成案」が国会の本会議で否決されてしまった（出席議員179，賛成84，反対70で過半数である90を超えなかった）が，70の反対のうち，ハンナラ党が49と民主党が19，無所属が2であり，棄権25のうちにも，ハンナラ党が15，民主党が8であった。これはハンナラ党とウリ党，民主党，自民連の間に合意がなされたものの，本会議で否決され，再び国会に上程され，12月29日に可決されたのである。

にもかかわらず，地方分権を最も重要視しながら，地方分権に関する様々な法律の制定・改正を行ったのである。このことは，分権化こそが盧武鉉大統領の強い信念であったことの反映といえよう。

その後，2004年3月12日には経済破綻と大統領側近のスキャンダル，選挙法違反などを理由に193の国会議員の賛成で盧武鉉大統領は弾劾された。この時，事実上の与党であったウリ党は国会の6分の1しか占めておらず，ハンナラ党，民主党，自民連などが協力して大統領の弾劾を可決させたのである。このような状況のもとで，大統領のすべての権限が停止されたまま，第17代国会議員選挙が4月15日に行われた。全299席のうち，ウリ党が152席を得ており，民主化以降に与党が単独で国会の過半数を占めたのははじめての出来事であった。ハンナラ党は弾劾の嵐の中でも目標であった改憲阻止線の100席をはるかに超える121席を獲得し，民主労働党が10席，民主党が9席，自民連が4席，国民統合21が1席，無所属が2席を獲得した。

表3-11　盧武鉉政権の政府類型

国会(任期)	時期	政府類型	行政府 大統領所属政党	立法府 多数党(多数連合)	立法府 第一党	立法府 第二党	立法府 第三党	総議席	備考
16代 ('00.5.30 - '04.5.29)	政権スタート ('03.2 - '03.9)	分割	盧武鉉(民主党)	ハンナラ党(151席)(55.3%)		民主党(102席)(37.4%)	自民連(12席)(4.4%)	273	無所属とその他8
	与党分離 ('03.9 - '04.5)	分割	盧武鉉(ウリ党)	ハンナラ党(149席)(54.8%)		民主党(60席)(22.1%)	ウリ党(47席)(17.3%)	273	自民連10
17代 ('04.5.30 - '08.5.29)	17代総選挙 ('04.4 - '05.3)	統一	盧武鉉(ウリ党)	ウリ党(152席)(50.8%)		ハンナラ党(121席)(40.5%)	民労党(10席)(3.3%)	299	自民連とその他16
	('05.4 - '07.7)	分割	盧武鉉(ウリ党)		ウリ党(139席)(46.4%)	ハンナラ党(127席)(42.4%)	民主党(12席)(4.0%)	299	'06.12.1基準
	政界再編 ('07.7 - '08.2)	分割	盧武鉉(ウリ党)		民主新党(143席)(47.8%)	ハンナラ党(122席)(40.8%)		299	'07.8.20基準

注：盧武鉉大統領が9月29日に民主党を離党し，2004年5月20日にウリ党に入党したため，実際には与党が分裂した期間の大統領の党籍は無所属であり，与党も曖昧である。しかし，この期間にもウリ党を与党，大統領の党籍をウリ党にみなしても不思議ではない。民主新党の正式名称は大統合民主新党であり，2007年8月20日にウリ党と合併した。

12　盧武鉉政権（2004.5－2005.3：Ⅳ象限，統一政府・分占政府）

　国会議員選挙におけるウリ党の圧倒的な勝利とともに，5月14日には憲法裁判所が大統領の弾劾を棄却するという判決を下した。そして盧武鉉大統領は5月20日にウリ党に入党した。

　こうした状況のもとで，政府革新地方分権委員会と行政自治部は2003年に成立した「地方分権特別法」を中心に地方分権政策に取り組み始めた。この法律は3章の体系で構成されてあり，第1章が「総則」，第2章が「地方分権の推進課題」，第3章が「地方分権の推進機構および推進手続き」に分けられている。この中で最も重要なところは第2章であるが，その内容は韓国における地方分権の推進課題を単純に整理しただけで，強制力を持つものではなかった。したがって，地方分権を実際に行うためには，その課題を推進しうる法律を別途成立させる必要があった。

　ここに記されている推進課題を整理しておこう。まず，「権限および事務の移譲」であるが，国家の権限および事務を自治体に包括的かつ一括的に移譲するための法制度を整備しなければならないと書いており，日本のような地方分権一括法の制定を意図している。二番目に「出先機関の整備など」であり，出先機関の業務のうち自治体と重複するものは自治体に移譲することを明らかにした。さらに，「教育自治制度の改善」「自治警察制度の導入」「自治体の区域整備・効率化」が記されている。三番目が「地方財政の拡充および健全性の強化」である。ここでは，自治体の自主的な課税権の拡大，地方税の新たな税目の拡大，地方交付税の引き上げ，包括的補助金，複式簿記会計制度の導入による財政の透明性と健全性の確保などが述べられている。四番目は「自治行政力量の強化」であり，五番目は「地方議会の活性化および地方選挙制度の改善」であるが，自治体の条例制定権の拡大，自治体の組織および定員に関する中央の規制緩和，地方議会の権限と専門性の強化，選挙公営性の拡大などが挙げられている。六番目は「住民参加の拡大」であり，「住民投票制」「住民召還制（リコール）」「住民訴訟制」の導入，住民のボランティア活動への支援などが列挙されている。七番目は「自治行政の責任性の強化」として，自治体そのものが地域住民に対する責任を強化する措置を取ること，中央と自治体に対する監査が重複しないよう監査制度を改善すること，中央が自治体の行政および財政に関する合理的な評価基準を設定して，これに基づく診断・評価を実施することが記されている。最後に八番目は「国

家と自治体の協力体制の確立」であり，例えば「地方四団体」への支援と協力（中央は四団体の意見が国政に積極的に反映できるようにしなければならない），中央と自治体，自治体間の紛争を効率よく解決できるよう紛争調整機構と体系の整備などが挙げられている。これらの推進課題の中で，参与政府の分権化「七大核心課題」と呼ばれたのが「自治警察制度」「教育自治」「出先機関の整備」「重複監査の整理」「自治組織権の拡大」「地方財政の拡充」「地方分権一括法」であった。

　国会議員選挙以降，ウリ党による統一政府の形成と弾劾の棄却によって，盧武鉉政権の地方分権政策も順調に進められるかに見えた。しかしながら，弾劾という大事件を経験するとともに，6月5日に実施された4つの広域自治体（釜山・慶南・全南・済州）における補欠選挙で全敗することによって，分占政府という状況を強く意識するようになった大統領は，上記の七大核心課題を積極的に推進しなくなり，地方分権そのものが足踏み状態に陥った。例えば，政府革新地方分権委員会は5月29日に，法執行事務および特別警察事務を自治警察が担当することを内容とする「自治警察制度」の導入について公表した。すなわち，自治警察の所属は基礎自治体の付属機関にして，任命権も首長が持つことで，中央政府が介入する余地を排除する案であった。さらに，6月20日に同委員会は，2006年を目途に自治警察制度の全国実施を目標とするロードマップを公表し，後はそれにしたがって粛々と導入を進めるのみという状況であったにもかかわらず，自治警察制度は結局導入されなかった。また，行政自治部は6月7日に，357件の中央事務を地方に移譲するために，20の関連する法案を一括して改正し，8月に国会で処理すると公表しておきながら，最終的には，11月30日に行政自治部は，こうした「地方分権一括法」の推進を取り消すことを決定したのである。その他にも，「地方消費税」の新設案も検討されたものの，制定までには至らなかったのである。

　その反面，中央政府は地方政府を統制しエージェンシーコストを下げるための行動には非常に積極的であった。行政自治部は6月20日に，最低落札制度の導入，随意契約過程への専門家の参加，情報公開など，地方政府の契約業務の透明性を高めることを主な内容とする「地方契約法」と，8月25日には，「地方基金管理基本法」の制定案を公表した。「地方基金管理基本法」の主な内容は，自治体が地方基金を設置するためには行政自治部との協議を行った上で，条例に存続期限の明記を義務付けた基金日没制を導入する一方，

毎年基金運営の実績を評価し地方議会にその報告を義務付けており，中央政府に専門家で構成された基金評価団を設置，3年ごとに存続の可否を評価するということであった。地方政府の裁量を制限するこの両法案に対し，地方政府は強く反対したものの，国会で可決され，2005年8月に公布されるに至った。

エージェンシーコストを減らし，地方政府をけん制しようとする盧武鉉政権の意志は，2004年の国政監査の場にも表われた。「行政首都移転特別法」の第3条2項には，「地方自治団体は新行政首都の建設のために，この法によって実施されるあらゆる手続きまたは措置に協調しなければならない」と，地方政府の責務が記されており，10月8日に行われた京畿道の国政監査と，10月18日のソウル特別市の監査で，ウリ党はその条文を利用し，京畿道知事とソウル市長を，法律を遵守しない不埒者だと糾弾した。これに対しソウル特別市は，国会が要求した3,200件の資料のうち，地方の固有事務に該当する約30％の資料の提出を拒否した。

続いて，地方交付税について触れておく。盧武鉉政権は2004年12月30日には国庫補助金を，「従来の国庫補助金事業」「地方移譲事業」「国家均衡発展特別会計への移管事業」の3つに分け，233事業は「従来の国庫補助金事業」（7兆9,000億ウォン）とし，地方文化財事業と障害者体育館の運営および地域ごとの小規模なお祭りイベントのような少額補助事業などの163の「地方移譲事業」には1兆1,000億ウォン，地域社会間接資本の開発事業と文化・芸術・観光資源開発事業などの126の「国家均衡発展特別会計への移管事業」には3兆6,000億ウォンを投入した。これにより地方交付税は18.3％から19.13％に再び調整された。さらに，同日に0.83％の分権交付税を新設した。しかしながら，こうした地方交付税の引き上げに対し，全国市・道知事協議会は「中央政府による事業の移譲と比べ，財源の移譲はかなり少ない」と再調整を強く求めたのである。実際に，中央政府から地方政府に移譲された福祉事業の支出増加率は20.5％であるのに対し，財源移譲によって増えた地方税収の増加率は8％にとどまっていた。

最後に，国政に大きな論争を招いた「行政首都移転特別法」について触れておく。2003年12月29日に国会で議決された「行政首都移転特別法」は，2004年10月21日に憲法裁判所が違憲判決を下すことによって無効となった。結局，首都移転の問題は与党と野党の政治的合意により，一般行政機関のみを移転

することになった。2005年2月23日に与党と野党は，行財首都移転に対する違憲決定の後続措置として，中央省庁の3分の2（12部4処3庁）を移転する「行政複合都市案」（新行政都市）に合意した（憲法機関と外交・安保・治安機関はソウル特別市に残留する）。この案は2005年3月2日に「新行政首都後続対策のための燕岐・公州地域行政中心複合都市建設のための特別法」として国会で議決され，行政首都移転問題はひとまず落着することになった。

この時期の盧武鉉政権はエージェンシーコストの高さを強く意識するようになっており，権限と財源移譲のスピードを急激に落とした。それと同時に，エージェンシーコストを下げるために地方政府をけん制する行動を取ったのである。

13 盧武鉉政権（2005.4－2008.2：Ⅲ象限，分割政府・分占政府）

国会の過半数を占めていたウリ党は2005年3月25日に，2人の国会議員が選挙法違反で失職した。これにより在籍国会議員293人のうち与党勢力は146議席（49.8％）と過半数割れになり，分割政府に戻った。このように分割・分占政府に転落した盧武鉉政権は，自治体に対する監査を強めた。

本来ならば，政治的に中立性を保つべきであった監査院は，2005年4月18日にソウル特別市をはじめ5つの広域自治体に対し，首長の政策（例えば，ソウル特別市の場合，市長の公約事項の中で最も重要であった清溪川の復元事業など）を中心とする監査を実施するとともに，6月からは全国を4区域に分けた上で，すべての自治体に対する監査に着手すると公表した。これに対し，ハンナラ党は野党所属首長の手足を縛ろうとする政治的攻撃であると強く批判し，全国市長・郡守・区長協議会も「今回の監査は今までの監査とは根本的に異なる投網式監査で，地方自治の本質を根本的に破壊するものだ」と主張するとともに，監査に対する全面拒否を決議し，激しく反発した。野党と自治体の批判にもかかわらず，監査院は現場監査と書面監査を行うとともに，2006年の地方選挙実施を名分に30人の職員を各地域に常駐させ，監査活動を続けた。さらに，11月14日からは，36の自治体に対して支給された国庫補助金の執行実態に関する監査を行った。そして，2006年2月9日には監査の結果を公表した。それを簡単に整理すると，「自治体はあらゆる汚職と便法・不当行為の塊である」「その原因は，チェックアンドバランスの原則が壊れ，さらに，内外からの効率的な統制システムが欠如していたからであ

る」と厳しく自治体を非難し,「今後も首長の任期内に1回以上は監査する」と宣言して,エージェンシーコストの継続的な引き下げを狙った。

　監査院の結果公表の翌日にウリ党は非常執行委員会を開き,党議長は冒頭発言で監査院の発表を引用しながら,「250の自治体に対する総合監査をはじめて実施した。地方特有の不条理が深刻だとは聞いていたものの,ふたを開けて見ればひどい悪臭が蔓延しており,失望の他ない」と言明し,ウリ党のスポークスマンは野党と一緒に国政調査を推進すると発表した。

　しかも,同日に政府と共同で,監査結果で浮き彫りになった自治体の予算・人事運用の乱脈ぶりを是正するため,自治体破産制と公務員犯罪没収法の制定を含む「自治体非理防止のための総合対策」を準備し,国政調査を推進すると表明した。また,党内に「クリーン地方自治改革団」を設置し,運営する方針をも明らかにした。このように,ウリ党は地方を腐敗勢力と決めつけ,地方権力の世代交代を訴えることでエージェンシーコストを最小化し,第四回地方選挙に臨んだのである。また,2006年4月27日にウリ党と民主労働党は,ハンナラ党議員が参加していない状況のもとで,行政自治委員会を開き「住民召還制(リコール)」を通過させ,法制司法委員会に引き継いだ。「住民召還制」とは,広域自治体首長は有権者の10％以上,基礎自治体首長は有権者の15％以上,地方議員は有権者の20％以上の賛成で,召還投票を請求することができる制度である。請求の理由には制限がなく,全体有権者の3分の1以上の投票と過半数以上の賛成で,召還対象者を直ちに解任することができる。ただ,就任後1年以内・残余任期1年以内・住民召還被請求後1年以内には請求できないということが,その主な内容であった。5月2日には,ハンナラ党が猛烈に反対したにもかかわらず,国会の本会議で「住民召還制」を成立させた。このように盧武鉉政権はエージェンシーコストを最小化し,監査の結果を選挙に利用しようとした。しかし,このような試みも空しく,第四回全国同時地方選挙でウリ党は惨敗を喫したのである。

　次ページの＜表3－12＞が示すように,広域自治体首長に当選した与党候補がたった1人に終わるという目も当てられない与党の大敗は,これまでに例がなかった。さらに,広域自治体だけではなく,政治的な色が広域自治体より薄い基礎自治体レベルでさえ与党は完敗した。230の基礎自治体のうち,ウリ党は19(8.3％)を,ハンナラ党は155(67.4％)を,民主党は20(8.7％)を,他に無所属が36(15.7％)を獲得した＜表3－14＞。広域地方議会では,

表3-12　広域地方自治団体の首長選挙の結果（2006.5.31）

市道	所属別当選者 ウリ党	ハンナラ党	民主党	備考（無所属）	市道	所属別当選者 ウリ党	ハンナラ党	民主党	備考（無所属）
ソウル		1			江原		1		
釜山		1			忠北		1		
大邱		1			忠南		1		
仁川		1			全北	1			
光州			1		全南			1	
大田		1			慶北		1		
蔚山		1			慶南		1		
京畿		1			済州				1
合計	1	12	2	1					

表3-13　広域地方自治団体の議会議員選挙の結果（2006.5.31）

区分 市道	議員定数	所属別当選者の数（人） ウリ党	ハンナラ党	民主党	その他	首長と議会の党派性
ソウル	106	2	102	1	1	一致
釜山	47	1	45	0	1	一致
大邱	29	1	28	0	0	一致
仁川	33	1	32	0	0	一致
光州	19	1	0	18	0	一致
大田	19	1	17	0	1	一致
蔚山	19	0	15	0	4	一致
京畿	119	2	115	1	1	一致
江原	40	2	36	0	2	一致
忠北	31	2	27	0	2	一致
忠南	38	3	21	0	14	一致
全北	38	22	0	13	3	一致
全南	51	3	0	46	2	一致
慶北	55	1	50	0	4	一致
慶南	53	1	47	0	5	一致
済州	36	9	22	1	4	―
合計	733	52 7.1%	557 76.0%	80 11.0%	44 6.0%	

　733人の地方議員のうち，ウリ党は52（7.1％），ハンナラ党は557（76％），民主党は80（11％），その他が44（6％）を得た＜表3－13＞。当選した広域自治体首長の政党とその地域の人口を比べながらみると，与党は全人口の3.8％の地域を，ハンナラ党は88％の地域を，民主党は6.9％の地域を，その他が1.1％の地域を占めており，ウリ党の大敗は誰の目にも明らかであった＜表3－15＞。

　最後に，2006年2月9日に議決された「済州特別自治道設置および国際自

表3-14　基礎地方自治団体の首長選挙の結果（2006.5.31）

区分 市道	定数	所属別当選者の数（人） ウリ党	ハンナラ党	民主党	その他	広域と基礎自治体の党派性
ソウル	25	0	25	0	0	一致
釜山	16	0	15	0	1	一致
大邱	8	0	8	0	0	一致
仁川	10	0	9	0	1	一致
光州	5	0	0	5	0	一致
大田	5	0	5	0	0	一致
蔚山	5	0	4	0	1	一致
京畿	31	1	27	0	3	一致
江原	18	0	18	0	0	一致
忠北	12	4	5	0	3	—
忠南	16	3	6	0	7	不一致
全北	14	4	0	5	5	不一致
全南	22	5	0	10	7	一致
慶北	23	0	19	0	4	一致
慶南	20	2	14	0	4	一致
合計	230	19 8.3%	155 67.4%	20 8.7%	36 15.7%	

表3-15　第四回全国同時地方選挙（2006.5.31，単位：人・%）

市道	人口数	首長の政党	人口対比	市道	人口数	首長の政党	人口対比
ソウル	10,188,035	ハンナラ党	20.9	江原	1,509,405	ハンナラ党	3.1
釜山	3,626,260	ハンナラ党	7.4	忠北	1,489,576	ハンナラ党	3.0
大邱	2,500,788	ハンナラ党	5.1	忠南	1,963,679	ハンナラ党	4.0
仁川	2,605,983	ハンナラ党	5.3	全北	1,877,995	ウリ党	3.8
光州	1,401,212	民主党	2.9	全南	1,960,028	民主党	4.0
大田	1,458,581	ハンナラ党	3.0	慶北	2,692,505	ハンナラ党	5.5
蔚山	1,088,870	ハンナラ党	2.2	慶南	3,162,483	ハンナラ党	6.5
京畿	10,771,743	ハンナラ党	22.0	済州	558,455	無所属	1.1
合計	48,855,598		100.0	人口加重値による結果（%）			
				与党	野党	無所属	合計
				3.844	95.013	1.143	100.000

由都市造成のための特別法」と12月7日に議決された「地方教育自治に関する法律」について触れておく。

「済州特別自治道設置および国際自由都市造成のための特別法」は，広域自治体の単なる1つに過ぎない済州道に，一般の広域自治体とは大きく異なる自治権を与えることを目的としている。具体的には，基礎自治体を廃止し，知事が任命する2人の市長のみが行政を担当する。教育委員を住民の直接選挙で選ぶとともに，現行の教育監の任期が終わる2008年からは教育監も公選

する。自治警察制度の導入，政府合同監査など中央政府による監査を廃止し，監査院と国会による監査のみを受ける。各種の中央事務を移譲し法律案の提出要請権を付与する。人事制度を強化し，特別昇進と昇級制度も拡大することが，その主な内容である。しかし，この法律が非常に高い水準の自治を済州道に与えたとしても，韓国の広域自治体のうち唯一の島であり，全人口の1.14％に過ぎないので，全国的な影響という点ではそれほどインパクトはなかった。

次に，「地方教育自治に関する法律」であるが，それまでは，韓国の地方教育における首長である教育監と議員に準ずる教育委員は住民の直接選挙によらず，少数の学校運営委員会から選出する間接選挙で行われていた。しかし，「地方教育自治に関する法律」が議決されることによって，住民の直接選挙が制度化され，独立機関であった広域自治体の教育委員会が広域自治体議会の常任委員会（教育委員会）に統合されたことが最も大きい変化である。しかしながら，依然として教育監は一般行政から完全に離れていること，教育現場で最も重要な基礎自治体が制度変更の対象から外されたことなど，地方行政の立場からは多くの問題を内包している。

付け加えて，交付税率の変化を簡単に考察しよう。2004年12月30日に一般交付税率を18.3％から19.13％に引き上げるとともに，0.83％の分権交付税を新設したにもかかわらず，増えつつある自治体の事業支出費と地方税収の間の不均衡が生じた。そのため，盧武鉉政権は2005年12月31日に一般交付税率を19.13％から19.24％に，分権交付税率を0.83％から0.94％に引き上げるとともに，タバコ消費税の引き上げから予想される収入で，地方税収と事業支出費の間の不均衡を解決しようとした。これをみると，盧武鉉政権は交付税率を引き上げたと公表したものの，実際には移譲された事務の負担より，交付税率が低かったことを是正しただけの改正であった。

第4節　小括

第2章と本章では，中央政府と地方政府間の党派性が一致する政治的現象を統占政府，一致しない現象を分占政府と呼称し，統一・分割政府という政府形態と組み合わせ，これを取引費用と関連付けた上，4つの仮説を組み立てて，金大中政権と盧武鉉政権の地方分権政策を分析した。その結果を要約

図3−1　仮説の検証結果

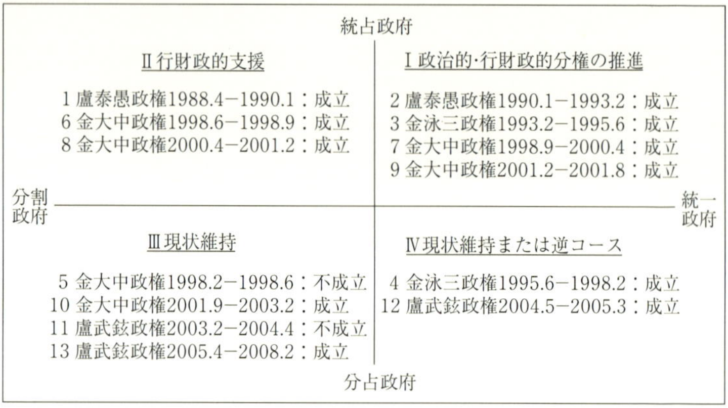

```
                            統占政府
        Ⅱ行財政的支援              Ⅰ政治的・行財政的分権の推進

    1 盧泰愚政権1988.4−1990.1：成立   2 盧泰愚政権1990.1−1993.2：成立
    6 金大中政権1998.6−1998.9：成立   3 金泳三政権1993.2−1995.6：成立
    8 金大中政権2000.4−2001.2：成立   7 金大中政権1998.9−2000.4：成立
                              9 金大中政権2001.2−2001.8：成立
分割                                                      統一
政府 ─────────────────────────────── 政府
        Ⅲ現状維持                Ⅳ現状維持または逆コース

    5 金大中政権1998.2−1998.6：不成立  4 金泳三政権1995.6−1998.2：成立
    10 金大中政権2001.9−2003.2：成立  12 盧武鉉政権2004.5−2005.3：成立
    11 盧武鉉政権2003.2−2004.4：不成立
    13 盧武鉉政権2005.4−2008.2：成立
                            分占政府
```

すると以下のようになる＜図3−1＞。

1 「成立」：政権党は「地方自治法」を制定し，地方分権（正確には地方選挙）の準備に着手した。
2 「成立」：「地方自治法改正法律案」「地方議会議員選挙改正法律案」「地方自治団体議長選挙法案」など，重要な法案が成立し，それに基づいて地方議会が構成された。
3 「成立」：第1回全国同時地方選挙が行われ，地方自治が復活した。地方における公選制度の導入は地方政治に対して決定的な意味を持つ出来事であった。
4 「成立」：政権党は地方選挙で敗北すると，監査・検察捜査等の方法を使い，地方政府を統制しようとし，権限や財源の移譲にも消極的になった。
5 「不成立」：この時期は分割政府で，エージェンシーコストが高かったにもかかわらず，政権党は「中央行政権限の地方移譲促進等に関する法律」の試案を公表し，地方分権を準備したことは明らかである。その理由は，第二回全国同時地方選挙を有利に導くために，選挙戦略として分権政策を利用したからである。
6 「成立」：政権党は地方選挙で勝利した後，地方分権推進への準備を本格的に取り組み始めた。
7 「成立」：与党は政界再編を通して国会の過半数を獲得し，立法コストを低下させた後，交付税率を引き上げるとともに，中央行政権限の地方移譲促

進等に関する法律を含む様々な地方分権関連の法案を成立させた。
8 「成立」：政権党は国会議員選挙の敗北により国会の過半数を失ってしまい，地方分権に関する法案の形成には取り組まなかったものの，エージェンシーコストが低かったため財源移譲を中心に地方政府を支援した。
9 「成立」：3つの政党による政策連合の形成にともない再び統一政府になった。この時期には，野党の猛烈な反対にもかかわらず，地方政府の業績誇示を後押しするための膨大な財源が地方に移譲された。
10 「成立」：連立の崩壊によってパターンⅢに入った途端，政権党はそれまで取り組んでいた地方分権改革を中止する一方，野党所属の首長の権限を統制・監視しようとする動きを見せた。とりわけ，第三回地方選挙で大敗してからは，エージェンシーコストを下げるために野党所属の首長の行動を強く抑制した。
11 「不成立」：野党であったハンナラ党が国会の過半数だけではなく，首都圏を含む11の広域自治体を占めていたにもかかわらず，盧武鉉政権は地方分権を最も重要視しながら，地方分権に関する様々な法律の制定・改正（例えば，地方分権特別法）を行った。分権化こそが盧武鉉大統領の信念であったためだろう。
12 「成立」：エージェンシーコストの高さを強く意識しはじめた政権党は，権限と財源移譲のスピードを急激に落とした。それと同時に，エージェンシーコストを最小化するため，地方政府をけん制することができる法律を制定（地方契約法・地方基金管理法）した。
13 「成立」：政権党はすべての地方政府に対する監査に乗り出すとともに，地方政府をけん制するため住民召還法を制定した。

このように，韓国における地方分権政策のタイミングやスピードおよびその程度は概ね，政権党が取引費用を計算して行った合理的な戦略であったといえる。

次章では，「ソウル特別市と自治区間のタバコ消費税と総合土地税をめぐる党派的争い」と「不動産取引税の引き下げ」という2つの事例の政治過程を，「地方分権の取引費用モデル」に基づいて丹念に追跡していく。

第4章　事例研究[1]

第1節　ソウル特別市と自治区間のタバコ消費税と総合土地税をめぐる党派的争い

1　問題の所在

　本節はソウル特別市の市税であるタバコ消費税（以下，タバコ税）と，ソウル市傘下の自治区の区税である総合土地税（以下，総土税）の交換をめぐって，中央政府・ソウル市・ソウル市の国会議員・自治区等の諸アクター間の紛争を，「地方分権の取引費用モデル」によって分析することを目的としている。

　タバコ税と総土税の税目交換は，首長の公選が始まった1995年にソウル市における自治区の間の財政的不均衡を解決する方法として提案された。それ以降，両者の交換をめぐり国会における与党と野党，中央政府とソウル市，ソウル市と自治区，自治区の間で激しく対立してきた。しかしながら，1995年から2007年5月に至るまでの長期間にわたって，諸アクター間の利害調整が行われたにもかかわらず，決着は付かなかった。その後，漸く2007年6月に入り，地方税法改正案が国会を通過するに至った。このように2007年7月に法案が通過するまでに，12年間にわたってイシューになっていたにもかかわらず，なぜ地方税法の改正が実現されなかったのか。また，なぜ長らく対

---

1) 本章の祖型になったのは，南京兌・李敏揆（2008a）と南京兌・李敏揆（2008b）である。共著者の李敏揆氏に改めて感謝したい。

立の対象であった法案が2007年7月に国会を通過したのか。より具体的にいえば，1995年から2007年5月までに国民会議・民主党・ヨリンウリ党が，積極的に税目交換を推進したにもかかわらず，なぜそれが実現できなかったのか。

「地方分権の取引費用モデル」では，中央政府による地方分権政策の決定に重点がおかれており，地方レベルの政治過程は無視されていた。すなわち，中央地方関係の集権的側面のみが強調されていたため，地方政府の政策イニシアティブと地方政府間の関係が見逃されがちであった。さらに，特定の法案あるいはイシューをめぐる具体的な決定過程の分析が行われていない。したがって，このような認識に基づいて本節では，中央政府の意向を取り込むとともに，地方政府の政治過程に焦点を合わせた分析モデルを構築する。そのため，「地方分権の取引費用モデル」に地方政府の動きを加え，より射程の広い分析モデルを構築する。そこで，中央政府に対する地方政府のイニシアティブと，広域地方自治体と基礎地方自治体および基礎地方自治体間のダイナミズムを，地方税目の交換過程を事例として分析する。こうした作業を通して中央政府に対する地方政府の従属性と自律性という二元対立的な発想から離れ，両者を統合しながら韓国の地方自治の現状を描き出すことができると考える。

2　先行研究の検討

ソウル市とその傘下の自治区間における財政的不均衡を解決するために，タバコ税と総土税を交換しようとする動きは，金泳三政権下の1995年にはじめて試みられて以降，研究者の間でもいかに両者を調整するかをめぐって議論がなされ続けてきた。ここではそのような議論を簡単にまとめながら検討を行う。

まず裵仁明は，ソウル市の市税と自治区税をめぐる財源の配分方式として，分離方式・重複方式・共同方式を取り上げるとともに，普遍性・生産性・伸張性という地方税の配分基準を提示した。その上で，こうした3つの基準にそって各地方税を評価した後，自治区の財政的脆弱性と自治区間の格差を解決する方法として，区税である総土税と市税であるタバコ税あるいは自動車税との交換を主張した。その上で，タバコ税より伸張率の高い自動車税を自治区税に転換する方が望ましいと結論付けた（裵仁明 1996）。

次に，朴完奎はソウル市における自治区の間で，地方税収入の財政的不均衡が非常に大きいと論じながら，それを緩和するための諸案を分析した。具体的には，第1に，タバコ税と総土税を交換する方法，第2に，両税目の50%ずつを交換する方法，第3に，総土税の増加が非常に高い自治区からその増加分をソウル市が徴収し，それを他の自治区に分配する方法，のそれぞれの持つ効果を分析した。分析の結果，自治区の財源増加という側面では，第1の税目交換が最も効果が高かったものの，禁煙の広がりによるタバコ税の減少を考慮に入れれば，第2の50%の税目交換案の方が財政不均衡を解決するためには，より効果が高いことを示した（朴完奎 2003）。

これらの研究に加え，上記の研究と類似した研究として，地方税制度の改善方法に関する研究（李鍾和 1999），ソウル市における自治区の財政状況と財政運営の問題点を指摘した研究（柳端錫 2001），ソウル市における自治区間の財政力格差の原因と問題点，およびその解決策を提案した研究（元允喜 1996；ホ・インスン 2005），ソウル市と自治区の財政状況と問題点，および税目交換の方法とその効果を分析した研究（金東一 1999；金鍾淳 2000；朴法錫 2005），等を上げることができる。

以上の検討からも分かるように，ソウル市における自治区間の財政調整をめぐる研究は，1996年以降盛んに行われてきた。しかし，税目交換あるいは財政調整を通じて自治区間の財政不均衡を解決しようとする過程は，与党と野党，中央政府とソウル市，ソウル市と自治区，自治区同士の政治的取引の過程である。にもかかわらず，既存の研究は政治的要素を全く考慮に入れず，ソウル市と自治区の財政状況を把握した上で，自治区の財政力の向上と自治区間の財政不均衡を解決する方法を提示することだけに焦点を合わせていた。あるいは財政不均衡の解決策をいくつか提示した後，それらの効果分析に重点がおかれていた。それゆえ，アクター間のダイナミズムと政治過程が分析に欠如しているだけではなく，なぜ特定の解決策が選択され，他の解決策は選択されなかったのかに関して説得的な説明を与えることに関心が薄い。言い換えれば，2007年に国会を通過した地方税法改正案を検討した研究は存在せず，なぜそれが解決策として公式的に選択されたのかを説明できていない。本節はこうした空白を埋める試みである。

3 地方分権の取引費用モデルの応用

　韓国の地方税法における広域自治体と基礎自治体との税源をめぐる関係は以下の2つに大別できる。第1に，1つの特別市および6つの広域市[2]とそれぞれの市の下におかれている自治区との関係である[3]。第2に，9つの道とその傘下の市・郡との関係である。韓国の地方税法は同一の基礎レベルの自治体であっても，自治区よりも道の傘下の市・郡に対してより大きな税源を保障している[4]。

　こうした状況を前提に本節の分析対象である財源について簡単にまとめておこう。タバコ税は1988年に行われた地方税法の改正により新設された。他方，総土税は既存の土地分財産税と土地過多保有税を統合した上，土地の過度な所有を抑止することを目的に1989年に新設され，土地所有の程度による累進税率が適用された。

　ソウル市を除く他の広域自治体においては，総土税の規模がタバコ税に比べて少ないため，両税目間の調整・交換に関する議論は行われていない。これに対し，自治区間の地価の格差が大きいソウル市の場合，総土税は自治区税の約13％（約5千4百億ウォン）を占めているものの，自治区間の税収の格差が激しいため，税収の規模がほぼ同じで，自治区間の格差も大きくないタバコ税（約5千5百億ウォン）と交換しようとする試みが行われた（本節末の参考資料を参照）。

　1995年から2007年にかけてタバコ税と総土税をめぐって諸アクター間に行われた論争は，大きく分けて次の2つの政策提案をめぐって交わされたものであった。1つ目は，ソウル市の市税であるタバコ税と自治区税である総土税を交換する税目交換案と，2つ目は総土税の50％をソウル市が徴収し，こ

　2） 1997年7月14日までは，広域市は5市であった。
　3） 広域市にも数少ないが，郡が存在する場合があり，この場合は道と郡の関係に準ずる。
　4） 韓国では一般的にこの2つの区別を自治区地域と市・郡地域と呼ぶ。市・郡地域では基礎レベルの税源として財産税・自動車税・住民税・屠畜税・農業所得税・タバコ消費税・走行税（以上，普通税）と都市計画税・事業所税（以上，目的税）が保障されている。これに比べ，自治区では財産税・免許税（以上，普通税）と事業所税（目的税）のみが保障されている（崔昌浩 2006：632－635）。

れを自治区に再分配する共同税案である。とりわけ，共同税案は2005年以降から本格的に議論の対象となったため，タバコ税と総土税をめぐる諸アクター間の争いは，税目交換案を主張するアクターと反対するアクター，および共同税案を主張するアクターと反対するアクターに分けることができる。

　では，これを前提に各アクターの選好を定めておく。タバコ税と総土税をめぐる諸アクターの中で，最も重要な利害当事者であるソウル市長と自治区の選好からみていこう。まず，ソウル市長はソウル市傘下における各自治区間の個別利益をこえ，ソウル市全体の財政状況の調整を求めるため，各自治区間の財政的不均衡を解決する誘因を持つ。また，ソウル市における25の自治区のうち，総土税による収入が少なく，相対的に財政力が低い自治区は税目交換（共同税案）に賛成する。これに対し，総土税による収入が非常に多く，財政自立度が高い江南区，松坡区，瑞草区，鍾路区，中区といった豊かな自治区は税目交換（共同税案）に激しく抵抗する。次に，ソウル市の地域区出身の国会議員は自治区の場合と同様に，財政が豊富な自治区を地域基盤とする国会議員は税目交換（共同税案）に反対するものの，財政力の低い自治区を地域基盤とする国会議員はそれに賛成する。最後に，政党の選好を見てみよう。政党の選好の場合は，政党が一枚岩として行動すると仮定すれば，江南区と松坡区といった豊かな自治区を支持基盤とし，富裕層の利益を代弁するハンナラ党は，自治区間の財政状況の調整には消極的なスタンスをとると考えられる。とりわけ，ハンナラ党は税目交換には強く反対するものの，共同税案にはより柔軟な態度を示すだろう。他方，国民会議・新千年民主党・ヨリンウリ党は自治区間の財政不均衡を積極的に解決しようとし，一貫して税目交換を推進する。

　税目交換案（共同税案）をめぐる政治過程を分析することが本節の目的である。そのため，本節は地方分権の取引費用モデルを分析枠組みとして採用する。すなわち，中央の政治状況が統一政府か分割政府かのいずれかによって，地方税法改正案が国会で成立するかどうかが決まる。次に，本節の事例における税目交換（共同税）というイシューはソウル市のみを対象としているので，地方分権の取引費用モデルにおける中央・地方間の党派的一致と不一致という軸は，中央政府とソウル市との党派的関係に置き換えることが可能である。つまり，中央政府とソウル市との党派性が一致すれば，エージェンシーコストが低くなり，中央政府はソウル市による税目交換（共同税）へ

の要求を受け入れてくれる。他方，両者の党派性が一致しなければ，エージェンシーコストが高くなり，ソウル市の要求をめぐる対立が発生する。このように，地方分権の取引費用モデルにおける両軸は，税目交換（共同税）をめぐる中央政府とソウル市との協力の程度と国会における法案通過の可否を決定するのである。

　しかしながら，税目交換（共同税）の政治過程は中央政治よりもむしろソウル市と各自治区の利害と直結するイシューであり，ソウル市と自治区という地方政府のイニシアティブが発揮された事例である[5]。それゆえ，政党の選好よりも，自治区の選好とそれを代弁するソウル市出身の国会議員の数がより重要な意味を持つ。さらに，税目交換（共同税）の政治過程は，ソウル市以外の地域を選挙区とする国会議員はあまり関心を持っておらず，他方で，ソウル市を地域基盤とする国会議員の利害関係とは非常に強く結び付いている。したがって，中央政府のイニシアティブを強調する地方分権の取引費用モデルにおける両軸だけでは，タバコ税と総土税をめぐる地方政府間の争いを十分に説明することができなくなり，ソウル市と自治区との党派的関係と，ソウル市地域区出身の国会議員の数をも考慮に入れなければならない。そのため，統一政府と分割政府および中央政府とソウル市との党派的関係という両軸に加え，ソウル市と自治区との党派的関係およびソウル市地域区出身の国会議員数という両軸を，既存の4つの象限に加えることにする。

　まず，ソウル市とその傘下における25の自治区のうち，3分の2以上の自治区の党派性が同じであれば，両者の間で党派性は一致しているとみなす。もし両者の党派性が一致すれば，ソウル市は自治区間の財政的不均衡を解決しようとし，自治区もそれを求めるとともにソウル市に協力する。これに対し，党派性が一致しなければ，ソウル市と自治区間の財政調整は停滞するだろう。次に，上記の党派性という観点から，ソウル市と自治区間で財政調整が行われる政治的環境が整っていたとしても，ソウル市地域区出身の国会議員の過半数以上がそれに反対すれば，国会における所管の常任委員会で否決されてしまう。なぜなら，それらの議員の支持する案が政党の公式的な党議

5）　本節は利害当事者間の政治的対立と妥協にのみ論点を絞るため，韓国における地方担当官庁である行政自治部を含む他の中央の諸アクターの役割については，焦点を当てない。

図4-1　地方分権の取引費用モデルの応用

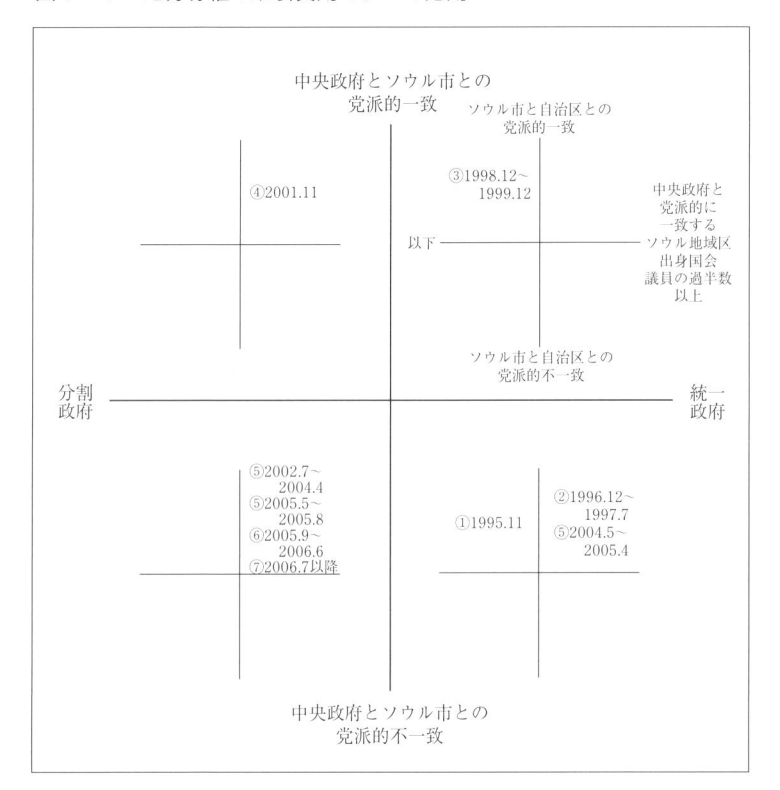

```
                    中央政府とソウル市との
                         党派的一致
                            │      ソウル市と自治区との
                            │           党派的一致
                            │                         中央政府と
                            │                         党派的に
              ④2001.11     │ ③1998.12～              一致する
                            │   1999.12              ソウル地域区
                            │                         出身国会
          ──────────────────┤    以下                 議員の過半数
                            │                            以上
                            │
                            │  ソウル市と自治区との
                            │     党派的不一致
  分割                       │                                統一
  政府 ─────────────────────┼─────────────────────────────── 政府
                            │
                            │
           ⑤2002.7～        │
             2004.4         │           ②1996.12～
           ⑤2005.5～        │ ①1995.11    1997.7
             2005.8         │            ⑤2004.5～
           ⑥2005.9～        │              2005.4
             2006.6         │
           ⑦2006.7以降      │
                            │
                    中央政府とソウル市との
                         党派的不一致
```

として決まり，党議拘束力の強い韓国においては，所管の常任委員会やその傘下の法案審査小委員会における該当政党の委員らが党議にそって行動するからである。すなわち，ソウル市を地域基盤とする国会議員の行動こそが国会における法案通過に重要な影響を与えるという点をモデルに組み込む必要がある。

こうしたモデルにより次の仮説が導かれる。税目交換は民主党系6）が統一政府を実現するとともに，ソウル市と各自治区およびソウル市の国会議員の過半数以上を占める時に実現される（＜図4-1＞におけるⅠ象限の中のⅠ象限の時）。その一方，共同税案の場合は，中央権力の配置状況にかかわらず，

6）　民主党，国民会議，新千年民主党，ヨリンウリ党を指す。

ハンナラ党がソウル市と自治区の両者を掌握している時に実現される。

4　実証分析[7]

　大統領と国会・ソウル市長と議会の党派・ソウル市を選挙区とする国会議員の党派の関係を示したものが＜図4-2＞である。また，ソウル市の市議

図4-2　歴代ソウル特別市の公選市長と税目交換に対する姿勢

	ソウル特別市の歴代公選市長			ソウル市を地域基盤とする国会議員の過半数政党	中央政府の党派	
	市長	政党	政策選好		大統領と政党	国会過半の党派
93年3月	首長の官僚時代			民主党	金泳三 民主自由党	民主自由党
95年7月 96年5月 97年4月	趙淳	民主党	税目交換	新韓国党	金泳三 新韓国党	新韓国党
98年2月	姜徳基	職務代理				ハンナラ党
98年7月 98年9月					金大中 国民会議	DJP連合
00年4月	高建	国民会議	税目交換	民主党＋ヨリンウリ党		過半政党なし
01年2月 01年8月						3党の政策連合
02年7月 03年2月 03年9月					盧武鉉 民主党	ハンナラ党
04年5月 05年3月	李明博	ハンナラ党	税目交換反対 共同税賛成			ヨリンウリ党
06年7月				ヨリンウリ党	盧武鉉 ヨリンウリ党	過半政党なし
07年7月	呉世勲	ハンナラ党	税目交換反対 共同税賛成			

注：第3回と第4回同時地方選挙の結果には比例代表当選者も含む。また，網掛けはソウル市長の党派を意味する。

---

7)　本節は新聞記事を主な参考資料として利用した。ゆえに，1990年以降のあらゆる中央日刊紙を含め，言論上のニュースをデータベース化している「カインズ」（http://www.kinds.or.kr/）で，キーワード（ソウル，総合土地税または総土税，タバコ消費税またはタバコ税，税目交換，共同税）検索を用

表4－1　ソウル市の広域議会の党派

選挙日	選挙種類	第1政党	第2政党	その他
1995.6.27	第1回同時地方選挙	民主党（123）	民自党（10）	
1998.6.4	第2回同時地方選挙	国民会議（78）	ハンナラ党（15）	－1
2002.6.13	第3回同時地方選挙	ハンナラ党（87）	民主党（14）	－1
2006.6.4	第4回同時地方選挙	ハンナラ党（102）	ウリ党（2）	－2

注：第3回と第4回同時地方選挙の結果には比例代表当選者も含む。また，網掛けはソウル市長の党派を意味する。

会の党派と市長との関係をより具体的に示したものが＜表4－1＞であり，ソウル市長と議会間では常に党派が一致していることが分かる。

1）第1回同時地方選挙による時期（1995.7.1－1998.6.30）

　韓国において公選に基づく地方自治が復活し，はじめての同時選挙が行われた時から，ソウル市の市税であるタバコ税と自治区の区税である総土税を交換しようとする試みがあった。民主党公認のソウル市長候補である趙淳氏は，選挙の公約として税目交換を主張しており，市長に選ばれた後にもこのような彼の姿勢は変わらなかった。ここでは，初代公選市長趙淳市政における税目交換の過程を分析する。

　分析に際して必要なデータを見てみると，第1回同時地方選挙で選ばれた25の自治区の区長の党派を示した＜表4－2＞と，公選のソウル市長が就任した時期にソウル市を地域区とする国会議員の分布と党派を表したのが＜表4－3＞である。自治区の区長とソウル市長との党派性がほとんど一致することが分かる。また，中央政治とは異なり，ソウル市においては野党の民主党が過半数以上の国会議員を輩出し，自治区・ソウル市長・ソウル市傘下の国会議員は民主党に，中央の大統領と国会は民自党にそれぞれ分割・占有されていたのが公選市長初期の構図であった。

　①市長当選（1995年6月）から同年11月までは，地方自治が復活した直後の時期ということもあり，中央政府と国会さえ党派的な違いをあまり深刻に考えていなかった。この時期には，官選時代のルーティン的なアジェンダセ

いて資料を収集し分析に活用した。また，選挙結果は韓国の中央選挙管理委員会のデータを，法案や国会での議論は大韓民国国会でのデータを用いた。したがって，以下からは詳細な注の表記を省略する。ただし，重要な根拠になる記事に関しては新聞社と日付を表記しておく。

表4-2　ソウル市下の自治区における第1回同時地方選挙の結果

区名	民自党	民主党	その他	区名	民自党	民主党	その他
鍾路		1		麻浦		1	
中		1		陽川		1	
龍山		1		江西		1	
城東		1		九老		1	
廣津		1		衿川		1	
東大門		1		永登浦		1	
中浪		1		銅雀		1	
城北		1		冠岳		1	
江北		1		瑞草	1		
道峰		1		江南	1		
蘆原		1		松坡		1	
恩平		1		江東		1	
西大門		1		合計	2	23	

表4-3　ソウル市を地域区とする第14代国会議員の分布（1992.5.30～1996.5.29）

区名	議席数	民自党	民主党	その他	区名	議席数	民自党	民主党	その他
鍾路	1	1			麻浦	2	2		
中	1		1		陽川	2	1	1	
龍山	1	1			江西	2		2	
城東	3	1	2		九老	3	1	2	
東大門	2	2			永登浦	2	1	1	
中浪	2	1	1		銅雀	2	1	1	
城北	2		2		冠岳	2		2	
道峰	3		3		瑞草	2	1		1
蘆原	2	2			江南	2		1	1
恩平	2		2		松坡	2		1	1
西大門	2		2		江東	2	1	1	
					合計	44	16	25	3

　ッティングが行われ，税目交換も閣議の案件となっており，趙淳ソウル市長も地方税法が無理なく改正されるとの安易な考え方を持っていた。
　しかし，地方税法の改正に向かって中央政府とソウル市間で，ルーティン的に意思決定が行われつつある中で，一部の自治区がこれに反発した。官選時代の区長とは異なり，規模は小さくても選挙により選ばれた彼らはそれぞれの利害関係を計算した上，税目交換に反対したのである。特に，興味深いのは，＜図4-2＞と＜表4-2＞にも示された当時の党派の関係である。25の自治区のうち，2つが民自党（後に新韓国党を経てハンナラ党になる）の所属であり，この2つの地域が今日まで最も強く反対する立場をとっている地域でもある。

具体的には，11月2日に次官会議で地方税の改正案が通過し，同月10日には閣議にこの案件が上程されることになっていた[8]。しかし，総土税の恩恵を受けていた江南区・瑞草区・中区は激しく反対し，自治区間の対立が起こった。この反対派は他の区長22人からも反対署名を取りつけ，決議書を発表する。そもそも反対派の案が成立すれば，自分に有利な自治区さえも反対したように見えた。そして，この問題が新聞等で大きなイシューとして取り上げられるようになると，自分に有利な区長は「決議書の内容が大多数の区長の考えとは異なる」との声明を公表するとともに，賛成派を集め，関係部局および国会に税目交換に対する賛成意見を提出するとの計画を打ち出した。

このようにソウル市傘下の自治区間で先鋭な対立が発生する中で，金泳三政権は10日予定の閣議ではこの案件を取り上げず，先送りすると公表した。閣議では，この法案が自治区間で異論があるため，決定を先送りし再び意見を調整すると結論付けた。しかしながら，反対する地域は非常に少なく，しかも2，3の自治区のみであった一方，ソウル市と多くの自治区は賛成したのにもかかわらず，先送りされたのは常識的に考えれば不可解であった。一部の新聞[9]では，「力のある区のエゴイズム」と「ソウル市の無力な対応」の結果であると説明した。とりわけ，江南区等の新韓国党所属の反対派が与党と国務委員に強力な圧力をかけた結果であるのは誰の目にも明らかであった。彼らの勢力は数こそ少なかったものの，大統領と同じ党派であることを巧みに利用し，政治ルートを通じた影響力を有効に行使したのである。

1995年末に閣議での法案化論議が取り消された後，再び大きな争点として浮上するまでには，1996年4月の第15代国会議員選挙を待たなければならなかった。しかしながら，第15代国会では＜図4－2＞のように新韓国党が過半を掌握した上，＜表4－4＞のようにソウル市を地域区とする国会議員の過半数を新韓国党が制した。

②ソウル市長と財政力の低い自治区を中心に税目交換への要求が高まり，これを受けて国民会議所属の国会議員20人は，特別市に限り市税のタバコ税と区税の総土税を交換することを内容とする「地方税法中改正法律案」を，

8） 東亜日報，1995年11月5日29面「市税のタバコ税と区税の総合土地税の交換／ソウル市の区長ら集団反発」。

9） 国民日報，1995年11月11日21面「ソウル自治区，格差ますます深化」。

表4-4　ソウル市を地域区とする第15代国会議員の分布（1996.5.30～2000.5.29）

区名	議席数	新韓国党	国民会議	その他	区名	議席数	新韓国党	国民会議	その他
鍾路	1	1			麻浦	2	2		
中	1	1			陽川	2	1	1	
龍山	1	1			江西	2	1	1	
城東	2	2			九老	2	1	1	
廣津*	2		2		衿川*	1	1		
東大門	2	2			永登浦	2	1	1	
中浪	2	1	1		銅雀	2	2		
城北	2	1	1		冠岳	2	1	1	
江北*	2		2		瑞草	2	2		
道峰	2		2		江南	2		1	1
蘆原	2	1	1		松坡	3	2	1	
恩平	2	1	1		江東	2	1	1	
西大門	2		2		合計	47	27	18	2

＊第1回同時地方選挙前の1995年3月に分区し，新設された区である。

　1996年12月5日に国会の内務委員会に提出した。この時期のソウル市と自治区間の対立を財政的損益の観点から整理した記事[10]によると，1997年度自治区の総土税の予想収入額は，江南区813億ウォン，瑞草区448億ウォン，中区438億ウォンである一方，道峰区63億ウォン，衿川区67億ウォンであり，最大13倍も格差があると指摘されていた。また，1996年を基準として市税のタバコ税は4800億ウォン，区税の総土税は4500億ウォンであるゆえ，税目を交換すればソウル市としては財政的に不利を被るが，区間の格差を縮めるためには税目交換が望ましいというソウル市の主張を紹介した。他方，総土税は自治体の根幹となる税金であるため，基礎レベルで徴収しているにもかかわらず，税目を交換しようとするソウル市の試みは，交付金を操作することで区の自治権に制約を加えようとする市の不純な政治的底意を感じるという江南・瑞草・中区の批判にも言及した。

　1996年12月に提出された地方税法中改正法律案は，1997年7月14日に国会の内務委員会の全体会議に上程され，激しい論議となった。そうした中で，豊かな自治区は国会議員への積極的なロビイングを行い，彼らを代弁する新韓国党の国会議員らは税目交換に強力に抵抗するとともに，ソウル市の地域区の過半数以上を占めていた新韓国党議員らもそれに反対した。こうした動きを受けた内務委員会の新韓国党委員らも税目交換に反対したため，内務委

　10）　文化日報，1997年1月22日31面「総土税の市編入－自治毀損の論難」。

員会における「地方税法中改正法律案」は決着が付かず，保留されたまま1997年12月の大統領選挙と1998年6月の第2回同時地方選挙を迎えた。

2）第2回同時地方選挙による時期（1998.7.1－2002.6.30）

　まず，自治区の区長選挙の結果をみると＜表4－5＞の通りである。依然として他の政党より国民会議の区長の数がはるかに多いが，第1回選挙よりは少なくなった。また，同じく税目交換に強く反対する江南・瑞草区はハンナラ党が占めた。

　③国会での公式の論議は，前述のように，決定を保留したまま先送りという結論に終わったものの，マスメディアやソウル市・自治区での争点化は絶え間がなかった。例えば，1998年10月8日のソウル新聞では，新しく就任した国民会議所属の高建ソウル市長の特別インタビューが掲載されている。彼は「時間が経つにつれ，自治体間の財政格差がより大きくなっている」「歳入構造を分析してみたら，総土税の地域間の偏重に主な問題があることがわかった」「したがって，歳入規模がほぼ同じタバコ税と総土税の税目を交換し，財政不均衡を緩和したい」「この措置により22の自治区は税収増が見込まれるが，税収が減少する一部の区は否定的な態度を示している」「しかし，この税収減の問題は財源調整交付金等の支援で衝撃を緩和することができる」と述べ，税目交換を推進する立場を明らかにした。このようなソウル市長の意向を受けた連立与党（DJP連合）は，再び税目交換に取り組むようになった。

　1998年12月18日に，国民会議と自民連の政策委議長らは党政会議の場で，

表4－5　ソウル市下の自治区における第2回同時地方選挙の結果

区名	ハンナラ党	国民会議	自民連	区名	ハンナラ党	国民会議	自民連
鍾路		1		麻浦		1	
中		1		陽川		1	
龍山		1		江西		1	
城東		1		九老		1	
廣津	1			衿川		1	
東大門		1		永登浦		1	
中浪		1		銅雀			1
城北		1		冠岳		1	
江北		1		瑞草	1		
道峰		1		江南	1		
蘆原	1			松坡		1	
恩平		1		江東	1		
西大門		1		合計	5	19	1

自治区間の税収均衡と衡平を保つために，次回の臨時国会で税目交換を含めた特別市税の調整を試みることに合意した。すると，江南区をはじめとする豊かな自治区は即座に反発する声明を出した。反対運動もより組織的になり，区議会は反対決議文を採択する（21日）と同時に，区民を対象として署名活動を行いながら，決議大会等の大々的な反対闘争を展開した。

ここで税目交換を再推進したソウル市の行政管理局長の談話を簡単に紹介しておこう[11]。「以前にも税目交換の議題は閣議と国会の内務委員会[12]まで上程されたにもかかわらず，様々な事情で保留された。ところが政権交代[13]により，財政の乏しい地域の国会議員の発言が強くなったため，再推進が可能になった」と論じているのは興味深い。また，自治区間の対立を受け止めた与党と野党が代理戦の様相を呈していると紹介した記事も興味深い[14]。すなわち，財政的に豊かな区とそうでない区の戦いに，与党と野党が自分の党派に属した区の意見を反映し，中央政治の場で激しく対立していることを指摘したのである。

この時期の激しい対立は1998年12月に始まり翌年の5月まで続いた。こうした長い争いの中で次のような重要な代案が生まれた。まず，逆交付金制度の構築の必要性が富裕な区を中心として台頭したが，さほど議論されなかった。より重要なのは，中区が主張した50％交換案である。中区は総土税による税収が非常に多かったため，税目交換には強く反対したが，党派的には税目交換を推進している国民会議の所属であった。したがって，中区は妥協案として50％交換案を主張するようになったと考えられる。この案は与党の中でも論議が行われ，一部の与党議員がこの案を支持した[15]。しかしながら，

---

11) 京郷新聞，1998年12月23日7面「市税のタバコ税と区税の総土税の交換に反発が激しい……」。

12) 内務委員会は国会法の改正により，1998年3月18日から行政自治委員会に名称が変更された。

13) ハンナラ党（新韓国党）政権から国民会議政権に交代したこと。1997年11月21日に新韓国党はハンナラ党に党名を変更した。

14) 韓国日報，1998年12月26日2面「与党野党が街の間の争いを代理戦」。行政自治委員会の法案審査小委員会で国民会議とハンナラ党が激しく対立したことを皮肉って表現したものであった。

15) 文化日報，1999年4月20日4面「ソウル市－区間の税目調整に国民会議が政治的取引を提案」。

表4－6　ソウル市を地域区とする第16代国会議員の分布（2000.5.30～2004.5.29）

区名	議席数	ハンナラ党	民主党	その他	区名	議席数	ハンナラ党	民主党	その他
鍾路	1	1			麻浦	2	2		
中	1		1		陽川	2	1	1	
龍山	1		1		江西	2		2	
城東	1		1		九老	2	1	1	
廣津	2	1	1		衿川	1		1	
東大門	2	1	1		永登浦	2		2	
中浪	2		2		銅雀	2	1	1	
城北	2		2		冠岳	2		2	
江北	2		2		瑞草	2	2		
道峰	2		2		江南	2	2		
蘆原	2		2		松坡	2	1	1	
恩平	2	2			江東	2	1	1	
西大門	2	1	1		合計	45	17	28	

　ハンナラ党はこの案に対しても反対の立場を固めており[16]，ソウル市や国民会議の試みに対し，数少ないハンナラ党所属の区長を抑え込もうとする不純な動機に基づくものにしか見えないと批判した。

　この後も税目交換案あるいはタバコ税と総土税の50％ずつの交換案は常にイシュー化されたが，ハンナラ党はソウル市の過半数以上を占有していた自党国会議員の主張を党議決定とした上，激しく抵抗したため実現しなかった。結局，1996年12月に提出された地方税法改正案（税目交換案）は国会議員の任期が終了する2000年5月に自動的に廃案となった。

　2000年4月に行われた第16代国会議員選挙では，新千年民主党（以下，民主党）がソウル市を＜表4－6＞のように取り返したが，＜図4－2＞で示した通り，国政全体の議席では過半数を失ってしまった。

　④新たに第16代国会が構成され，まもなく民主党は再び議員立法を推進した。2001年11月28日に李相洙議員を含む12人の発議と105人の賛成により「地方税法中改正法律案」が提案され，2003年4月17日の行政自治委員会に上程された。これもソウル市が新しい国会に再建議した結果であったが，前回と全く同様に一部の自治区の強い反対に直面した。

　反対する立場の自治区は，すでに第15代国会で決着の付いた法案について

---

16)　ハンナラ党の行政自治委員会の幹事であった議員は，「税目が違うのに，政治的取引によって50％ずつ分配することはとんでもない話だ」と言い，ハンナラ党の意見を明らかにした。

再び論議するのは意味がないと主張したが，ソウル市と賛成の自治区は自治区間の財政不均衡を解決する最も現実的な案が税目交換であるため譲れないと反駁した。高建ソウル市長も「ますます深刻化する自治区間の財政不均衡を緩和するためにも，税目交換の立法努力を続ける」と強調し，ソウル市の政務副市長を前面に立たせた。ところが，1995年から2000年にわたり，立場上の違いを固めた賛成派と反対派は妥協の余地がなかった。

　高建ソウル市長の任期であった2002年6月まで税目交換の論議は絶えず言論界を騒がせていたが，いつも民主党とソウル市・多くの自治区は賛成していたにもかかわらず，ハンナラ党と富裕な自治区の激烈な反対により成功しなかったという趣旨の記事だけが常に踊っていた。また，前回のように50%ずつを交換するような代案さえ提示されず，相互の主張を繰り返したのがこの時期の特色である[17]。

3) 第3回同時地方選挙による時期（2002.7.1－2006.6.30）

　2002年に入り，6月に行われた第3回同時地方選挙でハンナラ党がソウル市長と25の自治区のうち22を獲得することで，前回の地方選挙と完全に逆の結果が生まれた。＜表4－7＞は自治区長の党派を示したものである。

表4－7　ソウル市下の自治区における第3回同時地方選挙の結果

区名	ハンナラ党	民主党	その他	区名	ハンナラ党	民主党	その他
鍾路	1			麻浦	1		
中		1		陽川	1		
龍山	1			江西	1		
城東		1		九老	1		
廣津	1			衿川	1		
東大門	1			永登浦	1		
中浪	1			銅雀	1		
城北	1			冠岳		1	
江北	1			瑞草	1		
道峰	1			江南	1		
蘆原	1			松坡	1		
恩平	1			江東	1		
西大門	1			合計	22	3	

17) こうした中で，反対派も反対のスキルを高めた。例えば，江南区は世論調査のデータを利用したり，市民に税目交換の不当性を知らせる電子メールとチラシを発送したりするなど，世論をリードするために力を注いだ。

ここでは新たにソウル市長となったハンナラ党の李明博氏の任期を2つに分けて分析を行う。

　まず，彼の大部分の在任期間（2002年7月から2005年8月までの3年1カ月）は税目交換に強く反対した時期である。この時の対立構図は主に民主党（後はヨリンウリ党）のみが税目交換に賛成し，ソウル市長をはじめハンナラ党と自治区が反対する。さらに，李市長の中期以降からはウリ党の国会議員が中心になって活動しはじめた「ソウル均衡発展のための国会議員研究会[18]」との厳しい対決の様相を見せる。

　こうした中で，ソウル市全体の財政状況を考慮すべき立場であった李市長は，自治区間の財政不均衡を解決するための新たな代案として，共同税案を市の方針として推し進めるようになった。

　⑤李市長が税目交換について，いかなる考えを持っていたのかは，彼の立候補時のインタビューから探ることができる[19]。彼は「税目交換の代わりに，いわば豊かな区が貧しい区にお金を配る逆交付税の導入を検討する」とした。また，「タバコ税と総土税を交換することは，租税の原則上にも問題があり，しかもタバコ税収は縮小傾向にある」と述べる一方，逆交付税の導入は「江南・北がともに同意するはず」と説明した。

　しかし，ソウル市は「自治区間の利害調整が難しく，実質的な効果がない」との理由で税目交換案を廃棄することを決めた上，李市長の立候補時に言及した逆交付税の導入も事実上できないことを明らかにした[20]。このように税目交換と逆交付税の導入を廃棄した代わりに，江南地域と江北地域の財政格差を解決する方法として，李市長は江北地域に大々的に資金を投入した。これと同時に，社会基盤施設を拡充する等，江北の地価上昇を通じて税収を拡

---

18) 区の名称にも江南区と江北区があるが，ソウル市を大きく2つに分ける時にも江南と江北という表現を使う。この研究会は主に江北地域を選挙区として当選したヨリンウリ党所属の国会議員（29人）を中心として2004年6月に発足した。また，発足当時にはハンナラ党所属の議員も1人が参加していた。

19) ハンギョレ新聞，2002年5月14日16面「ソウル市長候補の政策検証：江南・北の格差解消方策」。東亜日報，2002年5月30日10面「6・13候補検証インタビュー：ソウル市長編」。

20) 文化日報，2002年8月27日28面「差別のない韓国のために：衡平を失った課税体系—地方税編」。

大させることを代案と考えた。こうした彼の思惑はいくつかの施策からうかがうことができる[21]。さらに，ソウル市の行政管理局長も「商業地域が増え，経済が活発に回ってこそ区役所の税収が増加するのに，現在では商業地域がとても足りない」と発言する一方，税目交換のイシュー化に対しては否定的な立場を示した[22]。

税目交換に対するソウル市の姿勢がハンナラ党所属の李市長の当選以降から急変し，第16代国会に提出された「地方税法中改正法律案」は論議が行き詰ったまま，自治区間の対立は次の２つの要因によってより深刻化した。

第１に，2003年の盧武鉉政権の登場である。盧大統領は，国家の均衡発展を公約として当選した人物であり，富裕層に累進税を付加することに前向きな立場であった。そして，中央政府は地価が高い地域を中心に不動産の公示地価を現実化する作業を進めた。これにより江南地域の地価は他の地域よりもはるかに上昇率が高くなり[23]，2005年に保有税（土地税・建物税等の固定資産税）の全面的な改革を招いた。これに関する内容は⑥で触れることにする。

第２に，＜表４－８＞から分かるように，いつも税目交換に激しく反対する江南・瑞草・松坡区では，ハンナラ党が勝利したものの，ソウル全体ではウリ党が勝利を収めた。ウリ党は分配政策を重視し，しかもソウル市で当選した議員の多くは江北地域を基盤としている。こうした事情を反映して，前述の「ソウル均衡発展のための国会議員研究会」が作られ，税目交換の実現を目指して活動を開始した。これによって富裕な自治区とソウル市とは事あるごとに反目したのである。

この時期には，利害当事者であるソウル市長は勿論，25の自治区のうち22

---

21) 彼のソウル市長時の最大業績として評価される清溪川の開発もこの一環としてみなされる。また，彼が市長になった直後にソウル市で発足した「地域均衡発展推進団」は，江南・北の均衡発展を目標に作られた開発組織であった。

22) 京卿新聞，2002年10月17日17面「アップグレード江北：財政格差の光と影」。

23) ソウル新聞，2003年12月25日６面「ソウル市自治区の財産税の格差さらに深化」の記事をみると，中央政府の政策によって，2003年だけで江南・松坡・瑞草区の地価はそれぞれ37.4％・36.8％・34.1％が上昇した一方，衿川・永登浦・九老区の地価はそれぞれ6.5％・12.15％・15.5％しか上がらず，総土税の税収の格差はより拡大したと指摘している。

表4－8　ソウル市を地域区とする第17代国会議員の分布（2004.5.30～2008.4）

区名	議席数	ハンナラ党	ウリ党	その他	区名	議席数	ハンナラ党	ウリ党	その他
鍾路	1	1			麻浦	2		2	
中	1	1			陽川	2	1	1	
龍山	1	1			江西	2		2	
城東	2		2		九老	2		2	
廣津	2		2		衿川	1			
東大門	2	1	1		永登浦	2	2		
中浪	2		2		銅雀	2		2	
城北	2		2		冠岳	2		2	
江北	2		2		瑞草	2	2		
道峰	2		2		江南	2	2		
蘆原	3		3		松坡	3	2	1	
恩平	2	1	1		江東	2	1	1	
西大門	2	1	1		合計	48	16	32	

の自治区が税目交換案に強力に反対した上，これを受けたハンナラ党も反対したため，「地方税法中改正法律案」は審議未了のまま店晒しにされ，2004年5月の国会議員の任期終了とともに，前回と同様に自動的に廃案となった。さらに，ソウル市区長協議会の会長は江南区の区長が担っており，例えば，2004年8月26日には協議会の名で税目交換反対を決議しており[24]，9月5日には22人の区長の署名を得た上，協議会の名で反対声明を発表した。これはウリ党が国会の過半数をこえた上で，民主労働党も税目交換に前向きな姿勢を示しており，危機感が高まったためであろう。

⑥ところが，ソウル市は市全体の財政状況を調整すべき立場であったので，事態を放置し続けるわけにはいかず，税目交換に対する代替案として共同税案を提出した。2005年9月10日にソウル市は「財産税[25]が増えつつあり，市税であるタバコ税・走行税・自動車税等を上回ると見込まれるため，税目交換には自治区の反発が大きい」「したがって，各自治区から財産税の一定比率を受け取り，再分配する共同税の導入を推進している」ことを明らかにした[26]。また，ソウル市の税制課長は「財産税総額を基準として2010年以降には

---

24) 20人の区長が集まり，1人だけが棄権，19人の賛成で決議した。
25) 2005年1月5日に制定された「総合不動産税」により保有税に対する全面的な改革が行われた。この法律の重要な特徴は，以前には分離課税した土地と建物を一体化した上，一定の金額をこえると財産の性格ごと（住宅か商店街か工場か等）に，累進する税体系を設けたことである。この法律によって，総合土地税は財産税に変更された。

タバコ税より財産税の徴収額が多い逆転現象が起こるため，区長の立場からは税目交換に賛成するのは困難である。しかし，財産税の歳入規模によって，自治区間の財政格差が大きくなるのは確かである。このような状況のもとで，一定比率を共同税に転換し，自治区間に同じ金額を配分する共同税案をある自治区で提案した。共同税案は税目交換のような効果を期待でき，かつ税目交換による税金逆転も起こらない」と説明した。また，どのくらいの比率にするかについて，ソウル市は50％を提案した。これに対し，江南区は20％を提案し，区長協議会の会長であった江西区長は仲裁案として35％を提案した。ソウル市は自治区との合意がなされ次第，国会に立法を建議し制度化する計画を明らかにした[27]。

ソウル市と自治区によるこうした諸提案を受け，国会議員たちは2005年の末から積極的に立法活動をはじめ，議員立法によって2つの地方税法一部改正法律案が国会に提出される。1つ目は，2005年11月9日に，ウリ党の禹元植議員の発議と国会議員90人の賛成によって提出された法案である。これは以前と同様に税目の交換を内容としていたが，タバコ税と財産税の交換だけでは自治区の自主財源がより縮小されるとの自治区の不満を受け入れ，タバコ税を含めて市税である自動車税と走行税の3つの税目を自治区に移転しようとしたのが特徴である。

2つ目の法案はハンナラ党の議員ら[28]により2005年12月6日に発議されたもので，10年以上税目交換に反対し続けてきたハンナラ党が，こうした代替法案を提出したのは画期的な出来事であろう。これはソウル市の共同税案をそのまま受け入れたものとして，ソウル市が50％の共同税案を提案した直後，ソウル市の主張通りに作成され，提案された法案である。

ここで，この法案が提出される前に，ハンナラ党にいかなる変化があったのかを見てみよう。まず，9月15日のハンナラ党の常任運営委員会議からその手掛かりをつかむことができる。ハンナラ党の政策委議長は会議の場で「最近，非常に騒がしい話だ……ウリ党は今朝もこの問題を取り上げ，党論として定める方針だ……ハンナラ党もこの間に，ソウル市と各区役所，ソウル

---

26) 連合ニュース，2005年9月10日「財産税の一定比率，自治区に一括配分」。
27) 韓国日報，2005年9月11日「財産税50％ずつ取り入れ，同一分配」。
28) 金忠環議員を代表者として総53人のハンナラ党の議員が発議した。

市党，中央党の政策委員会を中心として自治区間の財政格差をいかに調整するかについて検討し続けてきた……わが党が主張する共同税案はウリ党の税目交換案に比べて，地方自治の原理を尊重しながらもほぼ同じ効果が得られる……共同税案は地方税制の根幹を毀損しない。自治体が財産税を基盤として自治行政を行うのは世界的なトレンドであり，ウリ党案はこれを無視している……わがハンナラ党は財産税とタバコ税等の税目交換案に反対する方針を明らかにする上で，早速，党の方針を定め，今回の定期国会中に地方税法改正案を提出するつもりだ」と述べ，12月に法案を提出することを明確に打ち出した。

また，李市長もこの問題に関する考えを示した。2005年10月7日，ソウル市に対する国政監査の場で，ウリ党議員は「ソウル市長は江南市長か……自治区間の財政格差の解消なしには均衡発展もない……江南区と衿川区は14倍の財政格差を示している……」と李市長を厳しく論難し，税目交換を代案として提示した。これに対して，李市長は「江南は地上げ屋等によって地価が上がったため，江北の疎外感がより高まった」と述べながら，共同税案を支持する発言を続けた。さらに，李市長は共同税の比率について「区長協議会の35％案より，50％案がよいが，江南・松坡・瑞草区等が反対している……国会で法改正の際に，比率を検討し立法化してもらいたい」と述べた。

この時期はソウル市やハンナラ党の共同税案が有力な提案として浮上する一方，ウリ党の意志は党内部での反対により行き詰る展開となり，法案を細かく掘り下げて論議する時間的余裕を持たず，第4回地方選挙を迎えた。

4）第4回同時地方選挙による時期（2006.7.1－2007.7）

ハンナラ党は第4回の地方選挙を盧武鉉政権に対する中間評価と位置付け，＜表4－9＞で示されたように，ソウル市長をはじめとするすべての自治区で勝利を収めた。ウリ党にとっては民主化以降歴史に残る大敗だった。

この時期を簡単にまとめておくと，自治体の首長がいくつかの地方税目に対して，弾力税率を適用しうる制度的仕組みを利用し，江南地域の自治区は法の許容範囲である50％の間で税率を引き下げる措置を行う[29]等，財政格差

---

29) 韓国日報，2006年7月9日「ゴムひも弾力税率に財産税逆転」。2006年の引き下げ率を紹介すると，江南区50％，中・松坡区40％，陽川・瑞草区30％

表4-9　自治区における第4回同時地方選挙の結果*（任期：2006.7.1～2007.7）

区名	ハンナラ党	ウリ党	その他	区名	ハンナラ党	ウリ党	その他
鍾路	1 (7)	(4)		麻浦	1 (11)	(6)	(1)
中	1 (6)	(3)		陽川	1 (12)	(5)	(1)
龍山	1 (9)	(4)		江西	1 (10)	(9)	(1)
城東	1 (10)	(5)		九老	1 (11)	(5)	
廣津	1 (8)	(5)	(1)	衿川	1 (6)	(4)	
東大門	1 (10)	(8)		永登浦	1 (9)	(7)	(1)
中浪	1 (12)	(5)		銅雀	1 (11)	(5)	(1)
城北	1 (12)	(9)	(1)	冠岳	1 (13)	(4)	(5)
江北	1 (7)	(5)	(2)	瑞草	1 (11)	(3)	(1)
道峰	1 (8)	(5)	(1)	江南	1 (18)	(3)	
蘆原	1 (14)	(8)		松坡	1 (14)	(10)	
恩平	1 (10)	(8)		江東	1 (13)	(5)	
西大門	1 (9)	(7)		合計	25		

* 第4回同時地方選挙からは，基礎レベルの地方議会にも政党公認が認められており，（　）の中は各々の自治区議会議員選挙での党派（比例代表当選者も含む）を指す。

問題への全国的な関心を喚起した。また，新たにソウル市長として当選した呉世勲氏は，選挙公約として共同税を取り上げた。この時期は短期間ではあるが，本節の分析対象である税目交換（共同税）に決着を付け，終止符を打ったため，共同税案が国会を通過する経緯を中心として記述する。

⑦この時期の一連の流れは，2005年11月に地方税法一部改正法律案を提出したウリ党の禹元植議員のホームページに要領よく記されている。そこには2007年2月27日付けの声明書が掲載されている。この声明書は「ソウル均衡発展のための国会議員研究会」の名で発表されたが，ハンナラ党の共同税案への批判と同時に，税目交換案にハンナラ党の参加を求める内容である。すなわち，当時までは少なくとも，公の場では税目交換案を推し進めようとしたことが読み取れる。

ところが，この状況のもとでも禹議員の立場が少しずつ変化していたと思われる。例えば，禹議員は「ソウル自治区間の税収不均衡を是正するため，現在国会で決定が保留されている地方税法改正案のうち，税目交換案を遅くても4月までは通過させるべき」と主張した。勿論，依然として公の場では，

　　　　など，税目交換に最も反対した自治区を中心に住宅分の財産税の引き下げを行い，引き下げを行わなかった地域に比べ，住宅の価格が高いにもかかわらず，財産税をより低く支払う結果を招いた。

税目交換案を主張することに変わりはなかったが，彼は「5月に入ると，各党が全党大会を行いながら，今年の大統領選挙の準備態勢に突入するため，事実上，地方財政の不均衡を改善する法改正はできなくなってしまう。10年が経ってもできなかった改正を，今回は絶対に処理しなければならない」と強調している[30]。すなわち，彼はある時期をこえてしまうと，第17代国会での改正も不可能となることを充分に認識していたのである。

さらに，ソウル市と25のすべての自治区において，税目交換には反対する意見に完全一致していたため，彼の法案が国会で通過できないとの観測が強く，そのまま推移すれば事態の打開は容易ではなかっただろう。このような中で，ウリ党の禹議員は2007年4月2日に2005年提出した改正案とは別の内容を記したもう1つの案[31]を提出した。しかしながら，この法案は通過させるために提出したというよりは[32]，当時，ハンナラ党の共同税案を中心に議論が進められており，法案を提出することによってより有利な立場から共同税案と妥協することを目指したという意味合いが強かった。

また，ハンナラ党の金忠環議員も何人かの共同発議者を入れ替え，4月12月に前回と全く同様の改正案を提出する。すなわち，ウリ党の禹議員は財産税の交換案と剥奪案の2つの改正案を同時に提出したが，ハンナラ党の金議員は前回の改正案を撤回した上，全く同じ改正案を提出したのである。禹議員のホームページには，この時期からウリ党の方が共同税案の通過により積極的になったことが記されている。

彼の整理によると，江南地域を基盤とする議員らは4月の臨時国会（行政自治委員会の法案審査小委員会）で，ソウル市長の選挙公約であった共同税案がハンナラ党の公式的な立場ではないと主張しながら法案通過を阻止した上，6月も14日と15日の両日にわたり，同小委員会での法案処理に反対した。

---

30) ソウル経済新聞，2007年3月5日「ソウル市・区税目交換に戦雲」。
31) 禹議員の代表発議と17人の共同発議者により提出された今回の改正案は財産税を市税化することによって，財政均衡を図ろうとした内容である。つまり，前回の改正案が市税のタバコ税・自動車税・走行税と区税を交換する案であったことに比べ，今回は区税の市税化という非常に強い措置である。
32) 連合ニュース，2007年6月14日「ヨリンウリ党院内代表団会議の冒頭発言および原案報告」。ウリ党が発表したこの報道資料をみると，ハンナラ党の共同税案にウリ党が譲歩したことを明らかにしている。

しかも，6月20日には同小委員会の会場への入場を妨害して会議自体を阻止したという。しかしながら，こうした裕福な地域議員の反対にもかかわらず，法案は法案審査小委員会（ハンナラ党4人，ウリ党4人）を通過した[33]。それ以降も，行政自治委員会の全体会議でも一部のハンナラ党議員の反対に直面したが，6月26日に漸く通過するようになり，30日には法制司法委員会も通過した。そして，7月3日にはついに国会の本会議を通過し，12年間以上長引いてきた財政調整案に決着を付けたのである。

改正された法律案はハンナラ党の共同税案に基づいて成立したが，ウリ党議員らがそれに乗ったので，より積極的に財政調整を行うことができるようになった。例えば，ハンナラ党の金議員の案では共同税の50%を完全に同じ金額で再分配する仕組みであったことと比べ，修正された法律では配分率や配分方法などに対してソウル市が条例を制定することを認め，より乏しい地域を優先させうる余地を残した[34]。

5 小括

1995年に行われた公選以降，地方政府が中央政府に対し従来より多くの自律性を確保したことは，多くの研究者によって直観的には認識され，指摘されてきた。しかし，本節はソウル市と自治区およびソウル市を地域基盤とする国会議員のデータを組み合わせることにより，直観に実証的な基礎を与えるとともに，中央政府に対する地方政府のイニシアティブも解明したのである。

本節は1995年から2007年7月に至るまでの期間を研究対象とし，民主党系が主張し続けてきた税目交換案がなぜ実現できなかったのか。また，なぜ共同税案が2007年7月に入り急に国会を通過したのか，という問いを立てた。この問いの答えとして，民主党系が中央政府とソウル市，および自治区とソウル市の国会議員の過半数以上を獲得できなかったため，税目交換案は国会を通過しなかったことを検証した。これに対し，ハンナラ党がソウル市と自治区を領した途端，ソウル市は伝統的な支持基盤である豊かな自治区の損失

---

33) ハンギョレ新聞，2007年6月20日「ソウル，財産税を共同税への転換，初ボタンをはめる」。この記事から禹議員の整理が事実であることが分かる。

34) また同法はこれを規定するソウル市の条例がないならば，同等に一括配分するようにした。

を最小化しつつ，各自治区間の財政不均衡を解決するとともに，ソウル市の税目も維持する方法として共同税案を打ち出した。そして，ソウル市長と自治区長らは自らの望む政策を調達する経路として国会議員を積極的に利用し，財政格差の深刻さを常に訴えてきたウリ党も共同税案に反対する理由を有しなかったため，漸く12年間の対立に決着を付けたのである。

＜参考資料１＞2003年度決算基準のソウル特別市における自治区の財政データ

○ソウル特別市の本庁（広域レベル）

ソウル特別市の一般会計決算額 （百万ウォン（タバコ税が占める割合%））	タバコ消費税 （百万ウォン）	財政自立度 （％）*	財政力指数 （％）**
9,681,242（5.7）	552,174	96.2	110.5

○ソウル特別市の自治区（基礎レベル）

区分 区名	一般会計決算額		総合土地税決算額		財政自立度（％）*	財政力指数（％）**
	区別の決算額 （百万ウォン（総合土地税が占める割合%））	区間の偏差額*** （百万ウォン）	区別の決算額 （百万ウォン）	区間の偏差額*** （百万ウォン）		
合計（平均）	4,046,171（13.4）	161,847	541,455	21,658	49.1	59.7
鍾路	147,257（20.6）	▲14,590	30,342	8,684	70.4	83.6
中	142,170（38.6）	▲19,677	54,913	33,255	91.9	146.3
龍山	143,689（11.7）	▲18,158	16,859	▲4,799	45.9	49.4
城東	169,282（6.7）	7,435	11,368	▲10,290	38.0	40.7
廣津	151,321（8.3）	▲10,526	12,531	▲9,127	37.3	39.0
東大門	158,132（9.4）	▲3,715	14,884	▲6,774	34.5	39.5
中浪	142,901（6.2）	▲18,946	8,871	▲12,787	30.3	34.2
城北	200,252（6.8）	38,405	13,708	▲7,950	44.6	45.9
江北	148,999（6.5）	▲12,848	9,679	▲11,979	30.0	32.3
道峰	136,666（5.4）	▲25,181	7,413	▲14,245	35.1	34.5
蘆原	197,102（5.7）	35,255	11,182	▲10,476	30.1	34.3
恩平	153,549（6.9）	▲8,298	10,668	▲10,990	29.1	30.8
西大門	144,700（7.1）	▲17,147	10,295	▲11,363	38.8	37.6
麻浦	171,841（8.6）	9,994	14,833	▲6,825	38.5	41.1
陽川	148,118（8.3）	▲13,729	12,229	▲9,429	42.9	47.4
江西	197,175（8.6）	35,328	16,988	▲4,670	41.4	51.4
九老	156,203（8.0）	▲5,644	12,432	▲9,226	40.6	42.7
衿川	119,992（7.2）	▲41,855	8,606	▲13,052	36.2	36.2
永登浦	152,784（20.2）	▲9,063	30,936	9,278	72.4	87.4
銅雀	137,094（8.4）	▲24,753	11,474	▲10,184	42.0	42.9
冠岳	169,248（6.1）	7,401	10,403	▲11,255	31.3	37.0
瑞草	143,988（41.0）	▲17,859	59,083	37,425	89.8	112.1
江南	276,300（33.6）	114,453	92,834	71,176	87.6	191.1
松坡	172,417（23.7）	10,570	40,844	19,186	62.9	74.6

出典：行政自治部地方財政公開システムとソウル特別市の成果主義予算より，筆者が再構成。
総合土地税は2004年度から財産税に統合される。
* 財政自立度とは，一般会計の歳入決算額のうち，自主財源（地方税と税外収入）が占める割合を表すものである。
** 財政力指数とは，韓国の地方交付税法に定められた基準により，基準財政需要額と基準財政収入額を算定した上で，［（基準財政収入額÷基準財政需要額）×100％］の式によって算出されたものである。
*** （決算平均額－各々の自治区の決算額）の式により，算出したものであるため，自治区間の財政規模の差異を把握できる。

<参考資料2>ソウル市下の自治区における同時地方選挙の結果

区名	第1回	第2回	第3回	第4回	区名	第1回	第2回	第3回	第4回
鍾路	野(民主)	与(国民)	野(ハン)	野(ハン)	麻浦	野(民主)	与(国民)	野(ハン)	野(ハン)
中	野(民主)	与(国民)	与(民主)	野(ハン)	陽川	野(民主)	与(国民)	野(ハン)	野(ハン)
龍山	野(民主)	与(国民)	野(ハン)	野(ハン)	江西	野(民主)	与(国民)	野(ハン)	野(ハン)
城東	野(民主)	与(国民)	与(民主)	野(ハン)	九老	野(民主)	与(国民)	野(ハン)	野(ハン)
廣津	野(民主)	与(国民)	野(ハン)	野(ハン)	衿川	野(民主)	与(国民)	野(ハン)	野(ハン)
東大門	野(民主)	与(国民)	野(ハン)	野(ハン)	永登浦	野(民主)	与(国民)	野(ハン)	野(ハン)
中浪	野(民主)	与(国民)	野(ハン)	野(ハン)	銅雀	野(民主)	与(自民)	野(ハン)	野(ハン)
城北	野(民主)	与(国民)	野(ハン)	野(ハン)	冠岳	野(民主)	与(国民)	与(民主)	野(ハン)
江北	野(民主)	与(国民)	野(ハン)	野(ハン)	瑞草	与(民自)	野(ハン)	野(ハン)	野(ハン)
道峰	野(民主)	与(国民)	野(ハン)	野(ハン)	江南	与(民自)	野(ハン)	野(ハン)	野(ハン)
蘆原	野(民主)	野(ハン)	野(ハン)	野(ハン)	松坡	野(民主)	与(国民)	野(ハン)	野(ハン)
恩平	野(民主)	与(国民)	野(ハン)	野(ハン)	江東	野(民主)	与(国民)	野(ハン)	野(ハン)
西大門	野(民主)	与(国民)	野(ハン)	野(ハン)	合計	与2・野23	与20・野5	与3・野22	与0・野25

* 各々の選挙での政党名は,民自→民主自由党・民主→統合民主党,国民→新政治国民会議・自民→自由民主連合・ハン→ハンナラ党を指している。また,与党と野党の区分は選挙の際を基準としている。

<参考資料3>ソウル市を地域区とする国会議員の分布

区名	第14代	第15代	第16代	第17代	区名	第14代	第15代	第16代	第17代
鍾路	自1	韓1	ハ1	ハ1	麻浦	自2	韓2	ハ2	ウ2
中	民1	韓1	民1	ハ1	陽川	自1・民1	韓1・国1	ハ1・民1	ハ1・ウ1
龍山	自1	韓1	民1	ハ1	江西	民2	韓1・国1	民2	ウ2
城東	自1・民2	韓2	民1	ウ2	九老	自1・民2	韓1・国1	ハ1・民1	ウ2
廣津		国2	ハ1・民1	ウ2	衿川		韓1	民1	ウ1
東大門	自2	韓2	ハ1・民1	ハ1・ウ1	永登浦	自1・民1	韓1・国1	民2	ハ2
中浪	自1・民1	韓1・国1	民2	ウ2	銅雀	自1・民1	韓2	ハ1・民1	ウ2
城北	民2	韓1・国1	民2	ウ2	冠岳	民2	韓1・国1	ハ2	ハ2
江北		国2	民2	ウ2	瑞草	自1・他1	韓2	ハ2	ハ2
道峰	民3	国2	民2	ウ2	江南	民1・他1	国1・他1	ハ2	ハ2
蘆原	自1	韓1・国1	民2	ウ2	松坡	民1・他1	韓2・民1	ハ1・民1	ハ2・ウ1
恩平	民1	韓1・国1	ハ2	ハ1・ウ1	江東	自1・民1	韓1・民1	ハ1・民1	ハ1・ウ1
西大門	民2	国2	ハ1・民1	ハ1・ウ1	合計	自16・民25・他3	韓26・国20・他1	ハ17・民28	ハ16・ウ32

* 廣津区・江北区・衿川区は,第1回同時地方選挙前(1995年3月)に他の区から分離された地域である。各々の選挙での政党名は以下の通りである。第14代(1992.5.30~1996.5.29):自→民主自由党・民→統合民主党,第15代(1996.5.30~2000.5.29):韓→新韓国党・国→新政治国民会議,第16代(2000.5.30~2004.5.29):ハ→ハンナラ党・民→新千年民主党,第17代(2004.5.30~2008.4):ハ→ハンナラ党・ウ→ヨリンウリ党。

次節では,ソウル市に限定された本節の限界をこえ,すべての地方政府にまたがるイシューを分析していく。

第2節　不動産取引税引き下げの政治過程

1　問題の所在

　「もう，その話（不動産取引税）はやめましょう。今まで私が他人の話を止めさせたことはなかったけど，今日は私の気分が悪いです」。これは，2007年7月12日に青瓦台で行われた「住民生活サービスの伝達体系の革新事業」に関する国政報告会における盧武鉉大統領の発言である。そもそも，この報告会は行政自治部（日本の総務省に該当する）が開いており，全国の知事・市長・郡守・区長といった自治体の首長230人[35]と関係部局の長官など300人余りが出席し，住民生活サービスに関して議論する場であった。ところが，自治体の首長らは，その案件より，2006年8月に行われた不動産取引税の引き下げにともなう地方税減少分の補填策を大統領に繰り返して陳情したため，盧武鉉大統領の怒りを誘発したのである。このことから分かるように，中央と地方間の財政調整の困難さについては説明の必要がないと考える。

　本節は，こうした困難な問題である中央と地方間の財政調整をめぐる政治過程を，「不動産取引税」を事例として取り上げ，「地方分権の取引費用モデル」により説明することを目的としている。また，このモデルを応用し，分析を行った事例（前節）の限界であったソウル特殊論をこえ，韓国の地方政府全般を説明できることを示す。とりわけ，本節は次の側面に注目する。第1に，地方の最大税収源である「不動産取引税」がなぜ減税のターゲットとなったのか（「不動産取引税」は地方税収の総額のうち，およそ35％～41％を占める。より詳細なデータは＜表4－10＞を参照されたい）。言い換えれば，地方自治体とハンナラ党の反対が予想されるにもかかわらず，ヨリンウリ党はなぜ「不動産取引税」を減税のターゲットとしたのか。

　第2に，「不動産取引税」の引き下げまたは廃止を一貫して主張してきたハンナラ党は，なぜ2006年8月に減税法案の国会通過を阻止しようとしたのか。

---

35)　韓国において地方政府の数は，広域レベル（都道府県の該当する）が16，基礎レベル（市町村に該当する）が230である。したがって，230人の首長の参加は，ほとんどの自治体が参加したといってよい。

表4-10 自治体の地方税収における「不動産取引税36」の比重（単位：百万ウォン）

区分	2000年	2001年	2002年	2003年	2004年	2005年
取得税	3,148,197 (15.3%)	3,782,506 (14.2%)	5,278,226 (17.1%)	5,695,282 (17.1%)	5,563,087 (16.7%)	6,866,771 (19.0%)
登録税	4,527,575 (22.0%)	5,586,670 (21.0%)	7,504,456 (24.3%)	7,577,099 (22.9%)	6,752,981 (19.7%)	6,820,415 (19.0%)
合計（%）	37.3%	35.2%	41.4%	40.0%	36.4%	38.0%

出典：金男旭2007：表3-1と表3-2を筆者が整理。

より具体的にいえば，盧武鉉政権に入り，高騰し続ける不動産価格に対して，政権党は不動産課税の累進性を強化し，不動産価格の暴騰を抑え込もうとする政策を何回も推進したが，ハンナラ党は常に市場メカニズムの重要性を強調し，不動産供給を拡大させて自然に不動産価格が落ち着くのを待つべきであると主張し続けた。つまり，ハンナラ党は政権党の累進課税路線に反対し，減税と供給を通じた市場メカニズムを重視してきたものの，「不動産取引税」の引き下げ案に対してはなぜ急に政策選好を転換せざるを得なかったのか。本節では，こうした2006年8月に韓国の国会のみならず，世論を沸き立たせた「不動産取引税」の引き下げの政策決定過程を「地方分権の取引費用モデル」により解明していく。

2 不動産政策の流れと「不動産取引税」

ここでは，まず，韓国で蓄積された研究業績と政府の政策を踏まえながら，不動産政策の流れを簡単に整理しておく。次に，こうした不動産政策の流れの中で「不動産取引税」が持つ意義を明らかにしたい。

韓国の土地総額は国民所得の10倍を越えていると言われるほど（朴釘洙2001：115），韓国における不動産をめぐる政策は非常に重要で，景気や物価と密接に連動しており，政権にとっても選挙や国政運営などに対する国民の支持と深くかかわっている。また，急速な経済成長にともなって引き起こさ

---

36) 実際に「不動産取引税」という税目は存在しない。金男旭（2007：82-83）によると，「不動産取引税」とは国家または地方政府によって不動産の取引段階で賦課される租税である。国税では，相続税・贈与税・印紙税・付加価値税・農業村特別税があり，地方税では，取得税・登録税・免許税・地方教育税がある。とりわけ，本節での「不動産取引税」とは地方税のうち，取得税と登録税を意味する。

表4−11　金大中政権下での不動産の規制緩和政策[37]

政策区分	政策施行日および政策内容
供給規制緩和	1998.01.01：小型住宅建設義務比率廃止，1998.01.30：民営住宅25.7坪超過分譲価の自由化，1998.12.30：住宅分譲価の原価連動性の施行指針廃止，1999.01.01：分譲価の全面自由化（25.7坪以下），1999.04.30：住宅共済組合および住宅建設指定業者制度の廃止
需要規制緩和	1998.06.01：再当籤禁止期間の短縮および廃止，1998.09.19：宅地所有上限に関する法律の廃止，1998.12.28：土地超過利得税法の廃止，1999.01.28：住宅賃貸事業を外国人に開放，1999.02.08：分譲権の転売制限の廃止，土地取引許可制と遊休地制度の廃止，1999.05.08：再当籤制限期間，民営住宅1順位制，請約倍数制，無住宅世帯主の優先分譲制度等の廃止，1999.07.15：債権入札制の廃止，1999.08.28：住宅分譲権の転売許容，2000.07.22：公共賃貸住宅の賃借権の譲渡および許容

出典：金元壽 2005：27−28頁による。

れた都市化と住宅供給の不足により，不動産は投機を目的とする民間資本のよい獲物になってしまった。その結果，政府の不動産政策は投機抑制のための規制政策と，景気浮揚のための規制緩和政策の間を揺れ動く対症療法的なものとなったのである（金元壽 2005：20；金ヨンミン 1999：152；將炳九 1992：60−61；金男旭 2007：78）。

金大中政権で一貫して行われた規制緩和政策＜表4−11＞により，不動産価格が急騰したことに対する抑止政策として，盧武鉉政権は徹底した規制政策を行った＜表4−12＞。

次頁の＜表4−12＞は，盧武鉉政権で行われた最も代表的な不動産規制政策のみを整理したものである。＜表4−11＞と対比すると，金大中政権による規制緩和政策から規制政策に転換したことが分かる[38]。

李インス（2006）は，盧武鉉政権が9回も大きな不動産政策を打ち出したにもかかわらず，国民の大多数から信頼を得られなかったと論じた。彼は，朝鮮日報による世論調査を引用しながら，国民の85.5％が盧武鉉政権の不動

---

[37] 金大中政権は極端な規制緩和政策を行い，多くの副作用を引き起こしたが，それはIMFの介入という国家的危機状況を克服するために，内需景気を人為的に活性化せざるを得なかった側面があった。

[38] 盧武鉉政権が前政権の規制緩和から規制強化へと不動産政策の修正を試みたのは確かであり，＜表4−12＞は規制政策を中心にまとめたものである。しかしながら，盧武鉉政権の政策の中には，保有税に対する累進税強化などに代表される規制政策も存在する一方，選挙の惨敗を受けて規制緩和を試みたり，供給政策により重点をおいたりした。

表4−12　盧武鉉政権下での不動産の規制政策

政策	政策内容	日付
住宅価格安定対策	分譲権の転売禁止（首都圏・忠清圏の一部拡大），投機地域内住商複合建物・組合APTの分譲権の転売禁止，1順位資格制限および再当籤制限の復活	2003.05.23
再建築市場の安定対策	再建築の際，中小型60％の建設を義務付け，1世帯1住宅の譲渡税の非課税要件の強化，再建築APTの組合員持分の転売制限	2003.09.05
住宅市場安定総合対策	1世帯3住宅者に譲渡税の重課，投機地域の1世帯2住宅以上譲渡税の弾力税率導入，投機地域の1世帯3住宅の譲渡税率を引き上げ，総合不動産税の導入時期を1年短縮，分譲権の転売禁止地域を拡大，首都圏に開発負担金を賦課，再建築APTの開発利益の還収，住宅取引の許可制を導入，土地取引の許可面積の許可，住宅取引申告制，投機地域内6億ウォン以上の高価住宅取得時に時価で取引税を課税	2003.10.29
不動産保有税改編方策	総合不動産税の導入（総合土地税は廃止）	2005.09.15
不動産価格安定対策	不動産の保有税率の段階的強化，1世帯2住宅者の譲渡所得税は時価で課税，再建築基盤施設負担金の賦課	2005.05.04
庶民住居安定と不動産投機抑制のための不動産制度改革方策	7次にわたる不動産総合対策党政協議（2005.7.6～同年8.24）を通じて，総合不動産税の課税対象の拡大，1世帯2住宅に50％の譲渡税および実際の取引価格で課税，2007年から1世帯2住宅者の長期保有特別共済適用を排除，総合不動産税の世帯別合算，2008年から毎年5％課税標準適用比率を上向きに調整し2017年に時価標準額（公示価格）の100％を適用するなどの方策が決定	2005.08.31

出典：金男旭 2007：78−80頁を一部抜粋し，筆者が整理。

産政策を「良くない」と評価したと指摘するとともに，現代経済研究院の調査からも「ソウル市民10人のうち4人は政権交代が行われても住宅価格は高まり続ける」と認識していると述べた[39]。また彼は，盧武鉉政権が不動産政策の信頼を高めるためには，規制と供給および税務調査などの画一的な手段のみに頼らず，再建築などの規制を緩和し一時的でも譲渡税を引き下げるべきだと提言した。

しかし，李インスの主張が必ずしも正しいとは言い切れない[40]。例えば，

---

39) 盧武鉉大統領も政権末期になって，不動産政策の失敗を認める発言を繰り返した。最初の謝罪だとマスコミで言われるのは，2006年12月27日のことである。この日，盧武鉉大統領は「不動産を除けば（私の任期中に）気にかかることはない」と述べた。2007年1月25日には「不動産問題は誠に申し訳ございません。不動産の価格が上がってしまって申し訳ないし，国民を混乱させてしまって一気に安定させられなくて申し訳ありません」と，より謝罪の気持ちを込めて新年演説を行った。

40) 2007年に入り，韓国の代表的な投機地域であるソウル市の江南区などは

表4−13　盧武鉉政権下での不動産取引税の引き下げ（地方税法の改正）現況

税　　目	2005.1.5		2005.12.31		2006.9.1	
	個人間の住宅取引	その他の住宅取引41	個人間の住宅取引	その他の住宅取引	個人間の住宅取引	その他の住宅取引
取得税（有償取引）	2％	2％	1.5％（△0.5％）	2％	1％（△0.5％）	1％（△1％）
登録税（不動産の所有権移転）	3％→1.5％（△1.5％）	3％→2％（△1％）	1％（△1％）	2％	1％	1％（△1％）
合　　計	3.5％	4％	2.5％	4％	2％	2％

出典：大韓民国国会『法律知識情報システム』(http://likms.assembly.go.kr/law/jsp/main.jsp)
注：韓国の地方税法の第112条には取得税について，第131条には登録税について，それぞれどれほどの税率で納付されるべきかを定めている（2005年1月5日の改正前には，取得税が2％，登録税が3％に定められた）。つまり，2005年1月の改正により登録税率は3％から2％に1％引き下げられたのである。しかし，同改正の際に，第273条第2項が新設され，個人間の住宅取引の登録税率を0.5％さらに軽減する内容が加えられており，その結果，個人間の住宅取引の登録税率は1.5％引き下げられるようになった。また，この条項は同年12月31日と翌年の9月1日に再び改正された。

分配政策の側面からみると，総合不動産税収の86％が首都圏に集中しているものの，政府による首都圏への支援額は40％にも及ばず，他の自治体に分配されている[42]。また，盧武鉉政権の不動産政策の主な戦略である「保有税の引き上げ，取引税の引き下げ」（第16代大統領職引受委員会 2003：265）は一貫性を維持していた。このことは，＜表4−12＞と＜表4−13＞によって裏付けられる。すなわち，＜表4−12＞で示されているように，盧武鉉政権は総合不動産税の導入と課税基準を時価に近付ける政策を通じて保有税を引き上げる一方，＜表4−13＞のように取引税を徐々に引き下げたのである。さらに，盧武鉉大統領はこうした不動産政策の根幹を維持しようとしており，第17代大統領選挙における有力な大統領候補者に不動産政策の具体的な計画を明言せよと圧迫した。すなわち，「譲渡所得税と総合不動産税を引き下げることを公約する候補者は，全国民の大統領ではなく，全国民の1％だけの大統領，百歩譲るとしても4％だけの利益を代弁する大統領になろうとする人物だ」と反対勢力に対し強い警告を発し，圧力をかけたのである[43]。

ところで，高騰を続ける不動産価格を抑制しようとして行われた税制改革

　　　わずかではあるが，不動産価格が下がった。文化日報，2007年5月2日「李建設交通部長官，住宅価格より値下がりすべき」。
41)　法人間の取引と法人と個人間の取引の両方を意味する。
42)　ソウル新聞，2007年8月31日「自治体の総合不動産税，慶南'好好好（喜び)'・ソウル'虚虚虚（無念)'」。
43)　国民日報，2007年5月27日「コラム：任期末釘打ち」。

により，中央政府の税率は上昇したものの，地方政府の税率は引き下がってしまったのである。すなわち，総合不動産税を導入することによって，基礎自治体の徴税対象の一部が中央政府のものになり[44]，譲渡所得税などの国税の税率もより高くなった。また，広域自治体の税目である不動産取引税は大きく引き下げられた。勿論，総合不動産税法は，徴収された財源のすべてを地方に交付することを定めている（地方交付税法の第4条③）が，地方の自主財源を弱体化させるのは確実であった。

　本節はこうした地方税法の改正のうち，2006年9月の改正を主な分析対象とする。なぜなら，前2回の改正では，①新設される総合不動産税法のインパクトが強すぎたため，地方政府が不動産取引税の改正にはそれほど注目しなかったこと，②課税の基準となる課税標準が以前よりはるかに拡大したことから，実際の課税金額は変わらなかったこと，③何より，前2回の改正の主な減税対象は個人間の住宅取引のみであったため，地方政府に大きなダメージを与えなかったことなどが挙げられる。こうした理由から，地方政府は2005年に行われた2回の地方税法改正にはそれほど反発せず，ハンナラ党も反対しなかったのである。しかしながら，2006年9月の地方税法改正は地方税収に大きなダメージを与えるものであったため，地方政府は取引税の引き下げに猛烈に反対したのである。

44）「総合不動産税」（2005年1月5日に制定）は，盧武鉉政権における代表的な不動産税制改革である。これについて説明を加えておきたい。韓国において総合不動産税が導入される前までの保有税体系は，基本的に土地と建物に分離課税するシステムであった。例えば，住宅の場合，宅地は「総合土地税」によって徴税され，建物は「財産税」によって徴税された。このような分離課税システムによって徴収された両税金は地方税目であったため，政権党はそれを保有税の全国的な累進課税を阻害する原因として認識した。こうした認識に基づいて政権党は，土地と建物の分離課税システムを財産税として統合し，個人あるいは世帯ごとに合算した不動産にその評価額に応じて累進課税するシステムとして制定したのが「総合不動産税」であった。ところが，全国的に分布する保有資産を把握し，その評価額に応じた累進税率を適用するシステムを備えるためには，それを中央政府の税目にせざるを得なくなった。それゆえに，財産税の徴税権は自治体にあることを認めた上で，一定の金額以上の不動産保有者のみを「総合不動産税」の対象としたのである。このような仕組みによって，「総合不動産税」の対象になった不動産は，自治体の財産税対象からは外れたのである。

3 「地方分権の取引費用モデル」による「不動産取引税」引き下げの政治過程の分析

1）事例分析のための「地方分権の取引費用モデル」の検討

　筆者は大統領制における統一政府と分割政府および，中央政府と地方政府間の党派性の一致度を独立変数として提示し，この2つの軸によって地方分権が決まるという「地方分権の取引費用モデル」を組み立てた。すなわち，立法府の過半数を基準に「統一政府」と「分割政府」を区別し，地方政府の過半数（韓国における広域地方自治体16のうちの8以上，総人口でいえば3分の2以上）を，中央政府と地方政府間の党派性の一致度を分ける基準とした。その上で，「地方分権の取引費用モデル」により象限ごとに次のような仮説を提示した。それを簡単にまとめると，Ⅰ象限では地方分権関連の法案を通過させるとともに行財政的支援を行う。Ⅱ象限では地方に財源と権限を移譲するための法案を準備し，行財政的支援を行う。Ⅲ象限の場合，政権党は既存の地方政策を維持するか，あるいは，行財政的な手段を利用して地方政府を統制しようとする。Ⅳ象限の場合は，現状維持と逆コースの可能性が共存し，中央政府は様々な行政権限を用いて地方政府を統制しようとする（第1章第3節）。以上のような仮説を，盧泰愚政権（1988-1992）から金泳三政権（1993-1997）・金大中政権（1998-2002）・盧武鉉政権（2003-2007）に至るまでの地方分権の過程を対象に，地方分権に関する法案と権限・財源移譲に関するデータの分析を通して検証したのである（第2章と第3章）。

　不動産取引税の引き下げが中央政界と地方政治において大きな論議を呼んだ2006年8月の状況を「地方分権の取引費用モデル」（＜図4-3＞を参照）にあてはめてみると，この事例はⅢ象限に位置する。筆者は，このモデルのⅢ象限について，エージェンシーコストも立法コストも高いため，中央政府は地方分権への誘因を持たず，既存の地方政策を維持する。あるいは，中央政府はむしろ地方に対する監査・責任追及・責任転嫁などを利用して地方政府を統制しようとする，という仮説を提示した。

　本節の研究対象である2006年8月の「取引税」の引き下げ過程に限定して，より特定化してみると，地方自治体が地方税収の減少に反対するのは当然のことで，自治体と党派的に一致する政党が自治体の利益を代弁するのも当然である。したがって，地方税収を削減しようとする中央政府の試みは失敗す

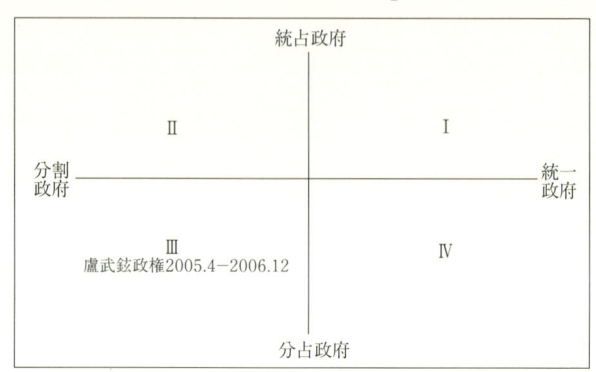

図4－3　モデルにおける「不動産取引税」の引き下げの位置付け

```
                    統占政府
                      │
            Ⅱ         │         Ⅰ
                      │
  分割 ──────────────┼──────────────  統一
  政府                │                政府
                      │
            Ⅲ         │         Ⅳ
  盧武鉉政権2005.4－2006.12
                      │
                    分占政府
```

るはずである。しかしながら，何らかの理由で野党が協調するならば，法案の制定も可能であろう。

　以下からは2006年8月の「取引税」の引き下げの政治過程を分析することによって，「地方分権の取引費用モデル」の仮説を検証していくことにする。

2）不動産取引税をめぐる各アクターの選好[45]

　不動産取引税をめぐる政治過程では次の3つのアクターが中心となる。すなわち，①与党（ヨリンウリ党）・行政府，②野党（ハンナラ党），③自治体がそれである。以下，この3者の2006年7月までの選好を整理しておく。

　①与党・行政府：与党と行政府は「不動産保有税の引き上げと取引税の引き下げ」で一致しており，一枚岩とみなすことができる。ただ，その施行方法については，与党と行政府の間の食い違いが見られた。2004年8月頃から新聞紙上に「不動産取引税」の減税に関する内容が頻繁に論評されており，これには概ね2つの重要なイシューがあった。第1に，不動産取引税の対象を個人間の取引に限定することと，実際の取引価格で申告することが義務付

---

[45]　以下は1990年以降のあらゆる中央日刊紙を含め，言論上のニュースをデータベース化している「カインズ」（http://www.kinds.or.kr/）で，キーワード（不動産，取引税，地方政府）検索を用いて資料を収集し分析に活用したものである。また，各政党の公式的な選好と行動は「ニュース通信振興に関する法律」によって国家基幹通信社と指定された「連合ニュース」（http://www.yonhapnews.co.kr/）に集められた各党の報道資料に基づいて特定化した。

けられることによって，税率の引き下げが行われても，実際には引き下げの効果は出ないということであった[46]。第2に，取引税の引き下げを「地方税法」の改正によって明文化するか，各自治体の裁量に任せるかという与党と行政府の立場の違いであった。すなわち，行政府（特に，行政自治部）は取引税の引き下げを「地方税法」の改正を通して行うよりも，各々の自治体の裁量に任せることによって自治体の税収へのダメージを最小限に止めようとした[47]。しかし，それが世論からの激烈な非難を受けるようになると[48]，与党はより確実な方法として「地方税法」の改正を主張したのである[49]。この

---

46) 韓国経済新聞，2004年7月31日「党政，不動産取引税の引き下げの決定を行ったとしても，課標が高すぎるため負担は相変わらず」。ソウル経済新聞，2004年8月18日「不動産取引税，上がった分だけ，値下げする」。東亜日報，2004年8月19日「不動産市場の活性化対策の概略－分譲APT入居時は取引税減免されず」。

47) 文化日報，2004年8月19日「不動産取引税の引き下げ，事実上白紙化－自治体が条例を見直し，税額軽減」，この記事には，8月18日に行われた財政経済部の税制室長との記者懇談会で室長の発言「取引税の引き下げ方式は，地方税法の改正による税率引き下げより，各地方政府が現行法の枠の中で条例を見直し，税金を軽減する方策が推進されている」を紹介している。韓国経済新聞，2004年8月19日「実際の取引価格で申告しても取得・登録税の負担はそのまま－税率引き下げ白紙化」，この記事でも財政経済部の関係者の発言を引用し，「行政自治部と一部の自治体は……地方税収に狂いが生じることを恐れているから……」とその理由を説明している。

48) 財政経済部が取引税の引き下げを法律で定めるより，自治体の裁量に任せるという方針を発表すると，多くの新聞はこれに反対する記事を続々と掲載した。ファイナンシャルニュース，2004年8月19日「社説：取引税額の減免方針，問題大有り」。ソウル新聞，2004年8月20日「社説：不動産取引税の引き下げ約束を守るべき」，ハンギョレ新聞，2004年8月20日「社説：取引税率，引き下げが正しい道」。

49) 東亜日報，2004年10月22日「総合不動産税の徴税機関，国税庁と行政自治部同士で責任転嫁」。この記事は2004年度の国政監査で与党と野党の議員および李憲宰副総理兼財政経済部長官の質疑に基づいて作成されており，与党の金振杓議員による「……取引税の引き下げが必要だ」というコメントを載せている。東亜日報，2004年11月2日「党政，総合不動産税の導入合議－個人・法人5万人から10万人が賦課対象」。この記事によると，……，ヨリンウリ党は「保有税を多く取り立てるなら，それに応じて取引税は引き下げ

ように与党と行政府両方とも，取引税の引き下げが自治体の税収に大きなダメージを与えることを十分に認識していたのである。

②野党：ハンナラ党は市場の自由を尊重し税負担の軽減をイデオロギー的に支持している政党である。特に，盧武鉉政権で行われた増税政策に対し，野党としてのハンナラ党の政策選好は減税主義と市場主義により傾きがちであった。例えば，2002年に行われた第16代大統領選挙におけるハンナラ党候補者の大統領選挙公約[50]では，不動産の取引税を緩和し保有税の負担を強化

るべき」と主張し，具体的な取引税率の引き下げ計画を財政経済部に要求した。このような与党の要求に財政経済部の税制室長は「自治体の税収減少をいかに処理すればよいのかが問題だ」と語った。東亜日報，2004年11月15日「不動産取引税引き下げの追加検討……登録税率を現行3％か2％以下に」。世界日報，2004年11月15日「不動産取引税の引き下げ／登録税率を現行3％から2％以下まで引き下げることを検討」。京郷新聞，2004年11月15日「不動産取引税，より引き下げられるよう，今日，党・政・青が会議……2％から追加引き下げも検討」。当初，政府は……登録税率を現行3％から……2％に引き下げ，……それ以上は自治体ごとに条例を見直し，引き下げるよう誘導する方針だった。しかし，去る12日のヨリンウリ党の議員総会では「保有税率を高めるためには，少なくとも取引税はより引き下げるべき」という主張が強かった。これに対し，財政経済部の関係者は「登録税率を3％から2％に引き下げることも，政府の立場からは相当な税収欠損を甘受することを意味しており，……登録税率をより引き下げることは現実的に非常に厳しい。しかし，与党との折衝を行った後，最終方針を定めるつもりだ」と語った。これに対し，ヨリンウリ党の第3政策調整委員長は「15日に開かれる党・政・青会議で，不動産取引税の負担を軽減する方策を主に論議すべきだ」と主張した。京郷新聞，2004年11月16日「党，取引税の引き下げを要求・政，難色を表明・総合不動産税の導入は再び陣痛，年内の立法化は不透明」。……15日の党政懇談会は……与党の財政経済委員会，行政自治委員会，政策調整委員会所属の議員と財政経済部の関係者が参加して開かれており，……政策委員長は会議直後総合不動産税の導入に対する方向や原則には大きな異論がなかったけれど，取引税の追加引き下げ……自治体の反発などの問題をより検討すべきだと述べた。……経済副総理も取引税をより引き下げることよりは，自治体が条例によって……調整するように誘導するつもりだと語った。京郷新聞，2004年11月16日「党，取引税の引き下げを要求・政，難色を表明・総合不動産税の導入は再び陣痛，年内の立法化は不透明」。ある議員は「税金政策によってヨリンウリ党は20％程度の支持率を維持することさえ難しいのではないか……」と憂慮するコメントを残した。

するということが謳われていた．大統領選挙に敗北した後には，減税重視のトーンが一層高まった51)．このようなハンナラ党の主張は2006年7月まで続く52)．つまり，ハンナラ党は，2006年7月まで一度も取引税の引き下げに反対することなく，むしろ与党や政府案よりも一層大幅な減税を主張したのである．さらに，この時までは自治体の税収減少に対する言及もほとんど見られず，一貫して取引税の引き下げを繰り返したのである．しかしながら，2006年8月21日に臨時国会が始まると，急に政策選好を変更し，与党の減税案に猛烈に反対したのである．

③地方政府：自治体は言うまでもなく，地方財源の縮小につながるすべての政策に反対する．ただし，2005年12月の地方税法の改正までは，取引税の引き下げに対しては大きく反発せず，主として総合不動産税の導入に反対する主張を声高に唱え続けた．例えば，盧武鉉政権での不動産政策，とりわけ，税制システムの改革に際して，公式的に反応を示したのは2004年8月5日に開かれた「総合不動産税，国税新設方策の代案模索に関する政策討論会」で

---

50) 文化日報，2002年11月12日「ハンナラ党，200大の大統領選挙公約を発表」．
51) 東亜日報，2003年11月4日「ハンナラ党，APT保有税の重課税に反対」．ハンナラ党の代表は3日に政府の……不動産保有税の大幅な引き上げに反対の立場を明らかに……政府が立法を推進するなら，国会の常任委員会で反対するつもりだ．京郷新聞，2003年11月4日「ハンナラ党代表，保有税重課に反対」．文化日報，2003年11月4日「不動産対策，施行陣痛・取引申告制などにハンナラ党が反対」．……ハンナラ党の租税改革委員長は……譲渡所得税など不動産取引税は引き下げ，保有税を強化することがハンナラ党の基本方針だ……と主張した．
52) 文化日報，2006年7月1日「与党と野党，不動産政策で再び激突」，……ハンナラ党「税金だけではだめ……全面的な見直しを……」．租税日報，2006年7月20日「不動産税制，放置すればより大きな政策失敗を招くはず」，この記事では新たに国会の財政経済委員長になったハンナラ党の議員との特別インタビューが記されている．ここで委員長は「……今まで不動産税制に関連する政府の政策は高額資産家に，一般的な財産税だけでなく，総合不動産税を追加的に課税し，税負担の衡平性を図ろうとしたものの，現実とは離れすぎたものだった……このような不動産税の急増は国民の抵抗を招き……，したがって，……不動産税制の一貫性は保ちながら，保有税の強化による税収増加分は取引税の引き下げと連動させ，国民の全体的な税負担は均衡を保つようにすべきだ」と主張した．

あった。この討論会は「全国市・道知事協議会」「全国市・道議会議長協議会」「全国市長・郡守・区長協議会」「全国市・郡・区議会議長協議会」の後援によって開催された53)。討論会の名称からも分かるように、この討論会の主な批判対象は総合不動産税の新設であり、不動産政策の流れと「不動産取引税」のところで説明したように、取引税の引き下げの問題には目を向けていなかった54)。いずれにしても、自治体は中央政府の税制改革によって、地方税収が減らされることを望まなかった。

3)「不動産取引税」の引き下げをめぐる2006年8月の攻防と政治過程の分析

当時、不動産取引税の引き下げというイシューが世間の注目を大きく集めた上、それをめぐって各政党・中央政府・地方政府など、各政治アクター間の対立が先鋭化した最も重要な原因は次の2つである。1つは、不動産取引税の引き下げは地方税収を弱めることによって地方の自主財源を減少させるものであった。もう1つは、それを実施する時期が、2006年5月31日に行われた「第4回全国同時地方選挙」以後であり、この選挙の結果、与党が歴史的惨敗を喫したことであった。すなわち、広域自治体の知事16人のうち、1人のみが与党所属であり、さらに、人口比率で計ってみると、与党は全人口の3.8%しか占めることができず、その一方ハンナラ党は88.1%を占める大勝利であった＜表3－12＞と＜表3－15＞。こうした状況下で、地方政府とこれらの利益を擁護するハンナラ党は、政府与党による取引税の引き下げを地方政府への抑圧として受け取ったのである。

これに対し、ヨリンウリ党は第4回地方選挙の大敗の主因を不動産政策の失敗に求め、従来の規制一辺倒の不動産政策から規制緩和を主張しはじめた55)。また、こうした状況認識に基づいて、8月21日から臨時国会を開き、取

---

53) 主催はソウル市立大学の地方税研究所であり、テーマは「総合不動産税の新設計画、その問題点の分析と評価」および「総合不動産税の新設の法制度的な妥当性検討」であった（全国市・道知事協議会のホームページによる）。
54) 政府の「不動産制度改革方策」全国市・道知事協議会のホームページによると、2005年9月5日に「全国市・道知事協議会」はようやく声明書を発表し、はじめて取引税の引き下げによって引き起こされた地方税収の補填策を求めた。
55) オーマイニュース、2006年6月3日「与党、惨敗原因が不動産政策にあ

引税の引き下げ案の処理と財産税の減税を含む不動産税制の規制緩和を行おうとした56)。

では，不動産取引税の引き下げが本格的になった8月における各アクターの行動を分析してみよう。

3日，ヨリンウリ党は行政自治部との党政協議を行い57)，個人間の取引のみに限定されていた既存の取引税引き下げの可能要件をすべての住宅取引にまで広げながら，さらに取得税と登録税の税率を1％ずつにすると決定した。こうした与党の動きに対しハンナラ党も同日，最高委員会議を開いており58)，その際，院内代表は「今日，政府与党が党政会議を通じて取得税と登録税といった取引税の引き下げ方針を決めるはずだ。周知の通り，この件はハンナラ党がたゆみなく要求してきた主張だった。この前の与野党院内代表者会談の時，ハンナラ党は強力に取引税の引き下げを要求しており，ヨリンウリ党がハンナラ党の要求に応じてくれたのだ……」と語っており，与党よりむしろハンナラ党の方が取引税の引き下げに熱心だったことを強調した。

ハンナラ党は翌日も主要党職者会議を開き，前日の与党案よりもさらなる引き下げ率を盛り込んだ案を作成したと広報した59)。この会議でハンナラ党

ったか」。京郷新聞，2006年6月5日「5・31民心読めない与党－民心を口実に逆走行するヨリンウリ党」。……最大イシューは不動産と租税政策だった。……不動産取引税および譲渡税の引き下げ，不動産市場の供給補完策も検討対象だ……。韓国日報，2006年6月15日「与党の初選議員，5・31民心収斂討論会」。取引税のさらなる引き下げ措置が必要だ。増税政策を行って成功した政府はない……百戦百敗たる増税政策をいきなり行ったのが一番大きな選挙敗北の原因……。ハンギョレ新聞，2006年6月30日「政府の財産税緩和および取引税の引き下げが不動産政策の'微細調整'の終わりなのか，もしくは始まりなのか」。政権与党が30日に財産税の軽減措置などを発表した中で，今後の不動産政策の……取引税の引き下げ……などがその対象だ。

56) ハンギョレ新聞，2006年7月29日「与野党，来月の臨時国会の開始に合意」。京郷新聞，2006年7月29日「臨時国会開始に与野党合意」。
57) 連合ニュース報道資料，2006年8月3日「ヨリンウリ党＜ブリーフィング＞行政自治部と党政協議－取引税の引き下げ方策」。
58) 連合ニュース報道資料，2006年8月3日「ハンナラ党，最高委員会議の主要内容」。
59) 連合ニュース報道資料，2006年8月4日「ハンナラ党，主要党職者会議の主要内容」。

の政策委員長は「……8月21日に臨時国会が開かれる。……取引税においてもヨリンウリ党案は全体的に2.5%を0.5%縮めた2%案になっているものの，ハンナラ党は全体的に1%を縮めて1.5%案を取りまとめた。法人との取引においても同じく1.5%にすべきだと思う……」と党の方針を明確にした。すなわち，この時までのハンナラ党は，取引税の引き下げという政策選好を明確に持っていたのである。

　他方，新たに7月に就任したばかりの自治体の首長らは，反対の声を徐々に高めており，全国市・道知事協議会は取引税の引き下げを地方自治制度の存立基盤を危うくするものと批判した[60]。とりわけ，臨時国会が開かれると，取引税引き下げ案への反対運動も本格化した[61]。23日にはハンナラ党所属の知事4人がヨリンウリ党を抗議訪問した[62]。その日，市・道知事協議会の会長団は，ヨリンウリ党の金槿泰党議長と面談を行い，不動産取引税の引き下げによる地方税の補填対策を要請したが，金槿泰議長はその要請を拒否した。協議会は「不動産取引税を引き下げると，来年度の地方税収のうち，6兆ウォンの損失が発生する」「政府は総合不動産税で補填すると公言しているが，そもそも，その税収は地方税だったものを，中央政府が勝手に奪ったものだ」「せめて，譲渡税の一部を地方税に回すなどの方策が必要だ」などと要求した。このような要求に対して，金槿泰議長は「政府と与党は不動産投機根絶と住居安定に重点をおいている」「取引税の引き下げは不可避なものであり，総合不動産税は均衡発展の側面で地方から中央政府に移したのである」「皆さんの意見を参考にするけれど，国政を総合的に考えるべき中央政府の立場も皆さんに理解してもらいたい」と述べ，拒否の意を伝えた。

---

60) 東亜日報，2006年8月10日「社説：一生懸命に叫んだのに不動産取引税引き下げに反対するかな」，東亜日報は税率の引き下げを主張し続けてきたハンナラ党の党議に対し，その所属の地方首長が反対することを皮肉った。ソウル新聞，2006年8月14日「自治体首長ら，そろそろ声を出すか」。

61) 21日に臨時国会が開かれる前までは，それほど大きな混乱は見られず，ハンナラ党の減税政策もそのまま維持された。連合ニュース報道資料，2006年8月14日「ハンナラ党，最高委員会議の主要内容」。連合ニュース報道資料，2006年8月21日「ヨリンウリ党，広報副代表の定例ブリーフィング」。

62) 連合ニュース，2006年8月23日「金槿泰議長－市・道知事，地方税補填をめぐって神経戦」。連合ニュース報道資料，2006年8月23日「ヨリンウリ党，全国市・道知事協議会の会長団接見」。

こうした仲間たる地方の動きに対し，ハンナラ党もようやく反応しはじめており，23日の行政自治委員会から取引税引き下げに歯止めをかけ始めた[63]。ハンナラ党は一度も主張しなかった「国税一部の地方税への転換」を要求するとともに，地方税の引き下げによって縮められる地方税収の補填を求めた。さらに，ハンナラ党は「地方消費税」を地方税として新設する地方税法改正案を提起した。また，25日には議員総会を開き，政府与党が地方税収の不足分を補填してくれない限り，政府与党の取引税引き下げ案の国会通過を阻止することを党議として確定した[64]。このように，ハンナラ党は仲間たる自治体の利益を守ろうとし，自治体の要求を代弁したのである。

　ハンナラ党が与党と志を同じくする限りは，自治体の反発は無力であろう。ところが，自治体の猛烈な反対を認識したハンナラ党は既存の政策路線を急転換しており，それはほとんど同じ党派で統一されていた地方の要求を無視できなかったからであろう。

　ハンナラ党の裏切りに与党が苦しんだのは言うまでもないが，ハンナラ党にも大きな不都合が発生していたのは同様であった。すなわち，政府与党のみならずマスメディアや世論からたたかれ始めたのである[65]。当時の新聞紙上のハンナラ党に対する批判をまとめてみると，以下の通りである。

　①納税者の反発：当初，減税をめぐっては与党と野党の間に意見の大きな隔たりが見られなかったため，納税者は減税案が問題なく国会を通過するは

---

63) 連合ニュース，2006年8月23日「行自委，減税法案の審査難航」。

64) 連合ニュース，2006年8月25日「与野党，減税案をめぐって衝突，立法霧散の恐れ」。ハンギョレ新聞，2006年8月25日「取引税の引き下げ遅れるかも」。

65) 京郷新聞，2006年8月26日「減税の罠に自ら陥ったハンナラ党」。連合ニュース，2006年8月27日「地方税減税案の国会通過，霧散憂慮，非常－納税者の反発は激しくなる模様」。連合ニュース，2006年8月27日「ハンナラ党は地方税法の処理に協調するのか反対するのかジレンマ－世論の逆風の恐れで，先協調・後補完論を提起」。ハンギョレ新聞，2006年8月27日「減税はすべきだが，税収は維持すべき？朝三暮四共和国？」。国民日報，2006年8月27日「社説：取引税に足払いをかけるハンナラ党」。オーマイニュース，2006年8月27日「取引税の引き下げの約束を守れ！－ネチズン，ハンナラ党を糾弾」。東亜日報，2006年8月28日「地方税法改正案，霧散可能性－不動産契約を延ばした世帯に被害」。

ずだと信じ，不動産取引税が引き下げられるまで不動産契約を延ばした。したがって，そうした大勢の人々が激しく反発するはずであり，ハンナラ党の信頼性は地に堕ちてしまう。特に，取引税の引き下げが9月から適用されると予想し，契約の途中で待っていたり，残金の支払いを遅らせて延滞料まで払ったりしている人が少なからず存在し，この損失をどうしてくれるのか。さらに，今回の臨時国会で法案の通過ができなければ，今年度分の引き下げは絶望的となり[66]，納税者の被害はより大きくなる。

②自家撞着：不動産取引税を引き下げるとともに，地方政府に配るべき税金は減らされてはいけないというハンナラ党の理屈は，右手は減税を，左手は増税をしようとすることと同じではないのか。国民の税負担は変わらないのではないか。国債でも発行しろという主張なのか。

さらに，その当時のハンナラ党においては，党の内部からも非難の声が高まっていた。いくつかを紹介しておこう。「今まで減税を強調し続けてきたのに，いまさら地方税法改正案に反対すると，世論の非難はハンナラ党に集中するはずだ」「取引税を引き下げろという世論の圧力によって，与党から臨時国会の召集の提案を受け取ったものの，その時に地方税収の不足分の補填策について公式的な確約をもらうべきだった」「地方政府の反発が強すぎて，税収不足分に対する補完なしに通過しがたい。相当の負担を抱えているのが事実だ」などの非難が噴出しており，ハンナラ党は地方自治体の利益を守らなければならない立場でありながら，政府与党・世論・党内などからの強い反対に直面するという苦しいジレンマに陥ってしまった。

こうした状況下で，ハンナラ党はやむなく既存の政府与党案（法案のみならず，補填策として総合不動産税収を使う[67]）をそのまま受容せざるを得ず，

---

66) これは取引税の引き下げと一緒に通過されるはずであった一部の財産税に該当する話である。

67) このような補填策は，実際に執行された。文化日報，2007年8月30日「ソウル，総合不動産税1兆ウォン納めたが，2825億ウォンしか交付されず」。東亜日報，2007年8月31日「ソウル，昨年度の総合不動産税1兆681億ウォン，しかし，地方交付税は2825億ウォンしかもらわず」。2つの記事ともソウルを主題としているが，ソウルと京畿道以外の地域は納めた金額より多くの交付税をもらった。特に，慶向南道の場合は，133億ウォンを納めたが，その7.4倍の991億ウォンが還付された。全体的に整理すれば，中央政府は総合不動産税で1兆7179億ウォン（3757億ウォンは分納のため，1兆3422億ウォン

8月29日に国会の本会議で「地方税法改正法律案」を通過させた。しかしながら，通過した法案や与党が提示した補填策の内容は，自治体が猛烈に反対した内容のままであり[68]，ハンナラ党にとって短期間のうちに2回も政策選好を転換したのは手痛い戦略ミスであった。

4　小括

　韓国における不動産は財産蓄積に最も有効な手段として認識されており[69]，各政権は不動産価格の上昇による貧富の格差を是正するために，絶え間なく不動産政策を見直し続けてきた。とりわけ，政府は不動産税率を調節することによって，税収を調整するとともに不動産の価格に影響を与えた。

　本節は，なぜヨリンウリ党が不動産税の中で地方税収における最も多くの割合を占めている「不動産取引税」を減税のターゲットとしたのか。また，ハンナラ党は既存の減税政策をいきなり一変させ，地方自治体の利益を代弁し，取引税の引き下げに反対したのか，という問いを立てた。これに対し，ヨリンウリ党が地方政府の強い反発を十分に認識していたにもかかわらず，取引税をターゲットとした何よりの理由は，地方権力がほぼ100％といってよいほどハンナラ党に握られていたからであった。これにより，政権党は地方政府の選好を考慮する必要性がなくなり，地方政府を配慮せず，むしろ地方政府の裁量を弱めるための誘因，すなわち，エージェンシーコストを低下

　　が実際の徴収額である）を徴収し，そのうち，8409億ウォンが不動産取引税の減少による補填措置に使われた。
68)　連合ニュース報道資料，2006年8月25日「全国市・道知事協議会－不動産取引税率の引き下げの財源補填策をめぐって与党と野党間の対立，その争点と真実」。知事協議会が発表したこの報道資料をみると，総合不動産税収を利用して不足分を補填するという与党の方策に対して，反対の意見を明言している。彼らの口調は単なる反対程度ではない。例えば，彼らは政府の補填策を「お父さんが弟（総合不動産税の前身である総合土地税が，基礎自治団体に徴税権があったことから）のお金を奪って，兄に渡すことと他ならない」と厳しく断罪した。すなわち，そもそも総合不動産税によって徴収されたものが地方に配られるのは当然であるため，取引税の引き下げによって，減少した税収は他の財源で補填すべきだという筋論があった。
69)　中央日報，2007年11月25日「韓国のお金持ち，彼らの財産は110億ウォン，ベンツに乗りシャネルを使っている」。

させようとする誘因が働いたのである。

　ところが，ヨリンウリ党と比べハンナラ党の場合は，地方政府の選好への配慮を余儀なくされた。すなわち，地方選挙での圧勝を考えると，ハンナラ党の急激な政策選好の転換は，当然の結果であり，地方政府の選好を貫徹することに，非常に強い誘因が働いたのである。しかしながら，何年も維持してきた選好の急転換は，ハンナラ党にとって様々な不都合を招いてしまい，元の政策選好にもう一度転換せざるを得なかった。これにより「地方税法改正法律案」の騒ぎは幕を下ろしたのである。

　これを2006年8月に焦点をしぼって整理してみると，2006年の8月半ばまで政府与党と野党両方とも減税という類似した選好を有していたのは確かであった。それゆえ，不動産取引税を引き下げるための法案は国会に提出され次第，問題なく通過されるかに見えた。しかしながら，8月21日に臨時国会が始まり，政府与党が地方の最大税収源である「不動産取引税」をターゲットとする具体的な減税法案の制定に向かって走り出すと，地方税目の縮小に対する地方政府の猛烈な反対が強まっていった。反対した地方政府の大部分は，2006年5月31日に行われた「第4回全国同時地方選挙」で勝利したばかりのハンナラ党所属員であった。同じ党派の地方政府が減税法案に猛烈に反対すると，ハンナラ党も同一党派の利益の代弁を余儀なくされた。そのため，ハンナラ党は既存の減税政策から急に態度を変え，取引税の引き下げ反対を党議として決めた。それだけではなく，同時に，地方税収を補うための「国税一部の地方税への転換」および，地方税として「地方消費税」の新設を主張するとともに，政府与党案の国会通過を阻止しようとした。しかしながら，ハンナラ党は長期間維持してきた選好の急転換が生み出したジレンマによって，党議を再転換せざるを得なくなったのである。こうした経緯をたどり，2006年8月29日に「地方税法改正法律案」が国会を通過したのである。

第5章　地方分権の国際比較：
チリ・ボリビア・ペルー・コロンビア・フィリピン

第1節　5カ国選択の理由

　本章では，序章でも述べたように，中央政府が自らの力を弱めるような地方分権政策を推進する理由を，「地方分権の取引費用モデル」を用いて，チリ・ボリビア・ペルー・コロンビア・フィリピンの5カ国を分析対象に，解明していく。なお，様々な行財政的分権のうち，医療保健と教育分権に関しては分析を加える。なぜなら，医療保健は言うまでもなく教育分権の場合も，中央地方間の協力関係を形成するための手段になり，あるいは政権交代による急激な教育政策の変更から既存の教育政策を守ることができるという意味で，政治的誘因が働くためである（Angell et al. 2001: 162）。また，後述するが，ペルーの再集権化の理由についても説明を加える。

　次に，研究対象国を選択した理由を述べておく。地方分権政策の国家間比較分析を行うために最初に統制すべき変数は，憲法構造が単一主権制（unitary system）であるのか，連邦制（federal system）であるのかという点である。主権と憲法を有する中央政府が法令に基づいて地方自治体を設立し，その改廃存置を決定し得る単一主権制のもとでは，あくまで中央政府の政策決定者が自らのおかれた環境のもとで短期的な合理性を追求して地方自治制度を設計することになる。中央政府の権限を大幅に移譲した地方自治体を創設するか，または地方自治体に対する専門的支援や財政的支援などのリソース移転をどの分野でどの程度行うかということを決定するのはあくまで中央政府の政策決定者である。地方分権政策は，彼らの合理的な選択を反映したも

のとなる。結果として，単一主権制のもとでは，中央政策決定者の中に地方分権を擁護するプレーヤーが存在するのか否かということが決定的に重要となる。単一主権制のもとでの地方自治を考える際には，中央政府の考察が重要となる（北村 2007：161）。これに対し連邦制国家では，連邦を構成している州・邦・共和国がそれぞれに主権と憲法を有する国家であり，これらの州などが国防や外交，国境管理などで主権の一部を連邦政府に移譲した形になっている。理念的にいえば，明示的に連邦政府に授権していない権限についてはすべて地域政府が留保している点で特徴的である。そこで，連邦制国家の政府間関係は，連邦制度（連邦と州などの関係）と地方自治制度（州などと府県・市町村などの関係）の 2 段階構造になっている。したがって，厳密にいえば，単一主権国家の地方自治制度と同列に比較対照できるのは，州政府以下の政府体系についてのみである（西尾 2011：56）。こうした観点から本章は，単一主権国家のみを研究対象として選び出した。なお，人口の規模も考慮すべきであり，例えば，数百万人規模の国と一億人以上の人口規模の国は比較対照できないだろう。

　単一主権制か連邦制かの違いだけではなく，大統領制と議院内閣制の差異も非常に重要である。サルトーリは大統領制と議院内閣制について次のように定義している。第 1 に，国家元首が一般選挙によって選ばれる。第 2 に，執政部が議会の投票によって任命されたり免職させられたりすることはない。さらに，こうした純粋大統領制の条件と半大統領制を区別するために，大統領が執政部を指揮することを純粋大統領制の 3 つ目の条件として付け加えている。その反面，議院内閣制は議会と政府間の権力の分離を認めず，議会投票によって政府が任命され，支持され，そして罷免させられる政治制度である（Sartori 1997: 131-132; 岡沢監訳・工藤訳 2000：146－147）。要するに，大統領制では，大統領と立法府の双方が国民によって選出されることから，二重の民主的正統性が認められるため，行政府と立法府の権力が分離されている。これに対し議院内閣制では，内閣不信任決議という異常事態を除き，平常は議会下院の議席の過半数を制する与党（または連立与党）のリーダーが執政長官になることから，行政府と立法府の権力は融合されている。したがって，大統領制では大統領所属政党と議会多数党が一致しない分割政府という現象が生じるものの，議院内閣制では常に与党（または連立与党）が議会を支配するわけである。この理由から本章は，大統領制を採用している国の

みを選択した。

上記の理由から，本章は韓国との比較を前提に，チリ・ボリビア・ペルー・コロンビア・フィリピンの5カ国を分析対象として選択した＜表5－1＞と＜表5－4＞。また，＜表5－2＞と＜表5－3＞に示されているように，

表5－1　各国の地方自治制度（2005年基準）

国名	人口（百万）	広域自治体の数	基礎自治体の数	中央政府	広域自治体	基礎自治体
チリ	16	13	345	85.0	1.8	13.2
ボリビア	10	9	327	70.5	21.0	8.5
ペルー	28	25	2,070	73.2	18.3	8.5
コロンビア	47	32	1,099	70.2	12.8	17.0
フィリピン	88	81	115	80.0	4.3	15.7
韓国	48	16	234	54.0	28.2	17.8

出典：UCLG（2008）のTable 2（p.176），Table 3（p.179）。フィリピンはAnnual Financial Reportのデータを基に算出。

表5－2　各国の政治的分権

国名	基礎自治体首長の在任期間	市長の再選	国	広域自治体	基礎自治体	民主化年度
チリ	4年	可	1990	―	1992	1990
ボリビア	5年	可	1985	2005	1987	1985
ペルー	4年	可	1980	2002	1981	1980
コロンビア	3年	不可	1958	1992	1986	1974[1]
フィリピン	3年	可	1992	1988[2]	1988[2]	1986
韓国	4年	可	1987	1991	1995	1987

出典：Garman et al.（1999, p.11），Peterson（1997）のTable 4（p.15）およびBurki et al.（1999）のTable P.1（p.2）の情報を補足ないし修正して筆者が作成。
注：―は未実施を表す。
1) 1958年から1974年の間には，選挙結果に関わらず自由党と保守党が4年ごとに交代で大統領・国会議員・地方自治体議員・閣僚・県知事などを折半した。
2) フィリピンの場合，20世紀初頭から，一部制約や例外はあったものの，地方首長と議会議員の公選が実施されてきたので，ここでは民主化後の最初の選挙実施年度を記しておいた。

表5－3　各国の行財政的分権

国名	要約
チリ	1992－1999：地方分権化支援予算 1999：国家予算法
ボリビア	1994：大衆参加法 1995：行政分権法
ペルー	2004：財政分権化法
コロンビア	1991：憲法356条と364条の財政分権 1992－1993：教育と医療サービスなどの分権関連法案
フィリピン	1991：地方政府法
韓国	1998：中央行政権限の地方移譲促進等に関する法律 2003：地方分権特別法，国家均衡発展特別法

出典：Burki et al.(1999); Falleti (2005); O'Neill (2005) などを参照して筆者が作成。

表5−4 政府全体の支出に占める地方政府の支出の割合（％）

国	チリ	ボリビア	ペルー	コロンビア	フィリピン	韓国
年度	1980	1986	1990	1982	1987	1980
割合	3.7	14.8	9.1	26.3	10.0	17.6
年度	2005	2005	2005	2005	2005	2005
割合	15.0	29.5	26.8	29.8	20.0	46.0

出典：ラテンアメリカに関してはUCLG（2008）のGraph 1（p. 170）。韓国は，統計庁ホームページ（http://kostat.go.kr/portal/korea/index.action）。

図5−1 地方分権の取引費用モデル（各国の時期別の位置）

```
                        統占政府
                          │
                          │    チリ（1992）
                          │    ボリビア（1994）
                          │    ペルー（1981, 1989）
        韓国（1998, 2000）  │    コロンビア（1986, 1991）
                          │    フィリピン（1991）
                          │    韓国（1995, 1998）
    分割                   │                        統一
    政府 ──────────────────┼────────────────────── 政府
                          │
        ペルー（1991）      │
        ペルー（2002, 2004）│    ペルー（1993）
        コロンビア（1986）  │
        韓国（2003, 2006）  │
                          │
                        分占政府
```

各国の分析対象期間を整理すると，チリは1990年から1999年まで，ボリビアは1985年から1997年まで，ペルーは1980年から2006年まで，コロンビアは1982年から1994年まで，フィリピンは1986年から1992年までである。

以上を取引費用の観点からまとめたのが＜図5−1＞である。

本章の分析対象となっている国々に共通する特徴は，コロンビアを除いて権威主義体制を経験したことである。序章で言及したように南米諸国における分権化の背景は複雑であるが，最も重要な背景の1つは「民主化」である。1970年代末から1990年代初めにかけて，南米で権威主義体制から民主主義体制への移行が進展したのは，累積債務危機によって権威主義体制が動揺し，民主化派への支持が拡大したこと，アメリカの議会が経済・軍事援助の条件として民主化を要求したこと，国際通貨基金や世界銀行といった国際機関も経済支援の条件として民主化を強調するようになったことなどの諸要因が重なった結果である。この民主化の高まりが，南米諸国における地方首長の公選や中央から地方への権限移譲，すなわち地方分権化の原動力になっている。

しかし，民主化の道筋は，権威主義体制を支持していた勢力と民主化を求めていた勢力の間の力関係によって異なるものとなった。

権威主義体制支持派の弱体化が激しく，民主化推進派の勢力が強かった国では，権威主義体制が瓦解する形で民主化が進行した。例えば，1968年に始まるペルーの軍事政権は，国民に人気のあるポピュリズム政策を執行したが，数年も経たないうちに経済危機に直面して，1977年には国際通貨基金の支援を仰がざるを得なくなった。威信を失った軍部は，1978年には制憲議会選挙を実施し，新憲法に基づく選挙で1980年に選ばれた政府に政権を引き渡した。ボリビアの軍事政権も1970年代に経済運営に失敗したことに加えて，軍内部の対立やクーデターの続発，軍人による麻薬取引の発覚なども重なって，国民の支持を完全に失った。その結果1982年には，軍部が最も警戒した左派系の大統領（シレス・スアソ）が選出されることになった。フィリピンの軍事政権はペルーやボリビアとは異なり，20年にわたるマルコス1人による独裁体制を維持してきた。だが，経済のマイナス成長や高失業率，有力野党候補者の暗殺や選挙不正などが重なり，独裁者が亡命することで軍事政権は終焉を迎えた。その後は独裁体制を清算する形で，安定した民主政権が続いた。

これに対しチリでは，軍政側と反軍政側の勢力が拮抗したので，文民政権は軍事政権が準備していた選挙を通じて成立し，民主化は長期にわたる両者の間の交渉と合意のもとに平和裡に進展するという形をとった。とりわけ，ピノチェト政権が崩壊して以降のチリにおける地方分権は，民主的交渉の直接的な結果である。チリの軍事政権は，社会主義化を目指すアジェンデ政権を1973年に打倒して成立したことから，危機感を募らせていた保守的な地主，企業家，中間層の強い支持を受けた。1980年憲法は，ピノチェト将軍の大統領在位期間を1989年までと定めるとともに（国民投票の結果いかんでは，さらに8年間の延長を可能としていた），反対運動の自由が厳しく制限されていた。ところが活動の自由を奪われた政党や労働組合に代わって，カトリック教会が軍政批判の前面に立つようになった。さらに金融危機によって1982年に13％のマイナス成長率を記録すると，労働運動が息を吹き返し，キリスト教民主党など野党も公然と民主化を要求するようになった。軍政側と野党側の交渉の結果，1989年に行われる予定であったピノチェト大統領任期継続の可否を問う国民投票を1年前倒しで行うことになり，野党は「ノーをめざす運動本部」を結成して反対運動を展開した。結局ピノチェト続投は否決さ

れ,新たに大統領選挙が行われた結果,「民主主義のための政党盟約」と名を変えた野党連合の候補であるキリスト教民主党のエイルウィンが勝利した。こうして1990年チリでも軍政与党が下野することになったが,チリの場合は,民政移管前に軍事政権が憲法や選挙法を一方的に改定し,民主化後も軍政与党に有利になるような仕組みを作っていた(恒川 2008：79−83)。

　以上のラテンアメリカ諸国の事例とは異なり,コロンビアの政治における基本的な性格としては,ロハス時代を除いて一貫して文民政権が維持されており,分権化の過程が民主化の過程と重ならないないことが特徴である。コロンビアでこうした体制が成立しているのは自由党,保守党両党による歴史的な妥協が続き,両党以外の政治勢力を排除してきたことがその原因である。

第2節　事例分析

1　チリ
1)はじめに

　多くの南米諸国で軍部が政治に介入した1960年代において,チリでは文民政権が1973年まで存続したのち,ピノチェト軍政が1990年3月まで16年半に及んだ。軍政期においては,州(Region)と区(municipality)は中央政府に大きく依存しており,租税収入も財政支出も90％以上を中央政府が担当する非常に集権的なレジームであった。とりわけ1980年代のチリ地方政府の財政支出の割合は,他の諸国と比べ極めて低く＜表5−4＞,ほとんどといってもよいほど地方政府の存在感は貧弱であった。また,政治的にも州監督官(Intendente)と区長は大統領により任命され,地方の自律性も脆弱であった。そして,私企業と社会の諸団体も首都であるサンティアゴに集中していた。

　では,このような背景のもと,ある国が分権改革に着手するタイミングとその理由を説明するものは何なのか。言い換えれば,非常に強い集権的なレジームを維持してきたチリ(Angell et al. 2001: 79)において,なぜ地方分権改革が進められたのか。

2)権威主義体制と民主化

　ピノチェト大統領が退陣した引き金は,1988年10月に行われた国民投票に

おける敗北である。この国民投票は，1989年3月で任期満了を迎えるピノチェト大統領の任期を更に8年間延長することの是非を問う内容であり，反対が56％という結果であった。国民投票でのピノチェト大統領の敗北は，チリの政治について次のことをもたらした。軍事政権はもう1年存続し，1990年3月10日に終了すること，そして同年3月11日には任期8年の新政権が成立するので，その3カ月前の1989年12月に，自由な大統領選挙と上下両院議員選挙が実施されることである。この時から，権威主義体制支持派も民主化推進派も1989年選挙を目途に将来構想を計り，戦略を練った。国民投票の結果から国民の過半数が権威主義体制に反対していることと，ピノチェト大統領の敗北による軍政側の人材不足という2つの側面から将来を予測すると，民主化推進派の大統領選挙での勝利は確実であった。ところが，民主化推進派にとって問題は議員選挙であった。情勢からみて，民主化勢力が議会選挙で多数を占めることは確かであったものの，軍事政権には国民投票以降有する1年の政権保持期間を活用することができた。

　両勢力は選挙の準備を開始した。左右の対立軸と政党との関係が比較的明確であるチリにおいて，ピノチェト不信任運動を主導した中道左派政党連合であるコンセルタシオン（Concertación de Partidospor la Democracia）[1]は，キリスト教民主党党首のパトリシオ・エイルウィン（Patricio Aylwin Azocar）を大統領候補として立てた。その一方，右派は，軍事政権を支える政治勢力である独立民主連合（Unión Demócrata Independiente）と，大地主・事業主を母体とするチリの伝統的な保守勢力の国民革新党（Renovación Nacional, National Renewal）が「民主主義と進歩の同盟」（Pacto Democracia y Progreso）として結集した[2]。

---

[1] コンセルタシオンの起源は，1988年，ピノチェト政権の延長の是非を問うために行われた国民投票に対して，軍政延長反対派のキリスト教民主党（Partido Demócrata Cristiano, Christian Democrat Party）やチリ社会党（Partido Socialista de Chile, Socialist Party of Chile），民主主義のための政党（Partido Por la Democracia, Party for Democracy）など16政党が統一協定を結び結成された政党連合「ノーをめざす運動本部」（Concertacion por el No）である。

[2] 「民主主義と進歩の同盟」は，1993年にはチリ進歩連合（Union por el Progreso de Chile），2001年にはチリのための同盟（Alianza por Chile）と名称を変更した。2009年のチリ大統領選挙に際し，この連合にチリ第一党が加わり，新たな政党連合「変革のための連合」（Coalición por el Cambio）を結成した

民主化勢力が恐れた通りに，軍事政権は1年間の政権維持期間を利用して自派勢力に有利になるように，「多数代表二名制」から「修正多数代表二名制 (sistema binominal mayoritario corregido)」に，一方的に選挙制度を変更した。この制度では，有権者は各政党または複数の政党（連合またはブロック）が提出した候補者名簿から1名を選んで記名投票する。当落の決定は，大選挙区制と違って得票率に応じて上位2名が当選するのではなく，候補者名簿単位で得票の集計がなされ，同一政党（もしくは政党連合）の候補者2名が当選するには，次点となった別の候補者名簿の得票率の2倍以上の得票を上げなければならず，2倍未満の場合，2位は次点名簿の候補者が当選する仕組みとなっている。この選挙制度では，第一党が2名を当選させようとすると合計66.7％以上の得票率が必要で，第二党は33.4％以上を獲得すれば議席を確保できる。それゆえ，第一党に不利で第二党に極めて有利，そして第三党以下の政治勢力は議席を得ることができず，極めて不利な制度となる（北野 2008：178；吉田 1997：169）。これは，コンセルタシオンの圧勝を阻止し，国民投票で不利と分かった右派連合が議席を確保しようとする制度であり（吉田 1997：121），二大政治ブロック（binomial system）を導きやすい仕組

表5－5　民主化以降の大統領選挙結果

大統領選挙年度		コンセルタシオン	アリアンサ
1989年	候補者	パトリシオ・エイルウィン	エルナン・ビュッヒ
	所属政党	キリスト教民主党	無所属
	得票率（％）	55.2	29.4
1993年	候補者	エドゥアルド・フレイ	アルトゥーロ・アレサンドリ
	所属政党	キリスト教民主党	無所属
	得票率（％）	57.98	24.41
1999年	候補者	リカルド・ラゴス	ホアキン・ラビン
	所属政党	民主主義のための政党	独立民主連合
	得票率（％）	48.0	47.5
2000年（決戦投票）	得票率（％）	51.3	48.7
2005年	候補者	ミシェル・バチェレ	セバスティアン・ピニュラ
	所属政党	チリ社会党	国民革新党
	得票率（％）	46.0	25.4
2006年（決戦投票）	得票率（％）	53.5	46.5

出典：内務省ホームページ（http://www.elecciones.gov.cl/）をもとに筆者作成。

ことで発展的に解消した。チリの大統領制と政党システムについては，Siavelis（2000）を参照すること。

みであった（Rabkin 1992-1993: 139; Scully 1995: 125-126）。

変則的な選挙制度に加えて，地方自治体の首長・議員および任期8年の上院議員9人が官選される1980年憲法は，右派による強固な権威主義体制維持の制度的基盤であった。また，憲法改正など重要な案件については，両院議員の3分の2の賛成が必要で，選挙法など憲法構成法の制定または修正に必要な両院議員の賛成票も7分の4であった。これら以外の一般法の修正には，各院の過半数の賛成が必要となっており，反権威主義勢力にとっては軍政勢力との合意や妥協を行わずに，民主化を進めることがほとんど不可能に近かった。

表5－6　議会選挙結果

| | | 総定数 | コンセルタシオン ||||| アリアンサ[1] ||||| 独立系 |
			政党連合全体	PDC	PS	PPD	その他	政党連合全体	RN	UDI	その他[3]	
1989 下院議員	議員（人）	120	69	38	0 [2]	16	15	48	29	11	8	3
	得票率（%）		51.5	26.0	0.0	11.5	14.0	34.2	18.3	9.8	6.1	14.3
上院議員	議員（人）	47	22	13	4	1	4	25	13	2	10	0
	得票率（%）		54.4	31.9	0.02	12.1	10.4	34.9	10.8	5.1	19.0	10.7
1993 下院議員	議員（人）	120	70	37	15	15	3	50	29	15	6	0
	得票率（%）		55.3	27.1	11.9	11.8	4.5	36.6	16.3	12.1	8.2	7.9
上院議員	議員（人）	47	21	14	4	2	1	26	11	3	12	0
	得票率（%）		55.5	20.3	12.7	14.7	7.8	39.5	14.9	11.2	13.4	5.0
1997 下院議員	議員（人）	120	69	38	11	16	4	47	23	17	7	4
	得票率（%）		50.5	23.0	11.1	12.6	3.8	36.3	16.8	14.5	5.0	13.2
上院議員	議員（人）	47	20	14	2	4	0	28	7	5	16	0
	得票率（%）		51.7	29.4	14.6	4.3	3.4	36.6	14.8	17.2	4.6	11.7
2001 下院議員	議員（人）	120	62	23	10	20	9	57	18	31	8	1
	得票率（%）		47.9	18.9	10.0	12.7	6.3	44.3	13.8	25.2	5.3	7.8
上院議員	議員（人）	48	20	12	5	3	0	28	11	7	10	0
	得票率（%）		41.7	25.0	10.4	6.3	0.0	58.3	22.9	14.6	20.8	0.0
2005 下院議員	議員（人）	120	65	20	15	21	9	54	19	33	2	1
	得票率（%）		51.8	20.8	10.1	15.4	5.5	38.7	14.1	22.4	2.2	9.5
2005 上院議員	議員（人）	38	20	6	8	3	3	17	9	8	0	1
	得票率（%）		52.7	15.8	21.1	7.9	7.9	44.8	23.7	21.1	0.0	2.6

出典：内務省ホームページ（http://www.elecciones.gov.cl/）をもとに筆者作成。
　　政党の名称はPDC：キリスト教民主党，PS：チリ社会党，PPD：民主主義のための政党，
　　RN：国民革新党，UDI：独立民主連合。
1) アリアンサは，1989年には「民主主義と進歩の同盟」，1993年にはチリ進歩連合，2001年にはチリのための同盟（Alianza por Chile）と名称を変更した。
2) 1989年の選挙では社会党としての立候補が不可能であったため，社会党の候補はPPDとして登録した。
3) その他には，選任の上院議員が含まれている。1989年と1993年には9名ずつ，1997年と2001年には10名ずつ，そして2004年に大幅な憲法改正が実施され，選任上院議員と終身上院議員制度が廃止された。選任上院議員は，アリアンサのメンバーではないが，議決権行使状況からアリアンサと同一グループとみなすことができる。

コンセルタシオンと「民主主義と進歩の同盟」とが争った大統領選挙と上下両院議員選挙は静穏に推移した。大統領選ではコンセルタシオンのパトリシオ・エイルウィンがピノチェト派のエルナン・ビュッヒに勝利し，民主的な文民政権に移管することになった。それ以来，1993年のエドゥアルド・フレイ（Eduardo Frei Ruiz-Tagle，キリスト教民主党），1999年のリカルド・ラゴス（Ricardo Lagos Escobar，民主主義のための政党），2005年ミシェル・バチェレ（Verónica Michelle Bachelet Jeria，チリ社会党）と，ピノチェト将軍の軍事独裁政権が終わりを告げた1989年以来2009年までコンセルタシオンは一貫して政権を握っていた＜表5－5＞。総定数120名の任期4年の下院議員選挙においてもコンセルタシオンは一貫して統一政府の形成に成功したものの，上院では軍部と警察の代表4名とアリアンサ系の官選議員5名の追加のため，過半数すら獲得できず，両院のそれぞれで憲法改正に必要な3分の2以上の議席獲得の達成にははるかに及ばなかった＜表5－6＞。

3）地方分権の政治過程

エイルウィン大統領は1990年5月18日，就任後ただちに区長の公選——中央政府の代理人ではなく，政治的行政的自律性を持つ地方政府の設立——を内容とする地方自治体選挙制度改革関連の法案を下院に提出した。この法案は，下院では可決されたものの，右派が主導する上院では1991年1月に否決されてしまった。右派勢力は，敗北が確実である区長の公選を恐れたことや，区長の公選を導入するのであれば州監督官も同様に公選すべきであると主張し，拒否権を行使した。右派勢力が州政府の公選制を導入しようとした理由としては，次のことが指摘されている（Eaton 2004c: 233）。第1に，州政府はピノチェトが1974年に形成しており，ピノチェト大統領の任期中に州政府の業績が顕著で，右派勢力の支持基盤になっていたこと[3]，第2に，少なくともある程度の期間中には大統領選挙で勝利する可能性がなく，右派勢力が活動できる空間を確保しておくことである。

州監督官と区長の公選をめぐる議論は，コンセルタシオンと「民主主義と進歩の同盟」との交渉（Negotiating Table）の中で，最重要なイシューとなり，

3）　ピノチェト時代の地方政策については，Angellら（2001: 83-85）を参照すること。

政党連合の中で最も大きな２つ政党であるキリスト教民主党と国民革新党を中心に続けられた。州監督官の公選案は，単一集権国家であるチリを連邦制に変えていくのではないかという懸念と，社会の不安定をもたらす可能性があるという懸念から，廃棄された。エイルウィン大統領も州監督官の公選案に反対する代わりに，州議会議員の公選制を主張した。州議会議員の公選案は1991年の６月から８月にかけて議論された結果，州議会議員が国会議員のライバルになるだろうという懸念から潰された。また，エイルウィン大統領が提案した区長の公選案も区議会議員の公選という形態に変化し，両陣営は区議会議員の数と区長選出の方法をめぐって審議を続けた。コンセルタシオンは比例代表制を採用して区の規模にそった奇数の議員を選出し，議員間の互選で区長を選ぶ仕組みを主張した。このことは，多数党連立にとって比例代表制が有利であることと，奇数の議員間の互選も多数党連立の首長が生まれやすいからであった。これに対し，右派勢力は議会選挙で採用している「修正多数代表制」を導入し，区ごとに６名の議員を選び出す仕組みを追求した。これは50％以下の得票しか得られなかったとしても過半数の議席を獲得できるからである。州監督官と区長の公選制に加えて，州政府が統制できる予算の割合をめぐっても対立が起こった。州政府を強化しようとする右派は，開発予算のうち50％を州政府が利用できることを要求した一方，政治的に利用できる資源を維持しようとした左派勢力は，経済の安定的維持と州政府の基金運用能力の欠如を理由にそれを拒否した（Bland 2004: 104-108, 119-120）。

　新しい政権が提出した法案の審議は１年以上を要したが，それでも決着する見通しが立たず，コンセルタシオンは1991年８月20日までに合意に達することができなければ，交渉をやめると右派勢力に脅しをかけた。地方選挙を行わなければ，州監督官も区長も任命制であるため，これらの官職はすべてコンセルタシオンが握ってしまうことになり，「民主主義と進歩の同盟」も積極的に対応せざるを得なかった。「民主主義と進歩の同盟」は，左派勢力が追求する区単位の公選制を簡単に拒否できたが，左派勢力の同意なしに州知事の公選制を実現することもできなかった。

　地方自治体選挙制度は，コンセルタシオンと「民主主義と進歩の同盟」が唯一合意してできた制度改革であった。1990年５月以降，提出された法案は可決と否決および修正などの審議の過程を経て合意が成立し，全国の区単位の選挙制度（区議会選挙）は1991年11月に憲法が修正され，その選挙は1992

年6月に施行された。また，州単位の選挙制度（州議会選挙）は1992年11月に法律が制定された[4]。

合意の結果，区議会議員の定数は人口に応じて6名から10名で，総定数は2,082名となり，選挙方法はドント式の比例代表制が採用された。区議会議員のうち，投票総数の35%以上を獲得した議員が自動的に区長となり，いずれの候補もこれに満たない場合は互選で選出されることとなった[5]。州議会議員は区長を含む区議会議員により全国13州で人口に応じて244名が選出された。州監督官に関しては大統領による任命制が維持された。

1992年6月に行われた区議会選挙の特色＜表5－7＞は，比例代表制で定数2ではなく，6名から10名であったので，有力な政党候補者が当選することができた点で，1989年議会選挙とは異なった。ゆえに，国政議会には議席を持たない政党も議席を獲得でき，当時の各政党の勢力比が比較的によく反映されていた（吉田 1997：213）。

表5－7　1992年区議会選挙の結果

政党	得票率(%)	区議数(人)	区長数(人)
キリスト教民主党	28.93	643	137
民主主義のための政党	9.21	169	34
社会党	8.53	174	32
急進党	4.91	143	28
人間主義－緑の党	0.82	15	1
社会民主党	0.42	20	2
無所属	0.49	23	－
共産党	6.55	35	1
国民革新党	13.44	412	38
国民党	0.06	2	－
独立民主連合	10.19	184	17
自由党	0.24	4	－
中道中道連合	8.10	78	4
無所属	5.97	158	－
独立系	2.14	22	－

出典：内務省ホームページ（http://www.elecciones.gov.cl/）と吉田（1997：214）をもとに筆者作成。

以上から窺えるように，チリにおける政治的分権は権威主義体制から民主化を達成するために中道左派政権が採用した政治的手段であった。任命制から公選制に変更された地方自治体の仕組みは，左派勢力と右派勢力の両勢力が自らの党派的利益の最大化をはかった結果であった。すなわち，基礎自治体への分権化は，右派勢力の州への分権化に対する左派勢力の自己防衛政策であり（Angell et al. 2001: 91），基礎レベルの方が相対的に支持基盤が強かったからであった。

4）　1991年以降も1997年，1999年，2000年，2003年，2005年に憲法改正が行われたが，幅広い交渉に基づく漸進的な改革であった（Siavelis 2008: 192）。

5）　ラゴス大統領は2001年に区長の直接選挙制を導入し，2004年から実施した（Daughters and Harper 2007: 232）。

地方自治体の過半数以上を占める選挙結果により統一政府・統占政府を形成した民主政権は，地方への財政的支援策を打ち出し，実施していく。地方分権化支援予算の代表的なものが，1992年に作られたISAR（Inversión Sectoral para Asignación Regional: Sectoral Investment for Regional Allocation）と1995年に実施されたProgramming Agreements，および，1996年から機能しはじめたIRAL（Inversión Regional para Asignación Local: Regional Investment for Local Allocation）である[6]。例えば，IRALの場合，①州と区レベルにおける公共支出および公共事業の相互補完，統合，連携を促進すること，②各州政府の開発計画と戦略に即した一貫性ある資金配分を促すことにより，州政府の権限と行政能力を強化し，地方分権を促進すること，③州と区レベルにおいて，最もニーズの高い地域に対する資金の配分を促進すること，④州と区レベルにおいて，政府・民間組織ならびにコミュニティ自身の地域開発に対する参加・連帯を促し，貧困緩和のための持続的な開発戦略の実施を促進すること，という4つの目標達成を目指しており，中央政府が地方政府との党派性が一致した時に，地方政府を支援するための道具として活用したのである。さらに，1999年には国家予算法（The Law on the National Budget for 2000）で州政府の公共支出額が24％から45％に引き上げられた。これらの基金を利用して，コンセルタシオンはエージェンシーコストを下げることに成功し，統占政府を維持し続けることができたのである＜表5－8＞。

なお，1981年にプライマリー・ケアに関する施設の所有・権限・事務が市

表5－8 地方選挙結果

		コンセルタシオン					アリアンサ					独立系
		政党連合全体	PDC	PS	PPD	その他	政党連合全体	RN	UDI	その他	
1992	区議数	1187	643	174	169	201	873	4121	184	277	22
	得票率（％）	53.3	28.9	8.5	9.2	6.7	44.5	3.4	10.2	20.9	2.1
1996	区議数	1251	558	208	235	250	872	355	40	477	7
	得票率（％）	56.1	26.0	10.7	11.7	7.7	43.0	13.6	3.4	26.0	0.8
2000	区議数	1205	509	239	243	214	904	364	229	311	15
	得票率（％）	52.1	21.6	11.3	11.4	7.82	46.4	15.5	16.0	14.9	1.4

出典：内務省ホームページ（http://www.elecciones.gov.cl/）をもとに筆者作成。

---

6) 各制度の詳細については，Serrano（2004: 90-94, 113-118）を参照すること。

町村に移譲された後,大幅に削減された保健部門に対する中央政府の支出をエイルウィン政権は再び増大させた(堀坂・子安 1999：265)[7]。また,学校の管理運営を市町村に移譲する教育の地方分権化はラテンアメリカ諸国のうち最も進んだ改革として知られていたが(Navarro 2007: 387),所得階層による学校の階層化が生じてしまい(三輪 2007：8－9),それを改革するためエイルウィン政権は「質的向上と公正のための教育プログラム」(Programa de Mejoramiento de Calidad y Equidad de la Educación)を実施した。1992年から1997年の6カ年計画で,プログラムの遂行を各市町村の関係機関あるいは学校が行うことになっており,教育政策に関して政府が過去30年間の中で最も重視したものと評価された(堀坂・子安 1999：268－270)[8]。

4)取引費用モデルによる仮説検証

本研究における他国の事例と比べ,チリにおける地方分権はドラスティックではない。大統領が任命する州監督官は言うまでもなく,州議会議員と区長は住民による直接選挙によって選出されず,区議会議員による間接選挙にとどまっている。政治的分権の側面からいうと,チリでは中央集権の遺産が多く残存していると言わざるを得ない。

①仮説成立:左派勢力と右派勢力の合意によって,区議会選挙が行われるよ

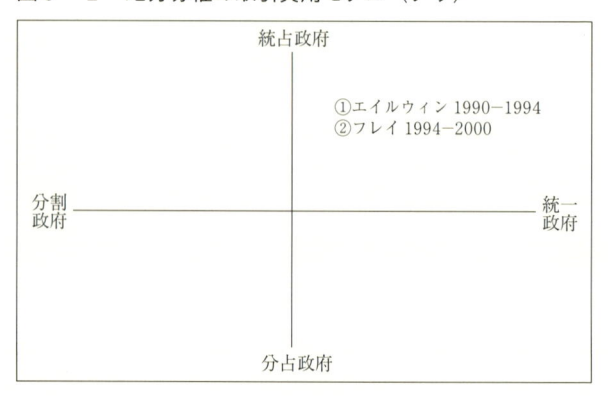

図5－2　地方分権の取引費用モデル(チリ)

```
                    統占政府
                      │
                      │  ①エイルウィン 1990－1994
                      │  ②フレイ 1994－2000
                      │
     分割            │                            統一
     政府────────────┼────────────────────────────政府
                      │
                      │
                      │
                      │
                    分占政府
```

---

7) 1989年と比べて1992年には31.5%増加した。
8) チリの教育分権は Angell ら (2001: 165-174) を参照すること。

うになった。なお，保健と教育分野への分権化が加速した。
②仮説成立：統一政府・統占政府を形成したコンセルタシオンは，地方への様々な財政的支援策を打ち出し，実施していった。

2　ボリビア

1) はじめに

　ボリビア革命と称されている1952年から1964年において，民族革命運動党（Movimiento Nacionalista Revolucionario: MNR）政権は，正規軍の解体，鉱山開発の国有化，農地改革，普通選挙制と義務教育制度を導入することで，国家主導型の開発モデルを確立し，体制の変革と先住民の国民社会への統合を促した。改革の実行に際して中央集権体制を強化するために，それまで9都市で行われていた市長選挙を廃止した。1964年にMNR政権が打倒されて再び軍政が敷かれると，1982年までの18年間軍政が継続することとなる。この時期には軍こそが近代化の担い手であるという考えに基づき，国家主導による開発政策は踏襲された。市長選挙も1942年以降，1987年に再開されるまで実施されていなかった（Nickson 1995: 108）。

　中央集権的体制が所与の条件として存在していたボリビアでは，1985年に自治体基本法（Ley Orgánica de Municipalidades）が制定され，市長の公選制が復活したのをはじめ，大衆参加法（Ley de Participación Popular）の制定を通じて，1990年代にラテンアメリカ域内でも最も徹底した分権化を進めた先駆的な事例としてみなされるようになった（Campbell 2003: 89-90; O'Neill 2004: 35）。都市部に24しか実質的に存在していなかった基礎自治体は，農村部を包摂して全国で3119に拡大した。中央政府の出先機関である県開発公社を通じて行われていた公共事業の一部も基礎自治体の管轄となり，そのための財源として，各基礎自治体には国家予算の20％が，県には30％が共同負担税基金（Fondo de Coparticipación Tributaria）として分配された。なお，90％以上都市部に集中していた公共事業の利益も農村部へ広がることとなった。

　こうした政府間のドラスティックな権力移転はどのように説明できるのか。また，広域自治体ではなく，基礎自治体に主に権力が移転されたのはなぜなのか。

---

9) 1998年2月までの数値であり，1999年3月以降314である。

2）権威主義体制と民主化

　MNR革命政権は，強力な中央労働連合の要求，スズ産業の衰退と財政赤字の拡大，民族革命運動党の分裂などにより安定した開発体制を築くことができず，1964年クーデターで崩壊した。軍内部では左右両派の主導権をめぐる攻防が続くが，中央集権化と国家主導型開発路線は継続し，政府と農民との連携もバリエントス（René Barrientos Ortuño）政権（1966-1969）の「軍・農民同盟」に継承された。軍政期における地方エリートは，中央政府と対立しながら正面から分権化を要求することなく，その代わりに軍事政権と協調して自らの利権を守ろうという戦略に切り替えていく。軍政も地方優遇政策をとり，地方エリートとの協調関係を築いていった。1967年には後の分権化要求の拠り処となる憲法が制定され，初の県レベルの分権化を認める条項109条および110条が盛り込まれていた。ただし，これらについての詳細は，後の法整備に委ねられおり，結局のところ，そのような法整備は行われなかったため，地方分権化に関する条項は有名無実化していくことになった（舟木 2010：48）。

　トーレス（Juan José Torres González）政権（1970-1971）は，カリブ石油を国有化し労働者寄りの政策をとったが，バンセル（Hugo Banzer Suárez）政権（1971-1978）は労働運動を弾圧する一方で，外国借款に基づく開発を推進し，財政赤字や累積債務の増大など構造的不均衡の原因を作り出した。当初バンセルを支持したサンタクルスを中心とする地方経済エリートは，自らの利益を代弁する市民委員会を通して，地域の自律性と財政の分権化を要求していく（Grindle 2000: 102; Kohl and Farthing 2006: 53）。経済状況の悪化と相まって，人権問題を重視する米カーター政権からの民主化への圧力が加わったことで，バンセル大統領は退陣を余儀なくされた。

　1978年に開始した民主化は，その後5回の軍事クーデターが発生する混乱した様相を呈していた。3回の選挙で政治地図は，保守，中道，左派の三極に収斂した。バンセルが率いる保守派の民族民主行動党（Acción Democrática Nacionalista: ADN），ビクトル・パス・エステンソロ（Ángel Víctor Paz Estenssoro）が率いる中道の民族革命運動党，民族革命運動党左派のシレス（Hernán Siles Zuazo）が左派革命運動党（Movimiento de Izquierda Revolucionaria: MIR）や共産党と結成した民主人民連合（Unidad Democrática y Popular: UDP）である（遅野井 2008：73）。

　1982年10月，1980年選挙に基づく議会で民主人民連合のシレスが大統領に選出され民政移管となり，18年に及んだ軍政が終わる。軍政下において途絶していた地方分権化要求は，これを機に市民委員会によって再開される。要求は1967年憲法の第109条および110条の法制化，すなわち公選の知事のもとでの県政府の創設であった。ところがシレス政権は，このような地方からの要求を「右派の陰謀」として敵視し，まったく受け付けなかった（舟木 2010：48-49）。

　民主化の期待を担ったシレス政権は，債務危機の中，支持基盤の労組・左派勢力の反対で緊縮財政など有効な調整策を実行できず，物価や為替の統制で闇経済が広がり，3年目には5桁を超すハイパーインフレーションに襲われた。大統領は混乱を鎮めるため任期を1年短縮し，1985年に総選挙を実施した（遅野井 2008：73）。

　ボリビアの大統領制は本研究で取り上げている他の諸国と比べ，やや特殊な代表民主制の仕組みを採用している。大統領選挙の結果，絶対多数を獲得した候補がいない場合，上位3位まで（1994年以降は上位の2位まで）の候補が議会において決戦投票を行うという，いわば「議院内閣制型大統領制」，あるいは「混合型大統領制」である（Gamarra 1997: 363-364）。大統領候補は国民投票の後に議会での連立工作を行い，連立政権を形成することで大統領に就任することができれば，その時点ですでに議会での多数派を占めていることになる。民主化後初の1985年選挙から1993年選挙まで，大統領選挙は，比例代表制を採用する国会議員選挙と連動して行われていた。有権者は，大統領候補に一票を投じることで，その政党の比例候補を選出する。つまり，大統領候補の得票率は，比例選出議員の議席数を導くための基準となっていた。これにより，国民投票で高い支持を獲得した候補は，議会での多数派を形成することができる。大統領所属政党の議席数は，連立形成における政党間関係を規定するのである（舟木 2010:47）。こうした制度的特徴から，1985年以降2005年までは，議会での政党間取引による決戦投票で大統領が選ばれた。

3）地方分権の政治過程

　1985年の大統領選挙では得票率2位であったMNRのパス・エステンソロ

表5-9　1985年大統領選挙と各党の議会の議席数および基礎自治体選挙結果（1987年）

順位	候補者	政党	得票率（%）	下院	上院	基礎自治体（得票率）
1	バンセル	ADN	32.8	41	10	28.6（%）
2	パス・エステンソロ	**MNR**	30.4	43	16	12.8（%）
3	パス・サモラ	MIR	10.2	15	1	26.1（%）

注：下院の総議席は130，上院は27議席である。網掛けは連立政党，太字は大統領である。
出典：Gamarra, Eduardo A. 1997. "Hybrid Presidentialism and Democratization: The Case of Bolivia" in Scott Mainwaring and Matthew Soberg Shugart (eds.) *Presidentialism and Democracy in Latin America*, Cambridge University Press, p.372. また，基礎自治体選挙結果についてはFUNDEMOS。

　がMIRとの取引に成功し大統領となるが，就任後に連立パートナーをADNに変え，国政においても地方政治においてもMNR・ADNの非常に安定した統一・統占政府を形成した＜表5-9＞。彼は経済の安定と市場経済の推進を最重要課題とし，価格・為替・貿易の自由化，財政の緊縮，国営企業の民営化といった新自由主義的諸政策を実施した。これにともなう財政合理化の一環として，従来の数十にわたる税目を数項目に単純化し徴税率を高めるとともに，地方税を廃止する代わりに共同負担税基金を設置する税制改革を行った。また，各県都およびその周辺の都市部に限定されるものの，1952年に廃止されていた市長の公選制を復活させることを主な内容とする自治体基本法を制定した。

　分権化への動きは，1989年大統領選挙で加速した。とりわけ県知事の公選はイシューとなり，すべての政党が多かれ少なかれ分権を言明していた（O'Neill 2005: 145）。この選挙で1位となったのが，エステンソロ政権下で経済政策を主導し経済を安定化させたサンチェス・デ・ロサダ（Gonzalo Sánchez de Lozada）であった。しかしながら，選挙運動中に対立候補を激しく攻撃したロサダは，議会内の政党間連立工作に失敗する。かくして，誕生したのが，3位だったハイメ・パス・サモラ（Jaime Paz Zamora）を大統領に立てたMIRとADN連立政権で，議会の過半数は辛うじて占めることができたものの，地方選挙では惨敗し続けた＜表5-10＞と＜表5-11＞。

　こうして成立したサモラ政権に対しても，サンタクルス市民委員会をはじめとする各県の市民委員会からの分権化要求は引き続き行われた。具体的には，各県の市民委員会が，スイス技術協力機構（Cooperación Técnica Suiza）の協力により計画省内に設置された地方政策を担当する部局である経済管理局（Economic Management for Strengthening Organizations）との接触を開始

表5−10　1989年大統領選挙と各党の下院（上院）の議席数

順位	候補者	政党	得票率（％）	下院	上院
1	サンチェス・デ・ロサダ	MNR	25.6	40	9
2	バンセル	ADN	25.2	38	8
3	**パス・サモラ**	**MIR**	**21.8**	**33**	**8**
4	パレンケ	CONDEPA	12.3	9	2
5	アラニバル	IU	8.0	10	—

注：CONDEPA（Conciencia de Patria: アイマラ族を中心とする愛国良心党），IU（Izquierda Unida: 共産党を主軸とする統一左翼）。網掛けは連立政党，太字は大統領である。
出典：表5−9と同じ

表5−11　基礎自治体選挙結果

1989年		1991年		1993年	
政党	得票率（％）	政党	得票率（％）	政党	得票率（％）
MIR-ADN	33.6	AP	28.5	MNR	34.9
MNR	19.3	MNR	24.8	CONDEPA	19.6
CONDEPA	18.8	UCS	22.9	MBL	11.7
UCS	16.5	CONDEPA	12.6	MIR-NM	9.4
IU	8.2	MBL	5.7	UCS	8.4
FRI	1.5	IU	4.0	ADN	7.8

注：UCS（Unión Cívica Solidaridad: 連帯市民連合），FRI（Frente Revolucionario de Izquierda: 革命左翼戦線），AP（Acuerdo Patriótico: ANDとMIRの連立），MBL（Movimiento Bolivia Libre: ボリビア自由運動）。
出典：FUNDEMOS.

する。この活動は，より幅広いセクターを巻き込んでいき，国家調整協議会（Gran Comisión Nacional de Concertación）という分権化に関する意見調整の場を設置するに至った。これには，連立与党と各県の市民委員会，官僚や民間企業連合，教会やスイス技術協力機構など，様々なアクターが参加した。しかし，分占政府下の連立与党は分権化要求に対する実質的な対応を先延ばしにするための，時間稼ぎ程度のものとみなしていたに過ぎなかった（舟木2010：51）。

　地方エリート主導の分権化への動きを受けて，分権化がイシューになったとはいえ，＜表5−11＞に示されているように，連立与党は地方での勢力をほとんど失ってしまい，1990年5月に国会において分権化が議論され始めて以降，20を超える分権化関連法案は否決され続けた。また，政府に積極的にロビイングを行い分権化への流れを牽引した地方の市民委員会を中心とする経済エリートは，県知事の公選を含む「県」を分権化の授権単位として主張しており，これが国家調整協議会において最終合意内容となった。県の分権

化案が辛うじて上院は通過することになるが，それを支持する政党は存在しておらず，分権化法案は下院に提出された後，実質的に審議されることはなかった（Blanes 1999: 3-4）。

むしろ，1993年3月，予め調整の済んでいた，合わせば議会の3分の2以上を占めている連立与党とMNRの3党の合意事項が，憲法改正法として議会を通過する。この時点で，県知事の大統領任命制（第109条）および基礎自治体を全国区に拡大すること（第203条）が明文化される（Van Cott 2000: 145；舟木 2010：54）。このことは，地方勢力が求めていた県レベルの分権化に制度的歯止めをかけようとする連立与党の意図と，市町村で勢力を伸ばしていったMNRの意図が反映された結果であった。

憲法改正法の施行に向けて調整を進めるのと並行して，MNRのロサダは，トゥパクカタリ革命運動党（Movimiento Revolucionario Túpac Katari de Liberación: MRTKL）と連合を組み，同党指導者で先住民系のビクトル・ウゴ・カルデナス（Víctor Hugo Cárdenas）を副大統領候補に据える。そして1993年5月，「万人計画（Plan de Todos）」というMNRとMRTKLの大統領選挙のマニフェストを発表する。これにより，大衆層を含む幅広い支持を獲得した結果，1993年6月に開催された選挙でロサダは35.6％を得票し1位となる＜表5－12＞。MNR-MRTKL連合は7月に，大統領の座を確実なものにするため，4位の連帯市民連合（Unión CívicaSolidaridad: UCS）と5位のボリビア自由運動（Movimiento Bolivia Libre: MBL）両党と正式に連立協定を結び，その結果ロサダは，前回の失敗を繰り返すことなく，8月に大統領に就任することができた（Van Cott 2000: 146-148）。

万人計画は，①資本化（capitalization）により国営企業を民営化し，経済活性化，失業問題の克服，汚職問題に対応する，②資本家からの収益を社会開発分野の投資に充当する，③大衆参加によりコミュニティを開発プロセスに

表5－12　1993年大統領選挙と各党の下院（上院）の議席数

順位	候補者	政党	得票率（％）	下院	上院
1	サンチェス・デ・ロサダ	**MNR-MRTKL**	35.6	52	17
2	バンセル	AP（ADN-MIR）	21.1	35	8
3	パレンケ	CONDEPA	14.3	13	—
4	フェルナンデス	UCS	13.8	20	1
5	アラニバル	MBL	5.4	7	—

注：網掛けは連立政党，太字は大統領である。
出典：舟木 2010：54．

主体的に巻き込み，社会開発投資の恩恵を地域社会に反映させる，といった3本柱により構成されている（大野 2004：129）。このように大衆参加による分権化が最重要課題の一つとなっており，ロサダ大統領は，大統領選を制した後ただちに，副大統領のカルデナスと MBL のウリオステ，および，専門家のモリーナ[10]を含む分権化委員会を立ち上げた。委員会は大衆参加法の第一次草案を作成した後，1993年9月からは大衆参加局のモリーナを中心として，法案内容の細部を詰める作業が進められる。10月18日，大衆参加局と連立与党の代表らを含む大衆参加法策定委員会が立ち上がり（Van Cott 2000: 153），11月から翌1994年2月までの間には，大統領直属の委員会として活動を行い，最終的に市町村を授権単位とした大衆参加法案をまとめた。ロサダ大統領が第32次となった大衆参加法草案を議会に提出したのは2月20日のことであった。大衆参加法案が議会に提出されると，個別委員会が設置され自治体認定最少人口や過疎地域・貧困地域への補完的基金の創設といった細部に修正がなされる。その後下院で4月12日に大衆参加法案が議題として取り上げられ，翌日には通過する。4月19日には上院で取り上げられるが，特に抵抗もなく翌日には通過し，4月20日に正式に大衆参加法として成立するのである（Van Cott 2000: 168）。

　大衆参加法により，都市の住民組織，コミュニティ（集落），農村の先住民共同体に地域基礎共同体としての法人格が与えられ，教育・医療保健・スポーツ，農道，小規模灌漑などインフラの管理・維持・改修の権限と財源が移譲され，ムニシピオの権限が大幅に強化された。とりわけ，教育と医療保健に関わる人的資源と予算の管理監督を行うことになった。また，それまでラパス・サンタクルス・コチャバンバの3大都市や県庁所在地に集中していた共同負担税基金が貧困農村部にも平等に行き渡ることになった[11]（Barr 2006:

---

10) カルロス・ウゴ・モリーナ（Carlos Hugo Molina）は，県レベルの分権化は単一主権国家であるボリビアにとって憲法上不可能であり，唯一の代替案は憲法上の規定にもある市町村へ権限を移譲すべきであると主張した。1990年5月に，分権化が国会で取り上げられるのに合わせて，モリーナはこれまでのこうした主張を公表してきた新聞や法学雑誌の文章をまとめて出版している。これは『不可能な分権化，市町村という可能性』というタイトルで，県レベルの分権化の実現可能性に異議を唱えるものであった。
11) 大衆参加法の効果については，Grindle（2000: 125-146）と Van Cott（2000:

243)。1995年7月には「行政分権法(Ley de Descentralización Administrativa)」も制定され，県・市教育事務所を新設し，基礎的教育の施設は基礎自治体へ，人的資源管理と計画は県へ移譲された12)。

こうした大衆参加法の制定は，大衆参加法がボリビア社会の抱えている多様な問題を是正できるというロサダ大統領の信念（Grindle 2000: 124）でもなく，市民委員会からの圧力によるものでもない。なぜなら，県への分権化を主張し続けていた市民委員会は市町村への分権に絶えず反対し，大衆参加法が成立した後も県への分権化を要求するからである（Grindle 2000: 121-122）。むしろ大衆参加法は，＜表5-13＞からオニールが主張するように，県における支持は弱いものの13)，市町村とりわけ農村部で圧倒的な支持を受けていたMNRが，その勢力を強化するとともに，エージェンシーコストを下げるためのものであった14)。そして，大衆参加法が制定されて以降15)，全

表5-13　基礎自治体選挙の得票率（％）

1985年				1987年			
政党	得票率	都市部	農村部	政党	得票率	都市部	農村部
MNR	31.4	24.5	35.0	MNR	12.8	8.6	17.4
ADN	25.1	33.7	20.6	ADN	28.6	34.9	21.7
MIR-	10.1	10.2	10.0	MIR-	26.1	28.6	23.4
1989年				1993年			
政党	得票率	都市部	農村部	政党	得票率	ディストリクト占有率	
MIR-ADN	33.6	36.2	33.7	MNR	34.9	71.9%	
MNR	19.3	18.4	23.5	ADN	7.8	3.0%	
CONDEPA	18.8	25.4	10.3	MIR-NM	9.4	3.0%	
UCS	16.5	16.5	18.8	CONDEPA	19.6	8.6%	
				UCS	8.4	6.8%	

出典：O'Neill（2005: 138; 140）のTable 5.6と5.7。

　　　180-219）を，経済的効果についてはFaguet（2006: 128-132）を参照すること。
12) ボリビアの教育改革については，岡村（2008）を参照すること。
13) ロサダ大統領にとっての大衆参加法制定の最大の狙いが，県への分権化要求を封じ込めることにあったという主張もある（Barr 2006: 245; Kohl and Farthing 2006: 185；船木2010：61）。
14) その当時MNRは，権力を保持するために大衆参加法を進めたと批判された（Kohl and Farthing 2006: 100）。
15) 2005年7月6日，ロドリゲス（Eduardo Rodríguez Veltzé）大統領は一連の法令を公布し，大統領令第28229号により，県知事選挙も総選挙と同日に実施することが定められた。市民委員会と県知事選挙に関してはイートン（Eaton 2007: 71-102）

表5－14 基礎自治体選挙結果

	1995年			1999年		
政党	得票率(％)	市長占有率(％)	政党	得票率(％)	市長占有率(％)
MNR	21.3	38.9	MNR	20.4	27.7
UCS	17.5	11.9	MIR	15.9	19.8
CONDEPA	15.5	8.4	ADN	14.6	25.9
MBL	13.3	14.8	UCS	11.8	10.1
ADN	11.4	11.9	NFR	8.3	2.5
MIR	9.3	6.1	MSM	45.8	4.0

出典：舟木（2010：84-85；90）の＜表5－3＞と＜表5－5＞，および＜表5－7＞。1999年の市長占有率は Rojas（2000: 93-113）より筆者作成。

国的な地方選挙の結果＜表5－14＞から分かるように，最大の受益者はMNRであった（O'Neill 2005: 138-140; 154）。

4）取引費用モデルによる仮説検証

基礎自治体を授権単位として，意思決定過程に住民参加を制度的に組み込む形の地方制度改革を実施したボリビアは，ラテンアメリカ域内でも最もドラスティックな分権化を進めた国である。市町村を支持基盤として徐々に勢力を伸ばしていったMNRこそ，大衆参加法の最大の受益者であることは間違いない。

①仮説成立：1985年に自治体基本法が制定され，市長の公選制が復活した。

図5－3 地方分権の取引費用モデル（ボリビア）

```
                            統占政府
                              │
                              │   ①エステンソロ 1985-1989
                              │   ③ロサダ 1993-1997
                              │
   分割 ─────────────────────┼───────────────────── 統一
   政府                       │                      政府
                              │
                              │   ②サモラ 1989-1993
                              │
                              │
                            分占政府
```

②仮説成立：分権関連の多くの法案が否決され続けた。
③仮説成立：大衆参加法と行政分権法が制定され，基礎自治体に財源と権限が移譲された。

3　ペルー
1）はじめに

　中南米各国において新自由主義政策は地方分権化を推進したのに対し，ペルーでは中央集権化の強化をともなった。1980年の民政移管に先立って制定された1979年憲法では，過度の一極集中と中央集権を是正するため，地方分権化の実施が定められ，1968年から1980年までの軍政期を経て成立した文民政権期に積極的に推進された。ガルシア（Alan Gabriel Ludwig García Pérez）政権（1985－1990）の末期には，全国を13の州（region）に統合する道州制が進められ，1990年には大きな期待を担って州政府が発足した。本研究の他の諸国と同じく，地方分権化への動きが大勢を占めたかに見えた。しかしながら，1992年にフジモリ政権の非常体制下で州政府は解体され，分権化プロセスは中断された。24県（departamentos）とカヤオ特別区（Provincia Constitucional del Callao）を基礎にした地域行政暫定審議会のもとで再中央集権化が図られたのである。

　ポスト・フジモリ体制を推し進めたトレド（Alejandro Celestino Toledo Manrique）政権（2001－2006）は，地方分権化の実現を公約し，就任の際，地域政府の選挙を2002年の地方選挙と同時に実施することを約束した。これにより大統領によって任命されていた知事は，2002年11月から直接選挙で選出された。

　ここでは，分権から再集権化し，また分権に転じたのはなぜなのかという問いを発し，ペルーの地方分権過程を分析していく。

2）権威主義体制と民主化

　ペルーはラテンアメリカ諸国の中でも，軍部が政治に介入した歴史の長い国である。独立した1821年以来1872年まで続いたカウディーリョの時代を経て文民政権がはじめて成立したが，20世紀に入っても軍部はしばしば政治に介入した。1962年7月，アプラ党（Alianza Popular Revolucionaria Americana：アメリカ人民革命同盟）による選挙不正に抗議するために決起した軍部は，

9カ月間実権を握った後で人民行動党（Acción Popular）のベラウンデ政権に実権を譲った。ところが，南アンデス一帯で激化した農村ゲリラ活動と政治家の汚職と腐敗，そしてベラウンデ政権が国際石油会社の国有化を棚上げしたことから，軍部は1968年10月に再びクーデターによって政権を奪取した。のちベラスコ（Juan Velasco Alvarado）将軍（1968－1975）とモラレス（Francisco Morales Bermúdez）将軍（1975－1980）の二人の軍人大統領の下でペルーは1980年まで数々の急進的な改革に取り組んだ。

　大統領になったベラスコ将軍は，国際社会からペルー革命とも呼ばれ，注目を浴びた様々な大衆向けの政策を遂行した。中でも最大の改革は農地改革であった。1969年6月に制定された農地改革法により，大土地所有制はほとんど解体され，農業人口の19％が土地の分配を受けた。軍事政権は社会改革を推進する一方で，国家主導の工業化を進めた。ベラウンデ（Fernando Belaúnde Terry）政権（1963－1968）崩壊の一因にもなった国際石油会社の接収に始まった外国資本の国有化は，米系資本を中心にグレイス社，セロ・デ・パスコ社，マルコナ鉱山と，次第に急進化し，鉱業，漁業，流通，鉄道，電信電話，金融など基幹産業を国有化した。国有企業の数はベラスコ時代だけで150を超え，中央集権的な強い権威主義体制を整えた（遅野井 1995：49）。加えて，財務省は経済財務省として生まれ変わり，権限が強化された。この他，運輸省や産業・観光省，エネルギー・鉱山省，漁業・居住省は郡に出先機関を設置することで，地方政府を統制した。1971年には，政権への支持を組織化するとともに改革推進に大衆を動員するために，経済開発国家基金局（Fondo National de Desarrolla Económico）と地域公共事業局（juntas departamentales de obraspúblicas），および，地域開発機構（corporaciones departamentales de desarrollo）といった既存の諸政府組織が統合され，国民動員翼賛庁（Sistema National de Apoyo a la Movilización Social）となった（Schmidt 1989: 208-210）。

　1975年8月に大統領がモラレス将軍に代わった後，農地改革については終了が宣言され，自主性を認められた農民や労働者はストライキに訴えて反政府運動を展開した。IMFの支援を受けるために，国内企業保護や外資規制の政策も後退を余儀なくされた。財政緊縮政策がとられ，賃金は引き締められた（恒川 2008：134）。中央政府の権限に関しては，1977年に地域発展機構（organismos regionals de desarrollo）を創設し，人事権や予算権などを移譲す

ることで，分散が図られた（Schmidt 1989: 211-212）。

　1976年5月には事実上のIMF管理下におかれるなど，国民の反軍感情の高まりの中，モラレス政権は1977年2月に民政移管の日程を示した「ドゥパック・アマル計画」を発表した。交渉の際に，軍に対し比較的穏健な立場をとっていたアプラ党とキリスト教人民党（Partido Popular Cristiano）を直接の交渉相手にしながら，軍が1968年のクーデターで政権から追い出した人民行動党を左翼諸政党とともに除外した。これに対し，人民行動党はモラレス政権が招集した制憲議会選挙には参加しなかった。翌1978年6月，制憲議会選挙が行われ，100名からなる議員が選出された。アプラ党が37議席を獲得して第一党，キリスト教人民党が25議席で第二党を占めた。左翼諸政党は28議席を占め注目を集めた。左翼勢力は，制憲議会選挙には参加したものの，アプラ党とキリスト教人民党の主導で憲法の起草作業が進められたことから，制憲議会が採択した1979年憲法には署名しなかった。アプラ党とキリスト教人民党が制憲議会を新しい政治体制を作り出すための手段として積極的に活用したのに対し，左翼勢力は体制の正統性に挑戦するために制憲議会を利用しようとした。約1年にわたる憲法の審議過程を経て1979年7月に新憲法が制定されたが，諸勢力間の排除と敵対の構図が存在していたことは明らかである。地方行政に関する憲法の規定では，郡と区を基盤とし，県は州に再編

表5−15　ペルーの大統領と各党の下院（上院）の議席占有率（％）

党派／年度	1978	1980	1985	1990
大統領 (所属政党)	フランシスコ・モラレス・ベルムデス (軍事評議会)	フェルナンド・ベラウンデ・テリー (人民行動党)	アラン・ガルシア (アプラ党)	アルベルト・フジモリ (変革90)
アプラ党	37.0 —	32.2 (30.0)	59.4 (53.3)	18.3 (23.3)
人民行動党	ボイコット —	54.4 (43.3)	5.6 (8.3)	14.4 (11.7)
キリスト教 人民党	25.0 —	10.0 (5.6)	11.7 (6.7)	13.3 (8.3)
統一左翼	28.0 —	5.6 (15.0)	26.7 (25.0)	8.9 (10.0)
変革90	—	—	—	29.4 (26.7)

注：1978年は制憲議会の選挙結果である。
出典：Cotler, J. 1995. "Political Parties and the Problems of Democratic Consolidation in Peru" in Scott Mainwaring and Timothy R. Scully (eds.) *Building Democratic Institutions: Party Systems in Latin America*, Stanford University Press, pp.338-339.

される州制度となっており，州への交付金付与が定められていた。この79年憲法における地方分権は，農村部を支持基盤としたアプラ党が自党の政治的利益にかなう制度設計を行った結果であった（O'Neill 2005: 196-197）。

12年間の軍政支配が終わり，1980年の民政移管選挙で大統領に当選したのは，1968年に政権の座を追われた人民行動党のベラウンデであった。その後，ペルーでは5年ごとに大統領と国会議員の選挙が実施され，1985年，1990年と，選挙による与野党間の政権交代がペルー史上はじめて2度連続して実現した＜表5－15＞。

3）地方分権の政治過程

軍に追放され，新憲法制定にも参加しなかったベラウンデは反軍政の象徴として約46％を獲得して大統領に当選した。議会選挙においても人民行動党は勝利を収め，安定的基盤を得た。1963年にも大統領に当選したことがあるベラウンデは，当選後に基礎自治体首長選挙を実施したものの，基礎自治体首長選挙は軍政期間の10年間行われることなく，民主化によって彼が再び大統領の座を取り戻してやっと復活した。1980年の地方選挙＜表5－16＞においても圧勝した政権党は，地方政府の財政的自律性を高めるための地方自治体財政改革法案を1981年に議会に提出した。この法案は紆余曲折を経て3年後の1984年に可決された（O'Neill 2005: 197-198）。

1983年11月の地方選挙で大敗して以降，人民行動党は，1985年の大統領選挙では7.3％しか獲得できず，下院では98議席から10議席に，上院では26議席から6議席に議席数を減らした。1985年，アラン・ガルシア大統領を首班とするアプラ党政権が発足し，アプラ党が結成以来ようやく61年目にはじめて政権を握った。ところが，ガルシア政権は1986年の地方選挙では勝利したも

表5－16　1980年代の地方選挙での党派別郡長数（人）と占有率（％）

年度／党派	人民行動党	キリスト教人民党	アプラ党	統一左翼	無所属	その他
1980	102 (66.7)	0 (0.0)	23 (15.0)	14 (9.2)	8 (5.2)	6 (3.9)
1983	36 (22.6)	2 (1.3)	77 (48.4)	32 (20.1)	8 (5.0)	4 (2.5)
1986	不参加	1 (0.6)	159 (88.3)	10 (5.6)	2 (1.1)	7 (3.9)
1989	54 (29.5)	16 (8.7)	26 (14.2)	49 (26.8)	17 (9.3)	21 (11.5)

注：民主戦線（Frente Democrático）は人民行動党・キリスト教人民党・自由の動きによる1990年の選挙連合である。
出典：村上（2004：108）。

のの，3年後の1989年の地方選挙では大敗を喫した。国政においても支持を失っていたガルシア政権は，従来の県を13の州に統合する道州制を成立させた。この新しい道州制の導入は，国政からも地方からも支持を失った政権党が新しい支持母体を創設し，政治的反転を図るための策略であった16 (O'Neill 2005: 199)。

　2回目の決戦投票で大統領選を制したフジモリが政権に就いた1990年中盤のペルー経済は，外国からの支援なしには復興の端緒をつかむことすら難しい破綻状態に陥っていた。そこでフジモリ大統領は，選挙期間中のポピュリスト的なスタイルから180度異なる市場経済化路線を打ち出した。公共料金や食糧・灯油への補助金削減に始まり，財政緊縮，公務員人員削減，民営化，為替自由化，輸入自由化まで，広範囲にわたった新自由主義政策の結果，インフレは低まったものの，人員削減と賃下げを余儀なくされた労働組合はフジモリ政権への反発を強めた。議会の多数を制する野党もフジモリを失脚させようとして，法案審議に協力しなかった。左翼ゲリラの活動も盛んになり，テロ問題も深刻化した。こうした事態を打開するため，フジモリ大統領は軍部の協力を得て，1992年4月自主クーデターを実行した。憲法を停止した上で，議会を解散することで全権を掌握した。この非常体制下で，州政府は解体され，同年11月予定の地方選挙も延期された。

　制憲議会選挙でフジモリ派の「変革90新多数派運動」が過半数を押さえ，一気に統一政府に転じた。この勝利を背景に，憲法停止措置と制憲議会選挙の実施により延期された地方選挙に向け，フジモリ政権内部ではその方針をめぐり意見の対立が生じたが，与党の地方組織の強化には至らず，1993年1月に実施された地方選挙で与党は惨敗した（村上 2004:167－168，271－272）。この結果＜表5－17＞から，フジモリ政権はエージェンシーコストを下げ集権化を図るため，1993年に制定した新憲法において，自治体が自由に使える地方交付税を廃止する代わりに，それを中央政府が統制する地方政府補償基金（Municipal Compensation Fund）に衣替えすることで中央集権化を強めた。政治的にも，大統領の2期連続再選が認められるとともに，大使の任命や軍

16）　1回しか行われなかった州政府選挙では，アプラ党が11州で勝利を収めたが，フジモリ大統領の再集権化によって最初で最後の選挙となった。その後，2002年にトレド政権によって復活する。

表5-17　1990年代の地方選挙での党派別郡長数（人）と占有率（％）

党派／年度	1993	1995	1998
人民行動党	42 (22.3)	15 (7.7)	5 (2.6)
キリスト教人民党	6 (3.2)	0 (0.0)	―
アプラ党	26 (13.8)	―	6 (3.1)
統一左翼	27 (14.4)	―	―
変革90他与党系[1]	2 (1.1)	0 (0.0)	72 (37.1)
「我らはリマ／ペルーである」運動[2]	―	1 (0.5)	21 (10.8)
ペルー統一運動	―	―	2 (1.0)
無所属・独立系[3]	82 (43.6)	175 (90.2)	78 (40.2)
無効・未実施	3 (1.6)	3 (1.5)	10 (5.2)
合計	188	194	194

注：―は未参加ないし結成前を表す。
1）フジモリ与党勢力で，1993年と95年は変革90・新多数派運動，1998年は「隣人よ，前進しよう」運動。
2）1995年に「我らはリマである」運動として結成され，98年に「我らはペルーである」運動に改名。
3）フジモリ勢力と主要政党勢力を除いたその他の勢力。
出典：村上（2004：168）。

　と警察の将官階級関係の昇進人事の承認といった上院のもつ権限も大統領に移行された。
　中央集権化への傾向は1995年以降も続いた。1995年4月の大統領選挙でフジモリの得票率は64.5％で，次点者に40ポイント以上の差をつけた。議会選挙においても与党連合は過半数を制した＜表5-18＞。こうした国政レベルの高い支持に対し，地方レベルの支持は著しく低い状況下で，フジモリ政権は地方の野党勢力を攻撃のターゲットに据えた。同年5月，与党連合は政党登録に必要な有権者の署名数をそれまでの10万人から，有権者の4％，つまり約48万人へと大幅に増やす改正を強行採決で成立させた。この突然の改正

表5-18　大統領選挙の結果と議会の議席数

	主要政党または選挙連合 （大統領候補者）	大統領選（％） 1次投票　2次投票	議会選挙 （人）
1995	変革90・新多数派運動（フジモリ）	64.5	67
	ペルー統一運動（ペレス・デクエヤル）	21.8	17
2000	ペルー2000連合（フジモリ）	49.9　74.3	52
	「可能なペルー」運動（トレド）	40.2　25.7	29
2001	「可能なペルー」運動（トレド）	36.6　53.1	45
	アプラ党（ガルシア）	25.8　46.9	27
	国民統一（フロレス）	24.3	17
	独立浄化戦線（オリベラ）	9.8	12

注：「可能なペルー」運動（Perú Posible）は1994年にアレハンドロ・セレスティーノ・トレド・マンリケ（Alejandro Celestino Toledo Manrique）によって設立された。
出典：清水（2008：250）。

により，11月予定の地方選挙に向け，大統領選挙での得票率が5％を下回った既存政党の場合は，自動的に政党登録を抹消されることとなり，新たに政党登録を行う必要に迫られた。大統領選挙で21.8％を得たペルー統一運動と，前もって政党登録の準備をしていた人民行動党を除き，他の既存政党にとっては大きな打撃となった。そしてほとんどの政党は地方選挙で公認候補を擁立できず，地方の党員が独自に立候補することとなった。

　＜表5－17＞に示されているように，1995年地方選挙は，1993年の地方選挙と比べて野党勢力が急激に弱体化していたため，無所属・独立系の候補の勝利となった。続いてフジモリ政権は，地方政府への財政的支援を故意に差し控えるとともに，地方政府への統制を強めていった。例えば，首都であるリマ郡との関係を取り上げてみると，リマ郡が中央政府に要請した借款の許可を遅らせることや，米州開発銀行に対する借款申請を経済財政省が支持しなかったこともあった。また，中央政府は公園や幼児へのミルク無料配給組織の管轄権を郡から区に移管し，リマ・カジャオ開発公社の幹部も両地方自治体の首長への照会なしに任命した。加えて地方政府の民営化事業に関しても，中央政府の民間投資促進委員会を通じて行うことに法律を変更した（村上 2004：349）。

　他方，地方の組織的基盤の弱さを実感したフジモリ大統領は，与党連合とは別の「隣人よ，前進しよう」という政治運動を立ち上げ，1998年の地方選挙に立ち向かった。「隣人よ，前進しよう」運動はかなりの威力を発揮し，194郡のうち72郡で勝利することで，野党を圧倒した。2000年には様々な問題を抱えながらも大統領職三期目を迎えたフジモリ大統領は，野党議員の買収事件をきっかけに，議会によって解任された。これをもって，大統領選挙のやり直しが行われ，2001年に「可能なペルー」運動のトレドが選出された。

　フジモリ政権の崩壊後，ポスト・フジモリ体制を推し進めたトレド政権は，地方分権化の実現を公約し，就任の際，地域政府の選挙を2002年の地方選挙と同時に実施することを約束した。フジモリ体制の過度な中央集権から脱皮し，支持を取り付けるために実施を公約した地方分権化は，既存の行政区画である24県1特別区を基礎に25の地域政府を創設することから出発した。2002年には地域政府基本法（Ley Orgánica de Gobiernos Regionales，法律第27867号）が可決され，知事（presidente regional）と副知事，および，地域議会（consejo regional）を構成する7名から25名の議員が，比例代表で政党

名簿に基づいて直接選挙で選出されることになった。各レベルの政府の権限を定義した地方分権基本法（Ley de Bases de la Descentralización, 法律第27783号）と，市町村基本法（Ley Orgánica de Municipalidades, 法律第27972号）も成立した[17]。とりわけ，地方分権基本法では地方分権化過程の4段階が示されていた。その中で教育は保健部門と並んで，地方分権化過程の最終段階に位置付けられた。すなわち，同法第9編第2章移行規則第2項，地方分権化過程の段階によると，準備段階は2002年6月から12月，第1段階は州および地域行政府組織の設置，第2段階は州への分権化過程の強化，第3段階は，農業・漁業・産業・農産加工業・商業・観光業・運輸・通信・環境・住居など，諸部門の権限移譲と受容，第4段階は教育と保健部門の権限の移譲と受容である。なお，2003年の総合教育法（Ley General de Educación, 法律第28044号）では，地域政府への分権化を行うことと，教育機関を分権化における基本的な機関とすることが定められている（工藤 2012：145）。

　最初の地域選挙では，25の地域政府のうち，与党が勝利したのはカヤオのみの結果となった。アプラ党が13の地域で勝利し，地方選挙でもリマ郡をはじめ，野党が基盤を固めた。こうした分占政府下でも2004年には財政分権化法が成立し，分権化の大枠が定まったのである。

4）取引費用モデルによる仮説検証
①仮説成立：軍政期に中断されていた基礎自治体首長選挙，すなわち，政治的分権が行われた。
②仮説不成立：地方自治体財政改革法が1984年に可決された。結論的に，本研究の仮説は成立しないことになるが，ベラウンデ政権は1981年からその法案を議会に提出しており，議会での修正過程を経て1984年に議会を通過したので，このことは1981年法案の遺産であるといえよう。
③仮説成立：ガルシア政権は従来の県を13の州に統合する道州制を成立させた。要するに，政治的分権を進めた。
④仮説成立：1990年7月の大統領就任時から1992年4月の自演クーデターまでの時期において，フジモリ政権の地方分権に関するコミットはほとんどな

17）　地方政府の組織と事務分配については，ポルトガル（2005：67-69）を参照すること。

図5－4　地方分権の取引費用モデル（ペルー）

```
                    統占政府
                      │
                      │  ①ベラウンデ 1980-1983
                      │  ③ガルシア 1985-1990
                      │
  分割              ──┼──              統一
  政府                │                政府
                      │
       ④フジモリ 1990-1992  ②ベラウンデ 1984-1985
       ⑥トレド 2001-2006    ⑤フジモリ 1992-2000
                      │
                    分占政府
```

く，既存の中央地方関係が維持されていた。
⑤仮説成立：分割政府・分占政府を克服し，望み通りに政権運営を進めるために，フジモリ大統領は自演クーデターという方法に訴えた。その後，議会権力を掌握したフジモリ政権は，大統領の権力を強化すると同時に，地方交付税を廃止し，地方政府を強く統制するという逆コース改革を進めた。
⑥仮説不成立：トレド政権は，地方政府から中央政府に権力を奪い取ったフジモリ政権の集権化に対する反発として，地方の意向を反映する制度改革の誘引に直面した。2002年に地域政府が創設されるとともに，様々な行政部門の地方への移譲が進められた。2004年には財政分権化法も成立した。分権化こそが時代のトレンドであるとして，トレド政権が目指さざるを得ない政策となった。

4　コロンビア
1）はじめに

コロンビアは，スペイン植民地の時代から地方の勢力が優勢で，地域間の対立が激しい国であったが，これを見直すために制定されたのが，中央集権化を目指した1886年の統一憲法である（フランシスコ・デ・ルー 1999：115）。制定されて以来，何度か修正は経てきたものの，大統領が県知事を任命し，県知事は市長を任命する仕組みは1986年まで存続してきた。大統領はこの人事権を利用することによって，地方自治体をコントロールできただけではなく，野党向けの人事と大統領が選好する法案との取引も可能であった。

コロンビアの地方分権は1980年代の中盤から推進されていく。1986年の市長公選から始まり，1991年には1886年に制定された憲法が全面改正され，県知事の公選と基礎自治団体への財源移譲が盛り込まれた。引き続き，1993年と1994年には行政的分権が行われたのである。

コロンビアの場合は，本研究が分析対象としている諸国の特徴とは異なり，ロハス（Gustavo Rojas Pinilla 1953-1957）時代を除いて一貫して文民政権が維持されており，権威主義体制を経験していないため，分権化の過程が民主化の過程と重ならない（Escobar-Lemmon 2003: 684）。それゆえここでは，分権化が本格化した1980代以降の時期に焦点を当て，中央政治家が手元の権力を地方に手放した理由を解明する。

2）国民協定と二大政党制

コロンビアは建国以来，非常に安定した政治制度を今日に至るまで保っている。独立以来一貫して自由党と保守党による二党体制が維持されている。1946年に保守党政権が誕生すると，保守党政権は徐々に自由党派に対するテロを繰り広げた。1948年の自由党党首のガイタン暗殺をきっかけに激昂した自由党派の市民と保守党派の市民が衝突し，多くの死者が出た。この一連の政治的混乱の中，1953年に軍事クーデターが発生し，軍事政権が誕生したが，1958年に伝統的な二大政党である自由党と保守党によって国民協定が締結され，軍事政権は幕を閉じた。国民協定というのは，自由党と保守党の二大政党が4年ごとに交代で大統領を選出し，国会議員，地方自治体議員，閣僚，県知事など，国と地方自治体の立法および行政に関わるトップレベルの政策決定ポストを選挙の結果如何に関わらず両党が折半するという，歴史上他に例を見ない取り決めである。さらに，国民協定が効力を持つ1958年から1974年にかけての期間中，二大政党以外の政党は選挙に参加できないということも取り決められた（村上・遅野井編 2009：345）。

国民協定は1974年をもって期間終了となり，それ以降は，政党間の自由な競争が行われるはずであった。しかしながら，＜表5－19＞に示されているように，1974年以降も依然として二大政党制が維持されていたと言わざるを得ない。国民協定終了後はじめての大統領となったロペス（Alfonso López Michelsen, 1974-1978）は，自由党進歩派として貧富の差，地域間格差の解消を掲げ，その一環として累進課税を含む税制改革に取り組んだ。とりわけ，

表5−19 コロンビアの大統領と各党の下院（上院）の議席占有率（％）

年度	大統領（所属政党）	保守党	自由党	その他
1974	アルフォンソ・ロペス・ミケルセン（自由党）	33.2 (33.0)	56.8 (58.9)	10.1 (8.0)
1978	フリオ・セサル・トゥルバイ・アヤラ（自由党）	41.7 (43.3)	55.8 (55.4)	2.5 (0.9)
1982	ベリサリオ・ベタンクール・クァルタス（保守党）	41.2 (43.0)	57.8 (54.4)	1.0 (2.5)
1986	ビルヒリオ・バルコ（自由党）	40.2 (37.7)	49.2 (50.9)	10.6 (11.4)
1990	ビルヒリオ・バルコ（自由党）	31.2 (31.3)	58.5 (59.1)	10.3 (9.6)
1990（制憲議会）	セサル・ガビリア・トルヒージョ（自由党）	11.5	29.0	59.5
1991	セサル・ガビリア・トルヒージョ（自由党）	28.6 (24.5)	54.7 (55.9)	16.8 (19.6)
1994	エルネスト・サンペル・ピサノ（自由党）	31.3 (30.4)	54.0 (55.9)	14.7 (13.7)
1998	アンドレス・パストラナ・アランゴ（保守党）	23.6 (24.5)	54.0 (47.1)	22.4 (28.4)

出典：Registraduría Nacional del Estado Civil, RNE。1990年12月には制憲議会選挙が行われた。

　注目すべきなのは，分権改革と制憲議会を創設するための関連法案が1977年に議会で可決される。ところが，翌年の5月に最高裁判所によって違憲となり，ひっくり返された。そこには，市長や県知事の公選といった政治的分権の内容は含まれていなかったものの，地方へのリソースと裁量の移譲が盛り込まれていた（O'Neill 2005: 110-111）。

　1978年大統領選挙では，自由党のフリオ・トゥルバイ・アヤラ（Julio César Turbay Ayala）が保守党のベリサリオ・ベタンクール（Belisario Betancur Cuartas）を僅差で破った。トゥルバイは保守党員を5人入閣させ，引き続き保守党との協力関係を維持しており，閣僚ポストに関してはその後も与党・野党に関わらず折半して一種の変則的な連立政権が形作られて，1986年までは二大政党制が維持された。トゥルバイ政権はロペス前政権の基本政策を踏襲したが，コーヒー産業の衰退と石油価格の高騰によってインフレは亢進した。インフレの亢進は労働組合の賃上げ攻勢を激化させるとともに，開発計画にも歯止めをかけた。さらに農地改革の遅滞や失業の増大が背景となり，1970年代末からゲリラ闘争が再開され，1980年には左翼ゲリラ4月19日運動（M19）がボゴタのドミニカ共和国大使館を占拠して立て籠もる事件が起こった。このようにトゥルバイ政権期はインフレ対策とゲリラの掃討に終始せざるを得

なかった。

3）地方分権の政治過程

　1982年の大統領選挙では自由党の候補者調整が失敗に終わり，自由党から2人の候補が出馬した。分裂したまま選挙に臨んだ結果，いわば漁夫の利を得た保守党のベタンクールが12年ぶりに保守党政権を成立させた。選挙キャンペーンにおいて，市長と県知事の公選を最も重要な4つの公約のうちの1つとして掲げたベタンクールは，積極的に政治的分権を推し進めた。議会は1886年以降維持されてきた市長職の任命制を，1988年からすべて公選に改正するという法案を承認することで，連綿と続いた100年の伝統に終止符を打った。

　ベタンクール政権が市長の公選を実現したのは分割・分占政府の状況で，統一・統占政府の時に分権が行われるという本研究の仮説が当てはまらない期間である。オニールは保守党政権の国政支持の弱さと基礎自治体の相対的な支持基盤の強さにその原因を求めている。すなわち，保守党は広域自治体における支持基盤よりも基礎自治体の支持基盤が固く，大統領職を失っても市長職は勝ち取れると計算した結果，県知事の公選ではなく市長の公選を推進したという（O'Neill 2005: 103-106）。しかし，彼自身も認めているように，保守党と自由党両党とも，若手議員は市長の公選を支持したのに対し，幹部議員はそれに反対した（O'Neill 2005: 113）ことと，分割政府下で法案が成立したことについては説明ができていない（Falleti 2010: 130）。文脈固有の説明を重視するイートンは，反政府武装勢力による武力紛争を終結させ，多様な勢力が参加できる新しい政治的空間を作り出すために一連の分権改革が行われたと主張した（Eaton 2006: 535）。これに対し，イートンとは異なる文脈に注目したファレッティは，市民のストライキと要求こそが分権化の決定的な要因であったと反論した（Falleti 2005: 338-339; 2010: 130）。

　最初の市長公選は自由党のバルコ（Virgilio Barco Vargas, 1986-1990）政権期である1988年に実施され，＜表5-20＞のように保守党は市長職の41.9％を，自由党は44.7％を占めた。市長の公選から始まった分権改革は，伝統的に県の支持基盤が固い自由党によって県知事の公選へと進んでいく。バルコ大統領は県知事の公選を含む政治改革を主な内容とする憲法改正を推進した。コロンビアの憲法は，1886年に制定されて以来，何度か修正されてきたもの

表5-20 コロンビアにおける各党の地方自治体の占有率（％）

年度	広域自治体 (Region) 保守党	自由党	基礎自治体 (Municipality) 保守党	自由党
1972	13.6	86.4	37.2	54.8
1974	18.2	81.8	41.5	57.6
1978	22.7	77.3	44.0	56.4
1980	13.6	86.4	41.1	57.6
1982	17.4	82.6	42.4	57.4
1984	17.4	82.6	43.4	56.1
1986	17.4	82.6	44.6	53.9
1988	13.0	87.0	41.9	44.7
1990	0.0	100.0	36.9	52.9
1992	11.1	66.7	26.0	39.0
1994	21.9	68.8	40.7	48.7
1997	9.7	61.3	29.3	38.4

出典：Registraduría Nacional del Estado Civil, RNE。広域自治体の知事選挙が行われた1992年以前については議会の過半数を占めた政党のデータを用いた。同様に基礎自治体の場合も1988年以前のデータは議会の過半数を占めた政党である。

の，基本的には制定当時のものが存続してきた。バルコ大統領の狙いは，固定化した二大政党制によって政治参加が制限され，暴力的な反体制活動がかえってエスカレートすることにつながった事態への反省として，政治的危機や不満の捌け口を制度的に保障しようというものであった。しかし，議会による憲法改正が失敗に終わった後，1989年8月，大統領当選が確実視されていた自由党のガラン（Luis Carlos Galán Sarmiento）候補が，ボゴタ近郊を遊説中に複数のヒットマンにマシンガンなどで銃撃され，死亡した事件が起こった。数カ月後，愛国連合のオッサ（Bernardo Jaramillo Ossa）候補とM19のピザロ（Carlos Pizarro Leongómez）候補も暗殺された。こうした一連の事件をきっかけに，バルコ大統領は戒厳令を宣布し，憲法改正のための制憲議会選挙を呼びかけた（Van Cott 2000: 52-62）[18]。

バルコ政権に続き，武力紛争が激化する中で発足した自由党のガビリア（César Augusto Gaviria Trujillo, 1990-1994）政権が最も力を注いだのは憲法改正であった。憲法改正のための制憲議会選挙が1990年12月に実施され，70席のうち自由党と保守党は各々25席と9席しか獲得できず，M19が19席も獲得し躍進した（Archer and Shugart 1997: 148）。全部で5つの委員会で構成された制憲議会は1991年2月から7月まで開かれた。委員会のうち，中央地方関係の在り方の検討を担当したのは，第2委員会（The territorial organization of the state, and regional and local autonomy）であった。委員会の構成員12人のうち，自由党所属議員が7人であった。委員会では，ガビリア大統領の県知事公選と県議会強化案，M19議員らによる県議会に対する行政的機能のみの移

---

18) 1980年代の財政的分権に関しては，Correaら（1999: 231-234）が詳しい。

譲案,そして全国基礎自治体連合会(Colombian Federation of Municipalities)の現状維持案の3つの意見が争われた。結局のところ,自由党が多数を占めていたので,ガビリア大統領の県知事公選と県議会強化案が委員会で承認された。個々の議員の投票行動に関するデータは存在しないので,県知事公選案に対する各議員の政策ポジションを特定することはできないが,本会議においても3分の2以上の賛成をもって可決された。

なお,医療保健と教育の分権化も1991年憲法で始まった。32県と1070のムニシピオ(それぞれ当時)に,医療保健サービスの施設や人的資源や事務が移譲されるとともに,基礎教育のための計画と人的資源管理の主要責任も県に移譲された。基礎自治体は学校施設に責任を持つようになった(山崎圭一 2011:223-225)[19]。こうした行政的分権に加え,新憲法の356条と364条には財政的分権が定められていた。356条には中央政府から地方政府の教育と医療サービスに財政を自動的に移譲し,移譲額の50%は同一額を,残りの50%は各地方政府の人口と行政効率性などに応じて配分すると規定していた。そして財政移転なしの責任の分権化はあり得ないと強調した。とりわけ基礎自治体への財政移転率を,1993年における国税収入の14%から2002年に22%にまで引き上げると364条には定められた。また,非課税収入の移転も含まれており,地方政府の収入は1991年と比べ,1998年にはほぼ2倍となった(Angell et al. 2001: 31-32; Falleti 2010: 140-142)。引き続き1993年と1994年には県の間の教育と医療サービスへの財源分配が特定されるとともに,基礎自治体におけるインフラ・住宅・上下水道などの分権化が実現した[20]。

4) 取引費用モデルによる仮説検証

コロンビアにおける地方分権改革は特定政党の政策選好でも,近隣諸国から学習したことでもない。あるいは,第3世界でよくみられるドナー国からの圧力でも,民主化運動への対応でもなかった。それはあくまで政権党が地方選挙を有利に導くための手段であったといってよいだろう。保守党による市長公選と自由党による県知事公選および行財政的分権は,エージェンシー

---

19) コロンビアの教育分権は Angell ら (2001: 174-184) を参照すること。
20) ガビリア政権期の財政的分権は Correa ら (1999: 234-239) と Bird ら (1998: 172-205) を参照すること。

図5－5　地方分権の取引費用モデル（コロンビア）

```
                  統占政府
                    │
                    │      ②バルコ 1986-1990
                    │      ③ガビリア 1990-1994
                    │
  分割              │              統一
  政府──────────────┼──────────────政府
                    │
      ①ベタンクール 1982-1986
                    │
                    │
                    │
                  分占政府
```

コストを低下させることを狙った政権党の選択であり，各党の地方における支持基盤が異なるために生じた結果であった。

①仮説不成立：保守党のベタンクール政権は分割・分占政府の時に市長公選を推し進めたので，本研究の仮説は成立しないことになる。この時期は，自由党による政権交代の可能性は高かったものの，保守党の基礎自治体に対する支持基盤が固かったため，政治的分権が実現した。

②仮説成立：自由党のバルコ大統領が政権を取り戻した後，自由党の支持基盤である県知事の公選と財政分権を推し進めた。

③仮説成立：バルコ政権に引き続き，ガビリア政権は，政治的・行財政的分権を実施した。

5　フィリピン

1）はじめに

フィリピンはアジア諸国において先駆的で最も積極的に地方分権改革を推進した国である。1950年代に早くも始まっていた地方分権は，1972年にマルコス（Ferdinand Edralin Marcos）大統領（1965－1986）が戒厳令を敷いた際に停滞し，むしろ中央集権化が進められた。マルコスは首長や地方議会の選挙を約8年間停止すると同時に，首長を議会議長兼務とし大統領任命議員の議席を制度的に設けた。このように大統領による地方政府支配を確立する一方で，地方政府を監督するために地方政府地域開発省（Department of Local

Government and Community Development）を設置した。他方で，各中央省庁は地域事務所（Regional office）を設置し，地方政府の開発計画・公共事業に対する直接的関与を拡大した。また，それまで地方政府単位で運営されていた警察も1975年に統合国家警察（Integrated National Police）として中央政府の管轄下に統合された。

　1986年，マルコス政権がエドサ革命（EDSA Revolution）によって倒され，アキノ（Corazón Aquino）政権（1986－1992）が誕生すると，戒厳令のもとに進められた中央集権化に対し，地方分権化が主要な政策課題として推進される。地方分権化を具現化したのが1991年に制定された地方政府法（Local Government Code）である。これは，地方官吏任命権や規制権限などを地方政府に移管することで，中央政府の監督権を弱めるとともに，地方政府に国庫から支出される内国歳入割当金（Internal Revenue Allotment）を増やした。これにより，地方政府歳入が中央政府歳入に占める割合は，分権前の4.86％（1985年から1991年平均）から分権後の7.09％（1992年から2005年平均）と微増し，他方，地方政府歳出が中央政府歳出に占める割合は，11.00％（1985年から1991年平均）から21.23％（1992年から2005年平均）と倍増した（Manasan 2007: 2）。

　ここでは，こうした分権化に向けた動きとして最も大きな影響を与えた地方政府法が制定された政治的条件を解明していく。

2）権威主義体制と民主化

　第2次世界大戦後，アメリカから独立[21]を果たしたフィリピンでは，1950年代と1960年代に数多くの地方自治関連の法令が議会を通過して，州，市，町の組織法が統一に向かい，地方政府の権限と財源が漸進的に拡大された。

　1959年に制定された一連の法律，大統領による任命制だった憲章市（Charter City，現在の高度都市化市，独立構成市などに当たる）の市長すべてに公選制を導入した共和国法第2259号，それまで法的に独立した単位ではなかったバリオを行政単位として認めるバリオ憲章（Barrio Charter），そして地方政府に関する様々な権限の拡大を1本の法律にまとめた地方自治法（Local

---

21) アメリカ統治期から独立するまでのフィリピンの地方制度については，川中（2003：246-248）が詳しい。

Autonomy Act）では，町や市の予算権と徴税権を拡大し，町長には町議会の承認を得て町法務官ポストを新設する権限を，町議会と市議会には，国家計画委員会に諮った上で，土地利用計画条例を制定する権限が新たに与えられた。

1967年に制定された地方分権法（Decentralization Act）では，地方政府の首長に地方予算から給料を全額支払っている職員の任命権が付与されるとともに，州と市に公共事業技官と法務官のポストが設置された。同時に，地方予算を使って実施する公共事業の監督や法律問題の業務を行うことになり，地方政府の権限と機能が大幅に拡大した（Wurfel 1988: 91-93）。

しかしながら，こうした地方分権化は権威主義体制のもとで大幅に縮小に向かうこととなる。1965年に大統領に当選し，1969年にフィリピン史上はじめて大統領再選を果たしたマルコス大統領は，1935年憲法に規定された3選禁止条項により合法的な政権延命ができなくなった状況に直面し，反政府勢力への対抗と寡頭エリート支配社会の変革を名分に1972年に戒厳令を布告した。この戒厳令により1935年憲法は停止され，有力野党指導者は逮捕され，権威主義政権への道を開くことになった。とりわけ，暫定国民議会が設置される1978年まで議会が完全に停止され，立法も大統領による行政命令の形でなされることとなった。

1973年憲法では，大統領，首相，一院制議会によって構成される議院内閣制が採用され，しかも，暫定国民議会選挙まで大統領職と首相職の両職を現職大統領が兼任可能であるという規定が盛り込まれていた。これによりマルコス大統領は旧憲法の3選禁止条項をクリアし，強力な権限を手中に収めることになった（川中 2003：22）。

マルコス大統領に行政権と立法権が集中すると，大統領による地方政府への直接的な介入と中央省庁への集権化が進んだ。まず，地方自治の前提である首長と地方議会の選挙を約8年間停止することによって，それ以降いくつかの地方政府の人事が大統領の任命に切り替わった。1977年の時点で，州・市・町の首長31人，地方議会議員の400人あまりが大統領によって交代させられた（Wurfel 1988: 138）。同時に，地方議会の構成を変え，首長を議会議長兼務とするとともに大統領任命議員の議席を制度的に設けた。また，1973年憲法の第14条12節では，国家警察の創設が定められ，それまで約1,500の地方政府の管轄下にあった地方警察が一元的に警察軍として統合された。地方警

察，消防，刑務所の監督は警察軍の監督下におかれ，市と町は，地方政府予算の18％を統合警察の維持のために負担することとなった[22]。1967年地方分権法で州知事と市長に与えられた地方財務官と税評価官の任命権は大統領に，財務官補および税評価官補の任命権も財務長官に移された。

　これまで地方政府の管轄であった環境保全（下水処理計画など）および農業天然資源省から地方政府に移管されていた諸権限（畜肉処理費，検査費など）が国に戻された。地方政府の管轄とされていた農業関連のフィールド・プログラムも，農業省管区事務所の管轄に統合された。地方開発計画策定は中央省庁の責任であり，地方政府の学校建設・補修に関する権限は公共事業道路省へ移管され，地方政府のバランガイ道路建設・補修に関する権限も制限された。地方政府への内国歳入税の割当は法文上20％に引き上げられたが，税収の多寡や補助金との兼ね合いに応じて中央政府の判断で減額してよいことになっていたため，実際には平均して規定の半分程度の11％ほどしか分配されていなかった（佐久間 2010：52－53）。

　加えて，州レベルの上位に地域（Region）制度を導入し，全国を11の地域に分割して，そこに各中央省庁は地域事務所（Regional Office）を設置した。これを通して中央政府は地方レベルの開発計画・事業に対する直接的な関与を拡大した。ただし，各省庁の開発計画を調整するために地域の地方政府首長らを評議員とする地域開発評議会（Regional Development Council）を設置したことは注目に値するが，地域開発評議会の事務局は国家経済開発庁（National Economic Development Agency）の地域事務所が担当しており，自立的な役割を果たしえなかった。もう1つ，1974年9月，それまでのバリオ（村）という名称をバランガイとあらため（大統領命令第557号），行政単位としての役割を強化しようとした。しかしこの制度は，マルコスが地方政治家を，翼賛政党型与党連合「新社会運動（Kilusang Bagong Lipunan）」に組み込んで，彼らを直接に掌握することにより，長期独裁政権を安定的なものにするのに大いに役立った（片山 2001：116）。

　なお，大統領の地方政府監督を補佐する機関として，戒厳令布告後，地方政府地域開発省（Department of Local Government and Community Develop-

---

22) 1973年憲法下の地方自治に関しては，Guzmanら（De Guzman et al. 1988: 215-217）を参照すること。

ment）を設置したが，1978年に Department から Ministry に改称されるとともに，新設した居住省に地域開発の機能は移管され，地方政府監督に専念することになった。居住省（Ministry of Human settlements）は住宅事業と小規模事業融資などをはじめ，あらゆる行政サービスをパトロネージとして住民に直接配分し，地方行政に中央政府が大きく関わっていた。

1978年には暫定国民議会（Interim Batasang Pambansa）選挙，そして1980年に戒厳令布告以降はじめての地方選挙，それと前後して，1981年に戒厳令解除とバランガイ選挙，1984年に国民議会（Batasang Pambansa）選挙が行われ，政権の正統性確保のための努力が払われているかに見えたが，野党指導者ベニグノ・アキノ・ジュニア（Benigno Simeon Aquino, Jr.）元上院議員の暗殺だけではなく，依然としてマルコスが選挙委員会を含めあらゆる政府機構を支配していた中で，こうした一連の選挙が公正なものであったかについては大きな疑念が持たれた。

1986年2月に行われた繰上げ大統領選挙で，マルコス陣営の得票不正操作が判明した。これを受けて，エンリレ国防相やラモス（Fidel Valdez Ramos）参謀長ら国軍改革派が決起し，100万の市民が抗議デモを行い，結局，マルコス政権は崩壊した。これによりコラソン・アキノが大統領就任を宣言，このことがエドサ革命，またはピープル・パワー革命（People Power Revolution）である。

3）地方分権の政治過程

アキノ政権は革命政権として自らを位置付けた上，マルコス体制を清算するとともに，政権を安定させるために，就任直後から新憲法の作成に着手した。それはマルコス権威主義体制以前の1935年憲法体制へ回帰するという内容であり，新しい憲法を制定するための憲法制定委員会が1986年6月に発足し，1987年2月に草案が国民投票に付され，76.4％の賛成票を獲得し承認された[23]。新憲法には，地方政府の財政強化（Art. X Sec. 6），地方政府資源利用権の強化（Art. X Sec. 7），都市化地域の自治権保障（Art. X Sec. 11 and 12），地方自治に基づく地域開発評議会の設置（Art. X Sec. 14），および，分権化を通じて住民の要求に対応できる地方政府を作り出すための新しい地方政府法

---

23) 憲法制定過程については，野沢（1986；1987a）を参照すること。

の制定を規定する条文が盛り込まれていた（Art. X Sec. 3）。同時に，大統領の暫定地方首長の任命権を行使することで，マルコスの地方の支持基盤を切り崩した。1986年4月22日の時点で，地方自治大臣に就任したアキリノ・ピメンテル Jr.（Aquilino Pimentel, Jr）が主導する形で，知事の76.3％，市長の66.7％，町長の42.7％を更迭した（野沢 1987b：290）。

新憲法によって復活した二院制下で，上院は，すべて単一の全国区から選出された24名の議員からなっており，任期は6年で3年ごとに半数が改選され，二期が限度とされた。一方の下院は，250議席以下と規定されており，任期は3年で，三期が限度であった。新しく生まれ変わった制度のもとで，

表5－21 上院選挙の結果

政党	得票数	得票率（％）	議席数	議席率（％）
Lakas ng Bayan	243,431,395	64.9	22	92.0
GAD	99,754,162	26.6	2	8.0
KBL	16,356,441	4.4	0	0.0
PnB	8,532,855	2.3	0	0.0
その他	55,519	0.0	0	0.0
無所属	6,874,428	1.8	0	0.0
総計	375,004,800	100.0	24	100.0

注：Lakas ng Bayan: People's Power, GAD: Grand Alliance for Democracy, PnB: Party the Nation (Partido ng Bayan), KBL: New Society Movement (Kilusang Bagong Lipunan).
出典：Commission of Elections.

表5－22 下院選挙の結果

政党	得票数	得票率（％）	議席数	議席率（％）
少数政党と連合	2,648,719	13.2	55	27.5
PDP-Laban	3,477,958	17.3	43	21.5
Lakas ng Bansa	3,510,638	17.5	24	12.0
無所属	2,660,894	13.2	23	12.0
UNIDO	2,570,876	12.8	19	10.0
LP	2,101,575	10.5	16	8.0
KBL	823,676	4.1	11	6.0
NP	1,444,399	7.2	4	2.0
GAD	268,156	1.3	2	1.0
PnB	328,215	1.6	2	0.0
Lakas ng Bayan	248,489	1.2	1	0.0
総計	20,083,595	100.0	200	100.0

注：下院の構成メンバーの250名は，全国を区割りした選挙区（小選挙区）から選出された議員200名と，全国区として政党名簿から各党の投票数の割合で選出される50名で構成される。ただし，1987年の新憲法には，全国区選挙の実施は，1998年の下院議員選挙から行われる旨が規定されていた。
出典：Commission of Elections.

1987年5月に総選挙が行われた＜表5-21＞と＜表5-22＞。

フィリピンの政党システムは極めて不安定であり，政党制確立への道はありそうにない（吉川 2010：141）。選挙前後に，前大統領と新大統領の所属政党が異なれば，下院と地方首長を中心に所属政治家の増減，栄枯盛衰が起きる。すなわち，前大統領の政権党から新大統領の政権党への移籍の波である。新政権ごとに政党を渡り歩く地方政治家もいる（吉川 2010：144）。ゆえに，勢力関係は時期によって目まぐるしく変化する。

1987年5月の時点で，KBL・NP・GADはアキノ大統領と対立しており，PDP-Laban（フィリピン民主党・人民の力）とLakas ng Bansa（人民の力）はアキノ大統領の親戚が率いていた。両者は直ちに合併を行いLaban Ng Demokratikong Pilipino（LDP：フィリピン民主の戦い）を結成した。LDPは野党や無所属議員を引き抜くことによって，1988年から1991年にかけて，下院の総200席のうち，4分の3である150以上の議席を維持するようになった。上院の場合も総24席のうち，22議席を占めていた。

翌年1月に，マニラ首都圏では1971年以来17年ぶりに，その他の地域では1980年以来8年ぶりに地方選挙が実施された。73の正副州知事，620の州議会議員，60の正副市長，674の市議会議員，1,532の正副町長，12,290の町議会議員，合計15,249の地方ポストをめぐって，約155,000人の立候補者の間で選挙戦が戦われた。与党は州，町の元首長その他有力者の意見を尊重して候補者を決めたが，野党はアキノ政権によって追放された前知事や町長を立候補させた（Hawes 1989: 15-16）。2,050万人の有権者のうち，80％は投票し，アキノ政権を支持する政党——例えば，Lakas ng Bansa 2,134; PDP-Laban 2,959; LP 1,259; UNIDO 591; Coalitions 2,634——が合計9,577議席を獲得し，その一方，野党——NP 583; KBL 151; GAD 1; Partido ng Bayan 17; Coalitions 309——は1,061議席を獲得した。その他，無所属や地域政党が5,255議席を得た。とりわけ，75州のうち53州を，PDP-LabanとLakas ng Bansaが占めており，アキノ政権が権力を強化するための一歩であった。（Teehankee 2002: 166）。

このように，議会選挙がアキノ政権側の圧勝に終わり，さらに，地方選挙も概して平穏に行われ与党側が勝利を収めると，アキノ政権は地方分権に本格的に取り組み，1991年に地方政府法の制定にまで至る。地方政府法の内容とその展開については，すでに多くの研究者が紹介している（片山 2001：118

−131；川中 2003：253−265；佐久間 2010：53−63；平石 1998：119−137；Angeles and Magno 2004: 217-253; Cariño 2007: 95-107）ので，ここでは簡単に言及するにとどめる。

　地方政府法の施行前には，農業，保健，社会福祉，環境保全，観光などのサービスを提供したのは，農業省・保健省・環境天然資源省・社会福祉省といった中央省庁であり，地方政府は予算や人員の一部を負担していたに過ぎなかった。地方首長の人事権も限定的で，地方政府が自由に策定できる予算や計画も首長室の運営管理や地方一般予算の範囲内での公共事業などに制限されていた。中央政府による地方政府の監督権も大きかった。ところが，1991年に地方政府法により多くの権限，財源，予算・開発計画策定権，任命権が中央政府から地方政府に移譲され，地方首長に集中し，中央政府の監督権は弱まった。例えば，教育分権の場合，1987年憲法の第14条では，国は全ての国民が質の高い教育を受ける権利を保護・推進するとともに，そのような教育が全国民にとってアクセス可能になるよう，適切な方策を講じると定めており，教育へのアクセスのユニバーサル化と質の向上が謳われている。これをさらに地方政府法では，基礎自治体が公立校校舎の建設と維持管理に責任を持つこととされた。地方政府による教育関連支出は1991年の800万ペソから1998年に7千900万ペソに10倍近く上昇した（Behrman et al. 2002: 42）。同様に，医療保健の分権化も，地方政府法では，地域医療保健委員会（Local Health Board）の設置が認められ，各地域における医療保健政策に住民参加を義務付けている。医療保健事務の諸権限は中央政府から地方自治体へ移譲され，移管された全中央政府職員7万人のうち保健省からは約2万5千人以上が地方へ移籍した。保健省職員が約3万5千人であったから7割近くの職員が移管されたことになる。一方，財政的側面から見た場合，分権化によって移譲された行政機能に関わる経費総額は約63億ペソであり，そのうち医療保健部門が全体の65％を占めている。複数の省庁にわたり実施されたことを考慮すれば，分権改革の焦点が医療保健部門にあったことが理解できるだろう（福島 2006：23−24）。また，地方政府法は，地方政府の財政と地方開発にも大きな変更をもたらし，財源の拡大および地方予算・地方開発計画策定にかかる自由度も拡大した[24]。

24）フィリピンの財政分権に関しては，内村（2009）が詳しい。

こうした地方政府法が制定された背景として，第1に，マルコス独裁政権に完全な終止符を打ち，かつ，マルコス独裁政権下で特権化されていた地方名望家による政治や地方自治を根本的に変える必要があったこと，第2にフィリピン特有の分裂社会にあって，集権的地方制度の下では地方自治が育たないため，分権的な政府形態を採用せざるを得なかったこと，第3には5層にもわたる地方行政機構を簡略化し，住民のニーズに即応できる効率的な行政機構へと改革せざるを得なかったという3点があげられている（平石1994：134）。片山によれば，マクロ的に①アキノ政権における一連の民主化（脱マルコス化），②1989年の経済構造調整政策の導入，③世界的なアジェンダに対する敏感さという要素が地方政府法の成立要因であったと指摘すると同時に，より直接的な制定理由として，アキノ政権発足直後からのクーデターの連続で，新政権の重要政策の多くが滞り，実績があげられなかった。そこで，1990年代に入って，憲法で立法化するよう指定された自治法を成立させて，アキノ政権の最大の業績として喧伝しようとの意志が働いた。1992年の大統領選も近づいて，アキノ政権の初代内務自治長官であったピメンテール上院議員も同法成立により力を入れることになった。他方，自治体の側からすれば変えるのならなるべく自分に有利なものにしたいといった誘因が働いたという（片山 2001：117）。類似した観点に立って，佐久間も地震や火山の噴火などの自然災害に見舞われて，マルコス派の再興を許さなかった以外にこれといった業績を残せなかったアキノ政権にとって，地方自治の推進は民主化定着と地方政治復権のシンボルとして，どうしても任期中に成功させたかった施策であると指摘している（佐久間 2010：53）。選挙制度の変化という観点から，イートンは，民主化後に制定された新憲法が大統領や議員の再選を制限したため，中央政治家は自らの手元に権力を集中させる誘因が弱くなり，近い将来に地方政治家に変身する可能性が高まったことが，地方政府法の制定理由であると論じている（Eaton 2001: 116-117）。

4）取引費用モデルによる仮説検証

フィリピンの地方自治を分析する研究者は，大幅な行財政的権限が移譲された理由を多様な観点から論じてきた。そういった議論を踏まえながら，アキノ政権が地方分権を進めた理由を取引費用モデルから体系的にまとめる。1987年5月の議会選挙がアキノ政権側の圧勝に終わり，統一政府を形成した

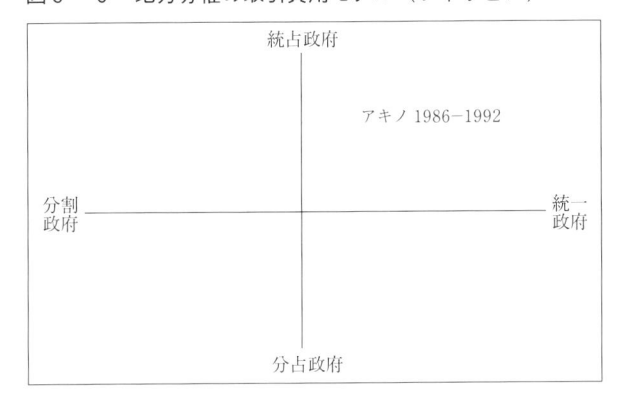

図5－6　地方分権の取引費用モデル（フィリピン）

```
                    統占政府
                     │
                     │   アキノ 1986-1992
                     │
        分割─────────┼─────────統一
        政府         │         政府
                     │
                     │
                    分占政府
```

後，1988年1月の地方選挙では権力基盤を地方にまで強化した。こうして統一・統占政府を形成すると，アキノ政権はマルコス派の地方権力を弱めるとともに，1992年大統領選挙において地方分権を業績として誇示するために，地方政府法を制定したといえよう。

第3節　小括

　大統領をはじめとする中央政治家やエリート官僚は，中央権力を弱める制度変化を望むわけではない。それにもかかわらず，なぜ中央政府は自らの権限と財源を地方政府に移譲するのか。どのような条件下で地方分権を推進するのか。分権化のタイミングとスピードは何によって決まるのか。また，ペルーの再集権化はいかに説明できるのかといった問いを発し，単一集権国家・大統領制・人口をコントロールした上で，韓国との対比を前提に，チリ・ボリビア・ペルー・コロンビア・フィリピンの5カ国を比較分析の対象国として選択した。そして統一政府と分割政府および統占政府と分占政府という2つの基準に「地方分権の取引費用モデル」を組み立て，立法コストの高低とエージェンシーコストの高低を組み合わせて，地方分権の推進・行財政的支援，地方分権の準備・行財政的支援，現状維持・行財政的統制，逆コース・行財政的統制という4つの仮説を立てた。＜図5－7＞に示されているように，5カ国の各政権を実証分析した結果，ペルーのトレド政権・コロンビ

図5－7　地方分権の取引費用モデルと仮説の成否

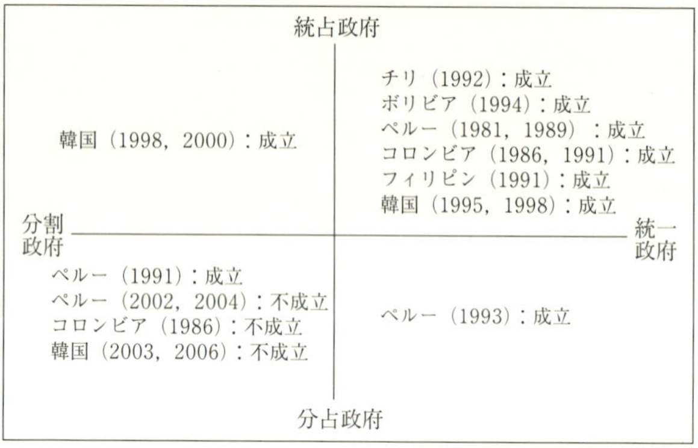

```
                    統占政府
    ┌─────────────────┬─────────────────┐
    │                 │ チリ (1992)：成立 │
    │                 │ ボリビア (1994)：成立 │
    │ 韓国 (1998, 2000)：成立 │ ペルー (1981, 1989)：成立 │
    │                 │ コロンビア (1986, 1991)：成立 │
    │                 │ フィリピン (1991)：成立 │
    │                 │ 韓国 (1995, 1998)：成立 │
 分割├─────────────────┼─────────────────┤統一
 政府│ ペルー (1991)：成立 │                 │政府
    │ ペルー (2002, 2004)：不成立 │                 │
    │ コロンビア (1986)：不成立 │ ペルー (1993)：成立 │
    │ 韓国 (2003, 2006)：不成立 │                 │
    │                 │                 │
    └─────────────────┴─────────────────┘
                    分占政府
```

アのベタンクール政権・韓国の盧武鉉政権を除き，仮説は当てはまった。仮説から外れた3つの政権はすべて3象限の分割・分占政府なのに，分権化を進めた事例である。このことは，既存の集権化政策をひっくり返すための手段として分権化を進めた事例もあれば（ペルーのトレド政権），政権交代の可能性（コロンビアのベタンクール政権）や大統領の信念（韓国の盧武鉉政権）で説明できる事例もある。

　自治体を含む下からの圧力がほとんどといってもよいほど存在しなかったチリと，地方からの県への分権化要求が非常に強かったボリビアの事例を比べると，両国とも広域自治体ではなく基礎自治体を強化した点で共通している。このことは，地方からの圧力によって分権化が行われたという主張の反証であり，両国の共通点は広域レベルにおける政権党の支持基盤が弱く，基礎レベルの支持基盤が強かったために生じたのである。ただし，ボリビアでは広域レベルに支持基盤を有する政党が政権を握り，2005年に広域自治体への分権が実現するが，チリでは2009年までコンセルタシオンが執政権を独占していたので，広域レベルの分権化は実現していない。また，コンセルタシオンが権力を独占していたチリと政党システムが極めて不安定なフィリピンを除く分権化は，ボリビアの連立政権，頻繁に政権交代が行われたペルーにおける諸政党，コロンビアの二大政党両方，韓国の二大政党両方によって推進されたわけで，政党のイデオロギーによるものでもない。さらに，ライバル・セオリーで検討したように，政権交代の可能性の高低というより，むしろ政党組織は集権的で，債務危機も深刻ではなかった5カ国における地方分

権（あるいは再集権）は，中央政府と地方政府との党派性と深く関連しており，大統領と政権党が短期的な党派的利益を追求した結果であることが本研究を通して明らかになった。

　5カ国のうち，コロンビアを除き，チリ・ボリビア・ペルー・フィリピンの4カ国は権威主義体制を経験している。これらの国における政治的分権は民主化のための手段として使われると同時に，政権党の党派的利益を強化する手段としても利用された。これに対し，行財政的分権は民主化の過程と重ならず，政権党が同一党派の地方政府を手助けするための手段であった。全体的に，中央政府の場合は大統領選挙の過程で，地方政府は地方選挙で両方が業績誇示の手段として分権政策をアピールしたのである。

終章 「地方分権の取引費用モデル」の射程と可能性

　最初に，取引費用モデルの意義について触れておきたい。現実においては独立変数と従属変数の間に無数の媒介変数が存在する。ゆえに，両者を結び付けるためにも数多くの因果連鎖が必要となるのは確かである。

　とはいえ，複雑な現象についてその構成要素すべてを変数化しながら，その全体的構図を解明するということは，実際にはほとんどといってもよいほど不可能に近い作業であろう。仮に，可能であるとしても，それがいかなる意味を持ち，それによって何が解明できるだろうか。むしろ，両者をつなげる多くの因果連鎖の中で，両者の特質を最もよく表現できる鍵概念を見つけ出すことがより重要ではなかろうか。こうした意味で本書は，政府形態とアウトカムの媒体として取引費用を取り上げたのである。

　なぜ中央政府は自らの権力を弱めるような改革，すなわち，政治的分権を行い権限と財源を地方政府に移譲するのか。これがある時期には積極的に行われ，ある時期には停滞するのはなぜなのか。言い換えれば，分権のタイミングとスピードは何によって決まるのか。地方分権の条件と因果関係を解明することが本書の目的であった。

　これらの問いに対して，韓国における地方分権政策のタイミングやスピードおよびその程度は，政権党が取引費用を計算して行った合理的な戦略であったことを答えとして提示した。つまり，エージェンシーコストと立法コストという2つの取引費用の多寡によって，分権のタイミング・スピード・程度が決まる。このことを第2章から第3章にかけて，「地方分権の取引費用モデル」により地方分権の推進・行財政的支援，地方分権の準備・行財政的支援，現状維持・行財政的統制，逆コース・行財政的統制という4つの仮説

を立て，1987年以降成立した4つの政権，20年間を対象に検証を行った。1988年4月から1990年2月までの盧泰愚政権期は，「地方自治法改正法律案」「地方議会議員選挙改正法律案」「地方自治団体議長選挙法案」など，重要な法案が成立し，それに基づいて地方議会が構成されたため，仮説が成立した。1993年2月から1995年6月までの金泳三政権期には，広域自治体の首長と議会，基礎自治体の首長と議会の4つの選挙が同時に実施され，地方自治が復活されたため，仮説が成立した。1995年6月から1998年2月までの金泳三政権は，監査・検察捜査などの方法を使い，地方政府を統制しようとし，権限や財源の移譲にも消極的になったため，仮説が成立したと主張した。その後も，金大中政権（1998.2～1998.6：Ⅲ象限，分割政府・分占政府）と盧武鉉政権（2003.2～2004.4：Ⅲ象限，分割政府・分占政府）の一時期を除き，本書の仮説は検証できた。

　第4章第1節では，ソウル特別市の市税であるタバコ消費税と，ソウル市傘下の自治区の区税である総合土地税の交換をめぐって，中央政府・ソウル市・ソウル市の国会議員・自治区等の諸アクター間の争いを，「地方分権の取引費用モデル」によって分析することを目的とした。

　タバコ税と総土税の税目交換は，首長の公選がはじまった1995年にソウル市における自治区の間の財政的不均衡を解決する方法として提案された。それ以降，両者の交換をめぐり国会における与党と野党，中央政府とソウル市，ソウル市と自治区，自治区の間で激しく対立してきた。しかしながら，1995年から2007年5月に至るまでの長期間にわたって，諸アクター間の利害調整が行われたにもかかわらず，決着は付かなかった。その後，漸く2007年6月に入り，地方税法改正案が国会を通過するに至った。このように2007年7月に法案が通過するまでに，12年間にわたってイシューになっていたにもかかわらず，なぜ地方税法の改正が実現されなかったのか。また，なぜ長らく対立の対象であった法案が2007年7月に国会を通過したのか。より具体的にいえば，1995年から2007年5月までに国民会議・民主党・ヨリンウリ党が，積極的に税目交換を推進したにもかかわらず，なぜそれが実現できなかったのか。それは与党と中央政府及び，ソウル市とその傘下の自治区間の党派が一致しなかったからであった。

　「地方分権の取引費用モデル」は，中央政府による地方分権政策の決定に重点がおかれており，地方レベルの政治過程は無視されていた。すなわち，中

央地方関係の集権的側面のみが強調されていたため，地方政府の政策イニシアティブと地方政府間の関係が見逃されがちであった。さらに，特定の法案あるいはイシューをめぐる具体的な決定過程の分析が行われていない。ただ同時に，韓国の地方政治を考える上で，中央地方関係の影響も無視することはできない要因である。したがって，このような認識に基づいてここでは，中央政府の意向を取り込むとともに，地方政府の政治過程に焦点を合わせた分析モデルを構築した。そこで，中央政府に対する地方政府のイニシアティブと，広域地方自治体と基礎地方自治体及び基礎地方自治体間のダイナミズムを，地方税目の交換過程を研究対象として分析した。こうした作業を通して中央政府に対する地方政府の従属性と自律性という二元対立的な発想から離れ，両者を統合しながら韓国の地方自治の現状を描き出そうとした。

　第4章第2節では，中央と地方間の財政調整をめぐる政治過程を，「不動産取引税」を事例として取り上げ，「地方分権の取引費用モデル」により説明することを目的とした。また，「地方税目交換の政治分析」の限界であったソウル特殊論をこえ，韓国の地方政府全般を説明できることを示した。とりわけ，次の側面に注目した。第1に，地方の最大税収源である「不動産取引税」がなぜ減税のターゲットとなったのか。第2に，「不動産取引税」の引き下げまたは廃止を一貫して主張してきたハンナラ党は，なぜ2006年8月に減税法案の国会通過を阻止しようとしたのか。より具体的にいえば，盧武鉉政権に入り，高騰し続ける不動産価格に対して，政権党は非常に高い税金を累進的に課す政策を執拗に推進したが，ハンナラ党は常に市場メカニズムに任せながら，供給を拡大させるべきであると主張し続けた。つまり，ハンナラ党は政権党の累進課税強化政策に反対し，減税と供給を通じた市場メカニズムの尊重を訴えてきたものの，「不動産取引税」の引き下げ案に対してはなぜ急に選好を転換せざるを得なかったのか，という問いを立てた。これに対し，ヨリンウリ党が地方政府の強い反発を十分に認識したにもかかわらず，取引税をターゲットとした何よりの理由は，地方権力がほぼ100％といってよいほどハンナラ党によって占められていたからであった。これにより，政権党は地方政府の選好を考慮する必要性がなくなり，地方政府を配慮せず，むしろ地方政府の裁量を弱めようとする誘因が働いたと結論付けた。

　筆者は地方分権という現象を説明する際に，特定の時間と場所，具体的な文脈と歴史に焦点を当てながらも，事例の特殊性を強調するのではなく，な

ぜ地方分権が発生し，これがいかに展開したのかに関する因果的規則性（causal regularities）を明らかにしようとした。この研究方法は，事例の特殊性（particularities）のみに焦点を当て詳細な記述にとどまる文脈依存的な解釈主義（interpretivism）とも，タイムレス・プレイスレスの普遍的で法則的一般化（nomological generalization）を目指す研究手法とも異なる。要するに，文脈の特殊性を勘案しつつ，制限された範囲内において因果的規則性を発見し，これを類似の事例に適用することで仮説の妥当性を検証する手法である。このための最も適切な方法が比較分析である。第5章は，比較の中で各国の地方分権過程を分析したものである。韓国の地方分権の分析から得られた知見を踏まえて，チリ・ボリビア・ペルー・コロンビア・フィリピン5カ国に分析対象を広げ，「地方分権の取引費用モデル」による説明を試みた。5カ国は，単一主権国家で大統領制を採用しているという共通点はあるものの，各国の歴史や地方分権が行われた政治・行政の文脈は異なる。そこで筆者は各国の歴史や文脈を考慮しながら，地方分権の過程という事例に限定して因果メカニズムを解明したのである。

参考文献

韓国語文献（カナダラ順）

コ・キョンフン，2004「中央地方間関係の政策形成研究―城南市を事例に―」『韓国行政学報』38巻2号，41-62頁．

権・キョントク，ウ・ムジョン，2009「参与政府の地方分権政策の実態分析―中央事務の地方移譲を中心に―」『韓国地方自治学会報』21巻2号，5-28頁．

グム・チャンホ，2009「参与政府の地方分権政策の評価と今後の課題」『韓国地方行政研究』23巻1号，3-25頁．

金男旭，2007「不動産取引税制の問題点と改善方向」『年報土地公法研究』第36輯，77-123頁．

金東一，1999「地方政府間の税目交換が地方財政に与える効果に関する研究―タバコ消費税と総合土地税を中心に―」漢陽大学校地方自治大学院修士学位論文．

金順殷，2003「地方分権政策の評価―推進手続きと過程を中心に―」『地方行政研究』17巻3号，39-70頁．

金ヨンミン，1999「わが国における不動産政策の課題」『年報不動産学研究』第16輯，151-172頁．

金元壽，2005「住宅政策効果の実証的分析―住宅価格変動を中心に―」国民大学大学院行政学科博士論文．

金鍾淳，2000「広域・特別市と自治区間の税源配分体系の改編に関する研究」『韓国地方自治学会報』12巻4号，113-132頁．

ナム・チャンウ，チェ・ファシク，2005「地方分権と地域革新のための地方政府の役割と課題」『韓国政策科学学会報』9巻4号，385-407頁．

リュ・ジェヒェン，2002「地方政府におけるガバナンス型の知事のリーダーシップ模索」『韓国地方自治学会報』14巻3号，43-63頁．

朴完奎，2003「ソウル市の自治区間における地方税収入の不均衡の緩和に関する研究」『韓国地方財政論集』8巻2号，101-128頁．

朴釘洙，2001「不動産取得税および登録税の課税標準の現実化方策研究」『年報税務学研究』第18巻第2号，115-134頁．

朴泫錫，2005「中央政府と地方政府間の税源再配分に関する研究―ソウル特別市と自治区を中心に―」中央大学校大学院経済学科修士学位論文．

裵仁明，1996「市税と区税の調整法案―ソウル市を中心に―」『韓国地方行政研究』10巻4号，97-112頁．

アン・ヨンフン，2009「事務区分体系の改善方法に関する研究」『韓国地方政府研

究』13巻1号，149-171頁
元求桓，2004「参与政府における中央地方関係の分析」『韓国地方自治学会報』16巻4号，51-70頁
元允喜，1996「自治区間の財政不均衡を改善するための方法に関する研究」『韓国地方行政研究』10巻4号，73-95頁。
陸東一，2006「地方選挙における政党公認の限界と課題—地方議会の活性化を中心に—」『韓国地方自治学会報』18巻1号，5-26頁。
柳端錫，2001「ソウル特別市における自治区の財政運営の実態および問題点に関する研究」延世大学校行政大学院修士学位論文。
ホ・インスン，2005「ソウル市における自治区間の財政不均衡を解決するための改善方案」『韓国税務学論集』18巻2号，762-786頁。
禹元植議員，http://www.wws.or.kr/。
イ・カンヒ，2003「地方自治団体長のリーダーシップ—地域発展とリーダーシップとの連携—」『韓国行政論集』15巻3号，643-665頁。
イ・サンファン，1995『地方自治法はこうやって作られた—第12代国会末以降の地方自治法の立法過程に関連する資料集—』図書出版大陸。
李インス，2006「参与政府の不動産政策の評価と代案—11・15不動産市場安定化対策を中心に—」『年報大韓不動産学』Vol. 24, 195-205。
李鍾和，1999「地方税制度の改善方案に関する研究」慶熙大学校大学院行政学科修士学位論文。
林承彬，2005「1990年代以降における日韓の地方分権政策に関する比較」『日本研究論叢』22巻，121-158頁。
李勝鍾，2005「盧泰愚政府の地方分権政策評価」『行政論叢』43巻2号，351-379頁。
イム・ヒョンマン，2000「政党構図が地方議会の活動に与えた影響に関する研究」『韓国行政学報』34巻1号，193-212頁。
將炳九，1992「韓国の地方土地税制に関する研究」『年報地方自治研究』第4巻第1号，59-79頁。
鄭世煜，2005『地方自治学』法文社。
崔昌浩，2006『地方自治学第5版』三英社。
ウァン・アラン，2002「地域主義と地方自治—基礎自治団体長の政党公認」『韓国行政学報』36巻2号，129-143頁。
ウァン・アラン，2006「政党競争と韓国地方選挙の構造化」『韓国と国際政治』22巻2号，1-28頁。
ソウル特別市，http://www.seoul.go.kr/。
大韓民国国会，http://www.assembly.go.kr/。
大韓民国選挙管理委員会歴代選挙情報システム，http://www.nec.go.kr/sinfo/index.html。
大韓民国国会，『法律知識情報システム』http://likms.assembly.go.kr/law/jsp/main.jsp。

連合ニュース，http://www.yonhapnews.co.kr/。
全国市・道知事協議会，http://www.gaok.or.kr/。
第一六代大統領職引受委員会，2003『対話（大統領職引受委員会白書）』。
中央選挙管理委員会，http://www.nec.go.kr。
カインズ（韓国言論財団），http://www.kinds.or.kr。
統計庁，http://kostat.go.kr/portal/korea/index.action。
行政自治部地方財政公開システム，http://lofin.mogaha.go.kr:8100。

日本語文献（五十音順）

伊藤正次，2003『日本型行政委員会制度の形成―組織と制度の行政史―』東京大学出版会。
岩崎美記子，1998『分権と連邦制』ぎょうせい。
岩田拓夫，2010『アフリカの地方分権化と政治変容』晃洋書房。
内村弘子，2009「フィリピンの政府間財政関係」『「分権化と開発」調査研究報告書』アジア経済研究所。
岡村美由紀，2008「多様性を超えた統合へ―ボリビアの教育改革・異文化間二言語教育の例―」『国際教育協力論集』第11巻，第2号，175-186頁。
大野泉，2004「ボリビア PRSP の概要と評価―日本の援助の取り組みへの示唆―」『ボリビア国別援助研究会報告書―人間の安全保障と生産力向上をめざして―』国際協力機構国際協力総合研修所。
遅野井茂雄，1995『現代ペルーとフジモリ政権』アジア経済研究所。
遅野井茂雄，2008「ボリビア・モラレス政権の『民主的革命』―先住民，社会運動，民族主義―」，遅野井茂雄・宇佐見耕一編『21世紀ラテンアメリカの左派政権：虚像と実像』アジア経済研究所。
粕谷裕子，2010「アジアにおける大統領・議会関係の分析枠組み―憲法権限と党派的権力を中心に」，粕谷裕子編『アジアにおける大統領の比較政治学：憲法構造と政党政治からのアプローチ』ミネルヴァ書房。
片山裕，2001「フィリピンにおける地方分権について」『「地方行政と地方分権」報告書』国際協力事業団国際協力総合研修所。
川中豪，2003「フィリピンの地方分権改革」，作本直行・今泉慎也編『アジアの民主化過程と法：フィリピン・タイ・インドネシアの比較』アジア経済研究所。
川中豪，2010「フィリピンの大統領制―大統領と議会のバーゲニングとその政策帰結への影響―」，粕谷裕子編『アジアにおける大統領の比較政治学：憲法構造と政党政治からのアプローチ』ミネルヴァ書房。
北野浩一，2008「チリ・バチェレ政権の成立と課題」，遅野井茂雄・宇佐見耕一編『21世紀ラテンアメリカの左派政権：虚像と実像』アジア経済研究所。
北村亘，2006「三位一体改革による中央地方関係の変容―3すくみの対立，2段階の進展，1つの帰結―」，東京大学社会科学研究所編『「失われた10年」を超えて

［Ⅱ］：小泉改革への時代』東京大学出版会。
北村亘，2007「地方自治の制度的発展」『「アフリカにおける地方分権化とサービス・デリバリー——地域住民に届く行政サービスのために——」報告書』国際協力機構国際協力総合研修所。
工藤瞳，2012「ペルーにおける教育の地方分権化の過程と課題」『京都大学大学院教育学研究科紀要』第58号，143－154頁。
久邇良子，2004『フランスの地方制度改革——ミッテラン政権の試み——』早稲田大学出版部。
河野勝，2002『制度』東京大学出版会。
佐久間美穂，2010「フィリピンの地方政府」，永井史男・船津鶴代編『東南アジアにおける自治体ガバナンスの比較研究』アジア経済研究所。
作本直行・今泉慎也編，2003『アジアの民主化過程と法』アジア経済研究所。
清水達也，2008「成長を最優先するペルー・ガルシア政権」，遅野井茂雄・宇佐見耕一編『21世紀ラテンアメリカの左派政権：虚像と実像』アジア経済研究所。
砂原庸介，2011『地方政府の民主主義——財政資源の制約と地方政府の政策選択——』有斐閣。
曽我謙悟・待鳥聡史，2007『日本の地方政府——二元代表制政府の政策選択——』名古屋大学出版会。
恒川恵市，2008『比較政治——中南米——』放送大学教育振興会。
内貴滋，2009『英国行政大改革と日本——「地方自治の母国」の笑顔——』ぎょうせい。
南京兌，2009『民営化の取引費用政治学——日本・英国・ドイツ・韓国4ヶ国における鉄道民営化の比較研究——』慈学社。
南京兌，2010a「政府間ガバナンスの取引費用政治学（1）（2・完）——韓国における金大中・盧武鉉政権の地方分権政策の検証——」『法学論叢』第167巻，第4号，1－31頁，同5号，1－19頁。
南京兌，2010b「取引費用の数理モデル（1）（2）（3）（4）（5・完）」『法学論叢』第168巻，第1号，1－18頁，同2号，1－28頁，同3号，1－34頁，同4号，1－12頁，同5号，1－23頁。
南京兌，2013「地方分権の国際比較——チリ・ボリビア・ペルー・コロンビア・フィリピンの比較分析——」『法学論叢』第172巻，第4・5・6号，385－462頁。
南京兌・李敏揆，2007「韓国地方分権の政治分析」『季刊行政管理研究』第117号，63－81頁。
南京兌・李敏揆，2008a「地方税目交換の政治分析——ソウル特別市と自治区間のタバコ消費税と総合土地税をめぐる党派的争い——」『年報行政研究』第43号，131－150頁。
南京兌・李敏揆，2008b「韓国における不動産取引税の引き下げの政治分析——地方分権の政治合理モデル」による事例分析——」『年報政治学2008－Ⅱ』59－78頁。
西尾勝，2011『行政学［新版］』有斐閣。

野沢勝美，1986「フィリピン：新憲法審議の焦点」『アジアトレンド』第35号，32－44頁。

野沢勝美，1987a「フィリピン新憲法草案の特色と意義」『アジアトレンド』第37号，65－81頁。

野沢勝美，1987b「アキノ政権安定化への苦闘：1986年のフィリピン」『アジア動向年報1987年版』アジア経済研究所。

平石正美，1994「発展途上国の地方分権—フィリピンの地方分権を中心として—」『都市問題研究』第46巻，第1号，128－139頁。

平石正美，1998「フィリピン」，森田朗編『アジアの地方制度』東京大学出版会。

福島浩治，2006「フィリピン保健医療制度の分権改革」『横浜国際社会科学研究』第10巻，第6号，21(637)－38(654)頁。

舟木律子，2010『制度の政治参加—ボリビア大衆参加法を事例として—』神戸大学大学院国際協力研究科博士学位論文。

フランシスコ・デ・ルー，1999「コロンビア：その社会・経済・政治的変化と障壁」，堀坂浩太郎編『変動するラテンアメリカ社会「失われた10年」を再考する』彩流社。

堀坂浩太郎・子安昭子，1999「チリ：社会政策の変遷—保健および教育制度を中心に—」，堀坂浩太郎編『変動するラテンアメリカ社会「失われた10年」を再考する』彩流社。

ポルトガル・ムニョス・リカルド，2005「日本とペルーにおける地方分権の比較分析」『自治フォーラム』553号，64－75頁。

増山幹高，1995「議会，合理的選択，制度論」『公共選択の研究』26号，79－92頁。

待鳥聡史，1996「アメリカ連邦議会研究における合理的選択制度論」『阪大法学』46巻3号，69－113頁。

松井和久編，2003『インドネシアの地方分権—分権化をめぐる中央・地方のダイナミクスとリアリティー—』アジア経済研究所。

真渕勝，2009『行政学』有斐閣。

三輪千明，2007「チリにおける基礎教育の課題—貧困地域の優良校と問題校の比較分析から」『アジア経済』第48巻，第4号，2－23頁。

村上弘，2003『日本の地方自治と都市政策—ドイツ・スイスとの比較—』法律文化社。

村上祐介，2008「行政組織の必置緩和と地方政府の制度選択—教育委員会制度改革を素材として—」『年報政治学2008－Ⅱ』37－58頁。

村上祐介，2011『教育行政の政治学』木鐸社。

村上勇介，2004『フジモリ時代のペルー』平凡社。

村上勇介・遅野井茂雄，2009『現代アンデス諸国の政治変動—ガバナビリティの模索—』明石書店。

森田朗編，1998『アジアの地方制度』東京大学出版会。

山崎圭一, 2011「地方分権化の進展と課題」, 西島章次・小池洋一編『現代ラテンアメリカ経済論』ミネルヴァ書房。

吉川洋子, 2010「フィリピンの民主制―政党支持なし投票者と候補者選好投票―」, 吉川洋子編『民主化過程の選挙―地域研究から見た政党・候補者・有権者―』行路社。

吉田秀穂, 1997『チリの民主化問題』アジア経済研究所。

欧文文献（アルファベット順）

Adserà, Alicia and Carles Boxi. 2008. Constitutions and democratic breakdowns. In *Controlling Governments: Voters, Institutions, and Accountability*, eds. J. M. Maravall and I. Sanchez-Cuenca. Cambridge: Cambridge University Press.

Alder, E. Scott and John S. Lipinski. 1997. "Demand-Side Theory and Congressional Committee Composition: A Constituency Characteristics Approach." *American Journal of Political Science* 41(3): 895-918.

Alt, James E., Fredrik Carlsen., Per Heum., and Kåre Johansen. 1999. "Asset Specificity and the Political Behavior of Firms: Lobbying for Subsidies in Norway." *International Organization* 53(1): 99-116.

Angeles, Leonora C., and Francisco A. Magno. 2004. "The Philippines: Decentralization, Local Governments, and Citizen Action," in *Decentralization, Democratic Governance, and Civil Society in Comparative Perspective: Africa, Asia, and Latin America*, eds. Philip Oxhorn, Joseph S. Tulchin, and Andrew D. Selee. Baltimore: Johns Hopkins University Press.

Angell, Alan., Pamela Lowden and Rosemary Thorp. 2001. *Decentralizing Development: The Political Economy of Institutional Change in Colombia and Chile*. New York: Oxford University Press.

Archer, Ronald P. and Matthew Soberg Shugart. 1997. "The Unrealized Potential of Presidential Dominance in Colombia," in *Presidentialism and Democracy in Latin America*, eds. Scott Mainwaring and Matthew Soberg Shugart. Cambridge: Cambridge University Press.

Barr, Robert B. 2006. "The Politics of Devolution in Bolivia and Other Andean Countries," in *Decentralization in Asia and Latin America: Towards a Comparative Interdisciplinary Perspective*, eds. Paul Smoke, Eduardo J. Gómez and George E. Peterson. Edward Elgar.

Behrman, Jere R., Anil B. Deolalikar and Lee-Ying Soon. 2002. *Promoting Effective Schooling through Education Decentralization in Bangladesh, Indonesia, and Philippines*. Asian Development Bank.

Bianco, William and Robert Bates. 1990. "Cooperation By Design: Leadership, Structure, and Collective Dilemmas." *American Political Science Review* 84(1): 133-148.

Bird, Richard M., and Ariel Fiszbein. 1998. "Colombia: the Central Role of the Central Government in Fiscal Decentralization," in *Fiscal Decentralization in Developing Countries*, eds. Richard M. Bird and François Vaillancourt. Cambridge: Cambridge University Press.

Bird, Richard M. and François Vaillancourt. eds. 1998. *Fiscal Decentralization in Developing Countries*. Cambridge: Cambridge University Press.

Bland, Gary. 2004. "Enclaves and Elections: The Decision to Decentralize in Chile," in *Decentralization and Democracy in Latin America*, eds. Alfred P. Montero and David J. Samuels. Notre Dame, IN: University of Notre Dame Press.

Blanes, José. 1999. "La Descentralización en Bolivia: Avances y retosactuales", La Paz, CBEM.

Brehm, John and Scott Gates, 1997. *Working, Shirking, and Sabotage: Bureaucratic Response to a Democratic Public*. Ann Arbor: The University of Michigan Press.

Burki, Shahid Javed, Guillermo E. Perry and William Dillinger. 1999. *Beyond the Center: Decentralizing the State*. Washington: IBRD.

Campbell, Tim. 2003. *The Quiet Revolution: Decentralization and the Rise of Political Participation in Latin American Cities*. Pittsburgh: University of Pittsburgh Press.

Cariño, Ledivina V. 2007. "Devolution toward Democracy: Lessons for Theory and Practice from the Philippines" in *Decentralizing Governance: Emerging Concepts and Practices*, eds. G. Shabbir Cheema and Dennis A. Rondinelli. Harrisonburg, Ash Institute for Democratic Governance and Innovation & Brookings.

Cheema, G. Shabbir and Rondinelli, Dennis A. eds. 2007. *Decentralizing Governance: Emerging Concepts and Practices*. Harrisonburg, Ash Institute for Democratic Governance and Innovation & Brookings.

Christensen, J. G. 2000. "The Dynamics of Decentralization and Recentralization," *Public Administration*, vol. 782, no. 2, pp. 389-408.

Ciccotello, Conrad S., Martin J. Hornyak, and Michael S. Piwowar. 2004. "Research and Development Alliances: Evidence from a Federal Contracts Repository." *Journal of Law and Economics* 47(1): 123-166.

Correa, Patricia and Robert Steiner. 1999. "Decentralization in Colombia: Recent Changes and Main Challenges" in *Colombia: An Opening Economy?* eds. Colleen M. Callahan and Frank R. Gunter. Emerald.

Cotler, Julio. 1995. "Political Parties and the Problems of Democratic Consolidation in Peru," in Scott Mainwaring and Timothy R. Scully eds. *Building Democratic Institutions: Party Systems in Latin America*. Stanford University Press.

Cox, Gary W., and Matthew D. McCubbins, 2007. *Legislative Leviathan: Party Government in the House* [second edition]. Cambridge: Cambridge University Press.

Cruz, Rafael de la., Carlos Pineda Mannheim, and Caroline Pöschl. eds. 2011. *The Local*

Alternative: Decentralization and Economic Development. New York: IDB.

Daughters, Robert and Leslie Harper. 2007. "Fiscal and Political Decentralization Reforms," in *The State of State Reform in Latin America*, ed. Eduardo Lora. Stanford: Stanford University Press.

De Guzman, Raul P., Mila A. Reforma, and Elena M. Panganiban. 1988. "Local Government," in *Government and Politics of the Philippines*, eds. Raul P. De Guzman and Mila A. Reforma. New York: Oxford University Press.

Delmas, Magali and Alfred Marcus. 2004. "Firm's Choice of Regulatory Instruments to Reduce Pollution: A Transaction Cost Approach." *Business and Politics* 6(3): 1-20.

Diamond, Larry. 1999. *Developing Democracy: Toward Consolidation*, Baltimore: Johns Hopkins University Press.

Dickovick, J. Tyler. 2011. *Decentralization and Recentralization in the Developing World: Comparative Studies from Africa and Latin America.* University Park, Pennsylvania: Pennsylvania State University.

Dixit, Avinash K. 1996. *The Making of Economic Policy: A Transaction-Cost Politics.* The MIT Press（アビナッシュ・K・ディキシット著, 北村行伸訳, 2000『経済政策の政治経済学―取引費用政治学アプローチ―』日本経済新聞社).

Dixit, Avinash K. 2003. "Some Lessons from Transaction-Cost Politics for Less-Developed Countries." *Economics & Politics* 15(2): 107-133.

Eaton, Kent. 2001. "Political Obstacles to Decentralization: Evidence from Argentina and the Philippines." *Development and Change*, vol. 32, no. 1, pp. 101-127.

Eaton, Kent. 2004a. *Politics beyond the Capital: The Design of Subnational Institutions in South America*, Stanford: Stanford University Press.

Eaton, Kent. 2004b. "Risky Business: Decentralization from Above in Chile and Uruguay." *Comparative Politics*, vol. 37, no. 1, pp. 1-22.

Eaton, Kent. 2004c. "Designing Subnational Institutions: Regional and Municipal Reforms in Postauthoritarian Chile." *Comparative Political Studies*, vol. 37, no. 2, pp. 218-244.

Eaton, Kent. 2006. "The Downside of Decentralization: Armed Clientelism in Colombia." *Security Studies*, vol. 15, no. 4, pp. 533-562.

Eaton, Kent. 2007. "Backlash in Bolivia: Regional Autonomy as a Reaction against Indigenous Mobilization." *Politics & Society*, vol. 35, no. 1, pp. 71-102.

Enikolopov, Ruben and Ekaterina Zhuravskaya. 2007. "Decentralization and Political Institutions." *Journal of Public Economics*, vol. 91, pp. 2261-2290.

Epstein, David and Sharyn O'Halloran. 1999. *Delegating Powers: A Transaction Cost Politics Approach to Policy Making Under Separate Powers.* Cambridge: Cambridge University Press.

Escobar-Lemmon, Maria. 2003. "Political Support for Decentralization: An Analysis of

the Colombian and Venezuelan Legislatures." *American Journal of Political Science*, vol. 47, no. 4, pp. 683-697.
Falleti, Tulia G. 2005. "A Sequential Theory of Decentralization: Latin American Cases in Comparative perspective." *American Political Science Review*, vol. 99, no. 3, pp. 327-346.
Falleti, Tulia G. 2010. *Decentralization and Subnational Politics in Latin America*. Cambridge: Cambridge University Press.
Faguet, Jean-Paul. 2006. "Decentralizing Bolivia: Local Government in the Jungle," in *Decentralization and Local Governance in Developing Countries*, eds. Pranab Bardhan and Dilip Mookherjee. Cambridge: The MIT Press.
FUNDEMOS. 1998. "Datos Estadísticos Elecciones Municipales." *Opiniones Y Analisis*. No. 32. La Paz: FUNDEMOS.
Gamarra, Eduardo A. 1997. "Hybrid Presidentialism and Democratization: The Case of Bolivia," in *Presidentialism and Democracy in Latin America*, eds. Scott Mainwaring and Matthew Soberg Shugart. Cambridge: Cambridge University Press.
Garman, Christopher, Eliza Willis and Stephan Haggard. 1999. "The Politics of Decentralization in Latin America." *Latin American Research Review*, vol. 34, no. 1, pp. 7-56.
Garman, Christopher, Eliza Willis and Stephan Haggard. 2001. "Fiscal Decentralization: A Political Theory with Latin American Cases." *World Politics*, vol. 53, no. 2, pp. 205-236.
Gilligan, Thomas W., and Keith Krehbiel. 1987. "Collective Decision-Making and Standing Committees: An Informational Rationale for Restrictive Amendment Procedures." *Journal of Law, Economics, and Organization* 3(2): 287-335.
Gilligan, Thomas W., and Keith Krehbiel. 1989. "Asymmetric Information and Legislative Rules With a Heterogeneous Committee." *American Journal of Political Science* 33(2): 459-490.
Grindle, Merilee S. 2000. *Audacious Reforms: Institutional Invention and Democracy in Latin America*. Baltimore: Johns Hopkins University Press.
Grindle, Merilee S. 2007. *Going Local: Decentralization, Democratization, and the Promise of Good Governance*. Princeton: Princeton University Press.
Hawes, Gary. 1989. "Aquino and Her Administration: A View from the Countryside." *Pacific Affairs*, vol. 62, no. 1, pp. 9-28.
Hindmoor, Andrew. 1998. "The Importance of Being Trusted: Transaction Costs and Policy Network Theory." *Public Administration* 76(1): 25-43.
Horn, Murray J. 1995. *The Political Economy of Public Administration: Institutional Choice in the Public Sector*. Cambridge: Cambridge University Press.
Huber, John D., and Charles R. Shipan. 2000. "The Costs of Control: Legislators, Agencies, and Transaction Costs." *Legislative Studies Quarterly* 25(1): 25-52.

Huber, John D., and Charles R. Shipan. 2002. *Deliberate Discretion?: The Institutional Foundations of Bureaucratic Autonomy.* Cambridge: Cambridge University Press.

Jones, Philip and John Hudson. 1998. "The Role of Political Parties: An Analysis Based on Transaction Costs." *Public Choice* 94(1-2): 175-189.

Kasuya Yuko. 2008. *Presidential Bandwagon: Parties and Party Systems in the Philippines.* Tokyo: Keio University Press.

Keohane, Robert O. 1984. *After Hegemony: Cooperation and Discord in the World Political Economy.* Princeton University Press. (ロバート・O・コヘイン著, 1998『覇権後の国際政治経済学』石黒馨・小林誠訳, 晃洋書房)

Kiewiet, D. Roderick and Mathew D. McCubbins, 1991. *The Logic of Delegation: Congressional Parties and the Appropriations Process.* Chicago: University of Chicago Press.

Kitschelt, Herbert, Kirk A. Hawkins, Juan Pablo Luna, Guillermo Rosas and Elizabeth J. Zechmeister. 2010. *Latin American Party Systems.* Cambridge: Cambridge University Press.

Kohl, Benjamin., and Linda Farthing. 2006. *Impasse in Bolivia: Neoliberal Hegemony and Popular Resistance.* London: Zed Books.

Krehbiel, Keith. 1987. "Why Are Congressional Committees Powerful?" *American Political Science Review* 81(3): 929-935.

Krehbiel, Keith. 1990. "Are Congressional Committees Composed of Preference Outliers?" *American Political Science Review* 84(4): 1149-1166.

Krehbiel, Keith. 1991. *Information and Legislative Organization.* Ann Arbor: The University of Michigan Press.

Kreps, David M. 1990. "Corporate Culture and Economic Theory," in *Perspectives on Positive Political Economy.* Alt, James, E., and Kenneth A. Shepsle. eds. Cambridge: Cambridge University Press.

Lake, David A. 1999. *Entangling Relations: American Foreign Policy in its Century.* Princeton University Press.

Laver, Michael and Kenneth Shepsle. 1996. *Making and Breaking Governments: Cabinets and Legislatures in Parliamentary Democracies.* Cambridge: Cambridge University Press.

Levy, Brian and Pablo T. Spiller. 1994. "The Institutional Foundations of Regulatory Commitment: A Comparative Analysis of Telecommunications Regulation." *Journal of Law, Economics, and Organization* 10(2): 201-246.

Lewis, David E. 2003. *Presidents and the Politics of Agency Design.* Stanford University Press.

Lipson, Michael. 2004. "Transaction Cost Estimation and International Regimes: Of Crystal Balls and Sheriff's Posses." *International Studies Review* 6(1): 1-20.

Lowery, David. 2000. "A Transactions Costs Model of Metropolitan Governance: Allocation Versus Redistribution in Urban America." *Journal of Public Administration Research and Theory* 10(1): 49-78.

Mainwaring, Scott and Matthew Soberg Shugart. 1997. "Conclusion: Presidentialism and the Party System," in *Presidentialism and Democracy in Latin America*, eds. Scott Mainwaring and Matthew Soberg Shugart. Cambridge: Cambridge University Press.

Manasan, Rosario G. 2007. *IRA design issues and challengers*. PIDS Policy Notes NO. 2007-2009.

Manor, James. 1999. *The Political Economy of Democratic Decentralization*. Washington, D.C.: World Bank.

Martorano, Nancy. 2006. "Balancing Power: Committee System Autonomy and Legislative Organization." *Legislative Studies Quarterly* 31(2): 205-234.

McCubbins, Mathew and Thomas Schwartz. 1984. "Police Patrols vs. Fire Alarms." *American Journal of Political Science* 28(1): 165-179.

McCubbins, Mathew., Roger Noll., and Barry Weingast. 1987. "Administrative Procedures as Instruments of Political Control." *Journal of Law, Economics, and Organization* 3(2): 243-277.

McCubbins, Mathew., Roger Noll., and Barry Weingast. 1989. "Structure and Process, Politics and Policy: Administrative Arrangements and the Political Control of Agencies." Virginia Law Review 75(2): 431-482.

McNollgast. 1999. "The Political Origins of the Administrative Procedure Act." *Journal of Law, Economics, and Organization* 15(1): 180-217.

Miller, Gary J. 1992. *Managerial Dilemmas: The Political Economy of Hierarchy*. Cambridge: Cambridge University Press.

Moe, Terry M. 1989. "The Politics of Bureaucratic Structure," in *Can the Government Govern?* Chubb, John E. and Peterson, Paul E. eds. The Brookings Institution.

Moe, Terry M. 1990a. "The Politics of Structural Choice: Toward a Theory of Public Bureaucracy," in *Organization Theory: From Chester Barnard to the Present and Beyond*, Williamson, O. ed. Oxford University Press.

Moe, Terry M. 1990b. "Political Institutions: The Neglected Side of the Story." *Journal of Law, Economics, and Organization* 6 (Special issue): 213-253.

Moe, Terry M., and Caldwell, Michael. 1994. "The Institutional Foundations of Democratic Government: A Comparison of Presidential and Parliamentary Systems." *Journal of Institutional and Theoretical Economics* (JITE) 150/1: 171-195.

Morgenstern, Scott and Benito Nacif. 2002. *Legislative Politics in Latin America*. Cambridge: Cambridge University Press.

Nakano, Koichi. 2010. *Party Politics and Decentralization in Japan and France: When the opposition governs*. Routledge.

Navarro, Juan Carlos. 2007. "Education Reform as Reform of the State: Latin America Since 1980," in *The State of State Reform in Latin America*, ed. Eduardo Lora. Stanford: Stanford University Press.

Nelson, Michael A. 1997. "Municipal Government Approaches to Service Delivery: An Analysis from a Transactions Cost Perspective." *Economic Inquiry* 35(1): 82-96.

Nickson, R. Andrew. 1995. *Local Government in Latin America*. Lynne Rienner.

North, Douglass C. 1990. "A Transaction Cost Theory of Politics." *Journal of Theoretical Politics* 2(4): 355-367.

O'Neill, Kathleen. 2003. "Decentralization as an Electoral Strategy." *Comparative Political Studies*, vol. 36, no. 9, pp. 1068-1091.

O'Neill, Kathleen. 2004. "Decentralization in Bolivia: Electoral Incentives and Outcomes," in *Decentralization and Democracy in Latin America*, eds. Alfred P. Montero and David J. Samuels. Notre Dame, IN: University of Notre Dame Press.

O'Neill, Kathleen. 2005. *Decentralizing the State: Elections, Parties, and Local Power in the Andes*. Cambridge: Cambridge University Press.

Patashnik, Eric M. 1996. "The Contractual Nature of Budgeting: A Transaction Cost Perspective on the Design of Budgeting Institutions." *Policy Sciences* 29(3): 189-212.

Peterson, George E. 1997. *Decentralization in Latin America: Learning through Experience*. Washington: IBRD.

Peterson, Paul and Jay Greene. 1994. "Why Executive-Legislative Conflict in the United States is Dwinddling." *British Journal of Political Science*, vol. 24, no. 1, pp. 33-55.

Potoski, M. 1999. "Managing Uncertainty through Bureaucratic Design: Administrative Procedures and State Air Pollution Control Agencies." *Journal of Public Administration Research and Theory* 9(4): 623-639.

Rabkin, Rhoda. 1992-1993. "The Aylwin Government and 'Tutelary' Democracy: A Concept in Search of a Case?" *Journal of Inter-American Studies and World Affairs*, vol. 34, no. 4, pp. 119-194.

Ramseyer, J. Mark and Frances M. Rosenbluth. 1993. *Japan's Political Marketplace*. Cambridge, MA: Harvard University Press（M・ラムザイヤー，F・ローゼンブルース著，1995『日本政治の経済学』加藤寛監訳，弘文堂）.

Richman, Barak D., and Christopher Boerner. 2006. "A Transaction Cost Economizing Approach to Regulation: Understanding the NIMBY Problem and Improving Regulatory Responses." *Yale Journal on Regulation* 23(1): 29-76.

Rodden, Jonathan. 2006. *Hamilton's Paradox: the Promise and Peril of Fiscal Federalism*. Cambridge: Cambridge University Press.

Rodríguez, Victoria E. 1997. *Decentralization in Mexico: From Reforma Municipal to Solidaridad to Nuevo Federalismo*. Boulder, Colo.: Westview.

Romeo. Leonardo G. 2003. "The Role of External Assistance in Supporting Decentralization Reform." *Public Administration and Development*, vol. 23, no. 1, pp. 89-96.
Rojas, Gonzalo. 2000. "La Elección de Alcaldes en los Muncipios del País en 1999-2000: Persistencia de la Coalisión National." *Balance de las Elecciones Municipales 1999*. Opiniones y Analisis 49. La Paz: FUNDEMOS, Fundación Hanns Seidel.
Saalfeld, T. 2000. "Members of Parliament and Governments in Western Europe: Agency Relations and Problems of Oversight." *European Journal of Political Research* 37(3): 353-376.
Saito, Fumihiko. 2003. *Decentralization and Development Partnerships: Lessons from Uganda*. Tokyo, Springer-Verlag.
Sandler, Todd and Keith Hartley. 1999. *The Political Exonomy of NATO: Past, Present, and into the 21ˢᵗ Century*. Cambridge: Cambridge University Press.
Sartori, Giovanni. 1997. *Comparative Constitutional Engineering, 2nd ed*, New York University Press（岡沢憲芙監訳，工藤裕子訳，2000『比較政治学―構造・動機・結果』早稲田大学出版部）.
Schmidt, Gregory D. 1989. "Political Variables and Governmental Decentralization in Peru, 1949-1988." *Journal of Inter-American Studies and World Affairs*, vol. 31, no. 1/2, pp. 193-232.
Scully, Timothy R. 1995. "Reconstituting Party Politics in Chile," in *Building Democratic Institutions: Party Systems in Latin America*, eds. Scott Mainwaring and Timothy R. Scully. Stanford: Stanford University Press.
Selee, Andrew. 2011. *Decentralization, Democratization, and Informal Power in Mexico*. University Park, Pennsylvania: Pennsylvania State University.
Serrano, Claudia. 2004. "State Decentralization and Regional Actors in Chile," in *Decentralization, Democratic Governance, and Civil Society in Comparative Perspective: Africa, Asia, and Latin America*, eds. Philip Oxhorn, Joseph S. Tulchin, and Andrew D. Selee. Baltimore: Johns Hopkins University Press.
Shugart, Matther Soberg. 1995. "The Electoral Cycle and Institutional Sources of Divided Presidential Control." *American Political Science Review*, vol. 89, no. 2, pp. 327-343.
Siavelis, Peter M. 2000. *The President and Congress in Post-Authoritarian Chile: Institutional Constraints to Democratic Consolidation*. University Park, Pennsylvania: Pennsylvania State University.
Siavelis, Peter M. 2008. "Chile: The End of the Unfinished Transition," in *Constructing Democratic Governance in Latin America*, 3ʳᵈ. eds. Jorge I. Domínguez and Michael Shifter. Baltimore: Johns Hopkins University Press.
Sørensen, Rune J. 2006. "Local government consolidations: The impact of political transaction costs." *Public Choice* 127(1-2): 75-95.

Spiller, Pablo T., and Mariano Tommasi. 2003. "The Institutional Foundations of Public Policy: A Transactions Approach with Application to Argentina." *Journal of Law, Economics, and Organization* 19(2): 281-306.

Spiller, Pablo T., and Mariano Tommasi. 2007. *The Institutional Foundations of Public Policy in Argentina: A Transactions Cost Approach*. Cambridge: Cambridge University Press.

Teehankee, Julio. 2002. "Electoral Politics in the Philippines," in *Electoral politics in Southeast and East Asia*, ed. Aurel Croissant. Friedrich Ebert Stiftung.

Treisman, Daniel. 1999. "Political Decentralization and Economic Reform: A Game-Theoretic Analysis." *American Journal of Political Science*, vol. 43, no. 2, pp. 488-517.

Treisman, Daniel. 2007. *The Architecture of Government: Rethinking Political Decentralization*. Cambridge: Cambridge University Press.

Twight, Charlotte. 1994. "Political Transaction-Cost Manipulation: An Integrating Theory." *Journal of Theoretical Politics* 6(2): 189-216.

UCLG 2008. *Decentralization and Local Democracy in the World: First Report by the United Cities and Local Governments*. UCLG and World Bank.

Van Cott, Donna Lee. 2000. *The Friendly Liquidation of the Past: The Politics of Diversity in Latin America*. Pittsburgh: The University of Pittsburgh Press.

Weber, Katja. 2000. *Hierarchy Amidst Anarchy: Transaction Costs and Institutional Choice*. State University of New York Press.

Weingast, Barry R., and William J. Marshall. 1988. "The Industrial Organization of Congress; or Why Legislatures, Like Firms, Are Not Organized as Markets." *Journal of Political Economy* 96(1): 132-163.

Wrigth, Deil Spencer. 1988. *Understanding Intergovernmental Relations*, 3rd. ed. Brooks Cole.

Wood, B. Dan and John Bohte. 2004. "Political Transaction Costs and the Politics of Administrative Design." *The Journal of Politics* 66(1): 176-202.

Wurfel, David 1988. *Filipino Politics: Development and Decay*. New York: Cornell University Press.

事項索引

ア行

アプラ党（Alianza Popular Revolucionaria Americana） 180, 182-183
因果
　―関係　27, 60, 207
　―規則性　210
　―連鎖　207
エドサ革命（EDSA Revolution）　195, 198

カ行

議院内閣制　158
キリスト教人民党（Partido Popular Cristiano）　182
共同税案　117-118, 131-136
合理的選択制度論　39-40
コンセルタシオン　28, 163

サ行

左派革命運動党（Movimiento de Izquierda Revolucionaria: MIR）　172
新地方自治法　15-16
人民行動党（Acción Popular）　180, 182-183
政党規律　64-65
税引交換　113, 115, 117-118, 131-132, 134
総合土地税（総土税）　113, 114-117
総合不動産税　143-144

タ行

大衆参加法（Ley de Participación Popular）　171, 177-178
大統領制　63, 158
　議院内閣制型―　173
　混合型―　65, 173
タバコ消費税（タバコ税）　113, 114-116
地方分権
　―一括法　20, 21, 103
　インドネシア―　15
　ウガンダ―　16-17
　英国―　19
　行政的―　25, 30

行財政的―　25-26
コロンビア―　191-193
政治的―　25, 30
財政的―　25, 30
タイ―　14-15
チリ―　166-170
日本―　19-22
フィリピン―　198-202
フランス―　18-19
ブルキナファソ―　17-18
ベナン―　17
ペルー―　183-187
ボリビア―　173-179
マリ―　18
統一政府　63-64
統占政府　66-67
取引費用
　―経済学　37, 40
　―政治学　31, 61
　―モデル　62-69, 116-120, 145-146, 160
　エージェンシーコスト　67-69
　ガバナンスコスト　55-56
　機会主義の期待コスト　55-56
　コミットメントコスト　39
　参入コスト　40
　立法コスト　67-69

ハ行

不動産取引税　139
分割政府　63-64
分占政府　66-67

マ行

民主化　160-161
　韓国―　62, 72-73
　チリ―　162-166
　フィリピン―　195-198
　ペルー―　180-183
　ボリビア―　172-173
民主主義と進歩の同盟　163
民主人民連合（Unidad Democrática y Popular:

UDP）　172
民族革命運動党（Movimiento Nacionalista Revolucionario: MNR）　171
民族民主行動党（Acción Democrática Nacionalista: ADN）　172

2－4章における韓国の政党

民主正義党　73
平和民主党　73-75
統一民主党　73-75
新民主共和党　73-75
民主自由党（民自党）　75-76, 82, 85, 121-122
　うち，民自党　76, 85, 121-122
　うち，民主自由党　75, 82, 85
（統合）民主党　77, 80-82, 85, 119, 121
　うち，（統合）民主党　77
　うち，民主党　80-82, 85, 119, 121
統一国民党　77
自由民主連合（自民連）　80, 85, 87, 90, 92-95, 100-101, 125
　うち，自由民主連合　85
　うち，自民連　80, 85, 87, 90, 92-95, 100-101, 125
新政治国民会議（国民会議）　81-82, 85, 87, 90, 114, 117, 119, 123, 125-126
　うち，新政治国民会議　81, 85
　うち，国民会議　82, 85, 87, 90, 114, 117, 119, 123, 125-126
新韓国党　82, 122-124, 126

ハンナラ党　82, 85, 87-88, 90, 92-97, 99-101, 105-107, 111, 117, 119, 122, 126-136, 139-140, 144, 146, 148-156
DJP　83, 85, 87-88, 90-93, 125
　うち，DJP連立　83, 85, 87-88, 90-93
　うち，DJP連合　125
国民新党　90
新千年民主党（民主党）　92-97, 99-101, 106-107, 114, 117, 119, 127-129
　うち，新千年民主党　92, 117, 119, 127
　うち，民主党　92-97, 99-101, 106-107, 114, 127-129
民主国民党（民国党）　92-93
　うち，民主国民党　92
　うち，民国党　92-93
ヨリンウリ党（ウリ党）　99-107, 114, 117, 119, 129-137, 139, 146-148, 150-152, 155-156
　うち，ヨリンウリ党　99, 117, 119, 129, 139, 146-148, 150-152, 155-156
　うち，ウリ党　99-107, 114, 130-137
民主労働党　101, 106, 131
国民統合21　101

人名索引

ア行

アキノ（Corazón Aquino）　195, 200, 202
アヤラ（Julio César Turbay Ayala）　190
イートン（Eaton, Kent）　28, 29, 191, 202
李會昌（イ・フェチャン）　82, 97
ウゴ（Víctor Hugo Cárdenas）　176
ウェーバー（Weber, Katja）　53, 56-57
エイルウィン（Patricio Aylwin Azocar）　163, 166-167
エプスタイン（Epstein, David）　43-44
オニール（O'Neill, Kathleen）　28
オハローラン（O'Halloran, Sharyn）　43-44

カ行

ガーマン（Garman, Christopher）　27, 28
ガビリア（César Augusto Gaviria Trujillo）　192
ガルシア（Alan Gabriel Ludwig García Pérez）　180, 183-184
金鍾泌（キム，ジョンピル）　83, 85
金大中（キム・デジュン）　85-97
金永三（キム・ヨンサム）　78-81
コヘイン（Keohane, Robert O.）　51-53

サ行

サモラ（Jaime Paz Zamora）　174
シッパン（Shipan, Charles R.）　44, 45
シレス（Hernán Siles Zuazo）　172-173
スハルト（Haji Muhammad Soeharto）　15

タ行

トーレス（Juan José Torres González）　172
トレド（Alejandro Celestino Toledo Manrique）　180, 186

ナ行

盧泰愚（ノ・テウ）　73-77
盧武鉉（ノ・ムヒョン）　97-109

ハ行

バチェレ（Verónica Michelle Bachelet Jeria）　166
ハビビ（Bacharuddin Jusuf Habibie）　15
バリエントス（René Barrientos Ortuño）　172
バルコ（Virgilio Barco Vargas）　191-192
バンセル（Hugo Banzer Suárez）　172
ヒューバー（Huber, John D.）　44, 45
ピノチェト（Augusto José Ramón Pinochet Ugarte）　162-163, 166
フジモリ（Alberto Kenya Fujimori）　184, 186
フレイ（Eduardo Frei Ruiz-Tagle）　166
ファレッティ（Falleti, Tulia G）　30
ベタンクール（Belisario Betancur Cuartas）　190-191
ホーン（Horn, Murray J.）　48-50

マ行

真渕勝　62
マルコス（Ferdinand Edralin Marcos）　194, 196, 198, 201-202
ムセベニ（Yoweri Kaguta Museveni）　16
モー（Moe, Terry M.）　46-48

ラ行

ラゴス（Ricardo Lagos Escobar）　166
ロサダ（Gonzalo Sánchez de Lozada）　174, 176-177
レイク（Lake, David A.）　53, 56
レモン（Escobar-Lemmon）　27
ロペス（Alfonso López Michelsen）　189

著者略歴
南　京兌（ナム・キョンテ）
2006年　京都大学大学院法学研究科助教
2008年　京都大学博士（法学）
現　在　京都大学大学院法学研究科准教授
著　作　『民営化の取引費用政治学―日本・英国・ドイツ・韓国4ヶ国における鉄道民営化の比較研究―』慈学社，2009年
　　　　「取引費用の数理モデル (1) (2) (3) (4) (5・完)」『法学論叢』，第168第1号1－18頁，同第2号，1－28頁，同第3号1－34頁，同第4号1－12頁，同第5号1－23頁，2010年
　　　　「政権交代と省庁再編―1980年以降の韓国を事例に―」，『年報政治学2012－Ⅰ』161－181頁，2012年

地方分権の取引費用政治学：
大統領制の政治と行政

2014年3月20日　第1刷発行　©

著　者	南	京兌
発行者	坂口	節子
発行所	㈲ 木鐸社	

著者との了解により検印省略

〒112-0002　東京都文京区小石川5-11-15-302
電話 (03) 3814-4195　郵便振替 00100-5-126746番
ファクス (03) 3814-4196　http://www.bokutakusha.com/

印刷　㈱アテネ社／製本　高地製本

乱丁・落丁本はお取替致します

ISBN978-4-8332-2472-7　C 3031

公共経営論

田尾雅夫著 (愛知学院大学)
A5判・450頁・4500円（2010年）ISBN978-4-8332-2424-6

　近代が仮想した市民社会が現前にある。しかし成熟した豊かなその市民社会の前に大いなる陥穽が待ちうける。即ち少子高齢社会の致来である。膨らむ一方の需要に対して，少ない資源をどのように案分するか，それをどのように乗り越えるかは，全体社会として関わらざるを得ない大きな政策課題である。本書は公共セクターの組織をマネジメントするための方法を提示する。

行政サービスのディレンマ

M. Lipsky, Street-Level Bureaucracy, 1980
M. リプスキー著　田尾雅夫訳
A5判・352頁・3000円（1998年2刷）ISBN4-8332-0224-7
■ストリート・レベルの官僚制

　本書は街中の，地域住民のニーズと直接相対する官僚制＝教師・警官・弁護士・ソーシャルワーカー等の組織内外の行動の実態から，その制約要因や可能性を多角的に分析。本書により80年度ライト・ミルズ賞，81年度アメリカ政治学会カメラー賞を受ける。

行政サービスの組織と管理

田尾雅夫著
A5判・302頁・4000円（2010年6刷）ISBN4-8332-2145-4
■地方自治体における理論と実際

　本書は，「地方自治」という規範的概念を内実化するための方途として地方自治体の組織の変革可能性を議論したものである。即ち地方自治を機能させるための道具或いは装置としての自治体をどう運営するかということに実証的・理論的に取り組んだ。組織論の研究蓄積を駆使した試行調査の成果。日経図書文化賞受賞。

地方分権時代の自治体官僚

金　宗郁著 (香川大学法学部)
A5判・222頁・4000円（2009年）ISBN978-4-8332-2413-0

　社会の多様化に伴う複雑な社会問題は「地方分権時代」をもたらした。自治体間の政策競争が現実となりつつある今日，政策決定過程における官僚の行動が，どのように自治体の政策パフォーマンスに影響を与えているか。その組織規範に焦点を当て，社会学的新制度論の文化・認知的アプローチを取り入れて計量的に解明。

日本の政府間関係 ■都道府県の政策決定
Steven R. Reed, Japanese Prefectures and Policymaking, 1986
スティーヴン・リード著　森田朗他訳
A5判・296頁・2800円（1998年2刷）ISBN4-8332-2151-9
1 政府間関係における影響力　2 比較的視座における日本の地方政府　3 日本の地方政府の発展　4 公害規制政策　5 住宅政策　高校教育政策　7 結論
　日本の地方自治を，比較政治学の観点から考察し政策決定に当ってどのような影響力関係が働いているかを分析。

自治体発の政策革新
伊藤修一郎著（学習院大学法学部）
A5判・300頁・3000円（2006年）ISBN4-8332-2376-7
■景観条例から景観法へ
　本書は景観条例を題材として，自治体が現代社会の政策課題に取り組む主体として，その潜在力を発揮できるのは，どのような条件のもとでか。いかにして自治体発の政策革新が可能になるのか，を追究する。分析した自治体は全国に及び，理論整理と実証の積み重ねは，他に類をみない。

市町村合併をめぐる政治意識と地方選挙
河村和徳著（東北大学情報科学研究科）
A5判・184頁・2500円（2010年）ISBN978-4-8332-2436-9
　これまでの合併に関する研究は，「合併」という事象にのみ着目したものが多かった。しかし，地方政治の連続性を考慮すると，ポスト「平成の大合併」における政治現象は，合併のアウトカムが問題であり，本書は，合併後の地方政治を考える際の仮説を導き出す探索型の研究である。

民主制のディレンマ ■市民は知る必要のあることを学習できるか？
Arthur Lupia, Mathew D. McCubbins, The democratic dilemma : can citizens learn what they need to know? 1998.
アーサー・ルピア＝マシュー・D. マカビンズ著　山田真裕訳
A5判・300頁・3000円（2013年2刷）ISBN978-4-8332-2364-5 C3031
　複雑な争点について市民がどのように意思決定するかを経済学，政治学，および認知科学に基づくモデルを構築し，それらを実験で検証する。民主制が依拠している委任を成り立たせる理性的選択の条件を明示し，併せて制度設計が市民による統治能力にどう影響するかも洞察。

日本政治学会・韓国政治学会が交流を通じて果たしてきた
研究成果の報告書

Goverment and Participation in Japanese and Korean Civil Society
edited by Yoshiaki Kobayashi and Seung Jong Lee
A5菊判・272頁・3500円　ISBN978-4-8332-2432-1
Part1 Trust in Government
Part2 Citizen's Participation
Part3 Local Assembly System
Part4 Special issues

Bureaucracy and Bureaucrats in Japanese and Korean Civil Society
edited by Yoshiaki Kobayashi and Tobin Im
A5菊判・240頁・3500円　ISBN978-4-8332-2433-8
Part1 Administrative Reform
Part2 Policy Making Process
Part3 Local Autonomy and Local Bureaucrats

Governmental Changes and Party Political Dynamics in Korea and Japan
Joint-Edition of KPSA and JPSA
A5判・380頁・3000円（2012年）　ISBN978-4-8332-2457-4